JN050697

Basic Language Learning

チョ・ヒチョル
Cho Hichoru

音声DL付改訂版

本気で学ぶ韓国語

発音・会話・文法の力を
基礎から積み上げる

ベレ出版

まえがき

ハングルの世界へようこそ！

日本でも韓国でも、大学卒業生を対象に「学生時代にできなくて後悔していること」を調べると、そのトップに来るのが外国語の勉強です。しかし、外国語の勉強に「遅すぎる」ということはありません。それこそ、思い立ったが吉日です。

本書は題名のとおり『本気で学ぶ韓国語』です。

この本一冊でハングルの文字の基礎から、基本的な文法や会話を覚えるまで、必要十分であるようにと思って書き上げました。

1．入門から基礎までが本書一冊で間に合うようにしました。

韓国語の勉強に取り組む上でハングル文字はハードルの高い障害物のひとつです。第1部の「ハングルの文字と発音」では日本語ネイティブが覚えやすいように並べ方を工夫しています。その気になれば、ハングル文字はあっという間に覚えられます。まず最初に、ハングルを読める楽しさを満喫していただきたいと思います。

また、文字を覚えながら、各課の最後に添えてある基本的な会話も声に出して読んでみたり、使ってみたりするとよいでしょう。テキストの文字は寝かしておかず、起こして自分のものにすることです。

2．各課にはダイアローグの分量も文法項目も過不足なく配分しました。

本書は50課の構成で、各課には、会話にすぐ応用できるダイアローグ、文法を詳しく説明した「ポイント解説」、豊富な《練習》問題を配し、最後に「力試し」を通じて学習の進み具合を自分でチェックできるようになっています。

なお、ちょっと難し目の説明のところでは、助っ人のサル坊 と先生 が登場し、わかりやすく説明してくれます。

本書の出版においては、多くの方々の協力がありました。

テキストに関するアイディアと写真を提供してくれた東海大学の同僚の吉本一、中島仁、石賢敬の諸先生、収録にご協力くださったイホンボク、李美現の両氏、写真の撮影に協力してくれた元海印さんと崔ジュヌ君、最初の読者になって辛口のコメントをしてくれた娘のウリンと妻にもこの場を借りてお礼を申し上げます。

最後に本書に出会った「本気で学ぶ」読者のみなさんが、ますます韓国と韓国語を楽しまれることを心からお祈りします。

2011 年春　　チョ・ヒチョル

改訂版によせて

早いもので、本書が出版されてからもう13年が経ちました。長い間、多くの読者の支持を受けて、版を重ねてきました。さらに、本書の続編である『本気で学ぶ中級韓国語』『本気で学ぶ上級韓国語』も出版され、著者としてはみなさんの韓国語学習をお手伝いできるようになったことをうれしく思っています。

ところで、その間、いろいろと時代の変遷によって、内容的に合わなかったりするところもありましたので、この度は本書の特長やコンセプトを維持したまま、全体の見直しをして、もっと効率的に学習に取り組めるように文法の説明を調整したり、写真を差し換えたりして、より親しめることができるように工夫しました。

今回の改訂において、このロングセラーの本書をCD2枚付きから音声ダウンロード版にアップデートして出版いたします。

さらに使いやすくなった音声を繰り返し聞いて、韓国語の発音と会話の基礎固めとしてご活用ください。

音声は「第1部 ハングルの文字と発音」「第2部 文法と会話」の2つのファイルに分かれています。

今後とも本書を手にした学習者がもっと韓国語と韓国を楽しめることを陰ながら応援します。**화이팅！**

2024年春　　チョ・ヒチョル

目　次

第 2 部｜文法と会話

第3課　어린이날은 언제예요？　子どもの日はいつですか。

第4課　버스는 얼마예요？　バスはいくらですか。

第5課　회사는 몇 시부터예요？　会社は何時からですか。

第6課　오빠와 남동생이 있습니다．　兄と弟がいます。

第 11 課　지금 뭘 봐요？　今、何を見ていますか。

第 12 課　유리 씨도 한국 노래 해요？ ユリさんも韓国の歌を歌いますか。

第 13 課　아침은 원래 안 먹어요．　朝ご飯はもともと食べません。

第 14 課　비싸지 않아요．　高くありません。

第 15 課　시간이 나면 마쓰리를 보러 가요． 時間があったら祭りを見に行きましょう。

第 21 課　낚시하러 가십니까？　釣りに行かれますか。

第 22 課　이분들이 부모님이세요？
この方たちがご両親ですか。

第 23 課　서울에 언제 가세요？　ソウルへいつ行かれますか。

第 24 課　지금 뭘 읽으셨어요？　今、何をお読みになりましたか。

第 25 課　지금 안 계세요．今、いらっしゃいません。

第43課　잘 몰라서 못 봤어요.
よくわからなくて、うまくできませんでした。

第44課　감기 몸살 다 나았어요?
風邪とモムサルはすっかり治りましたか。

第45課　빨주노초파남보! 어때요!?
ッパルジュノチョパナンボ！ どうですか!?

第46課　요즘 귀국 준비로 바빠요.
最近、帰国の準備で忙しいです。

第 47 課　늦기 전에 빨리 가야 돼요.
遅くなる前に早く行かなければなりません。

第 48 課　이렇게 시간이 빨리 갈 줄 몰랐어요.
こんなに時間が速く経つとは思いませんでした。

第 49 課　내일 일본으로 돌아간다.　明日、日本へ帰る。

第 50 課　인사 전해 주십시오.　よろしくお伝えください。

付　録

ダウンロード音声のご案内

【スマートフォン・タブレットからのダウンロード】

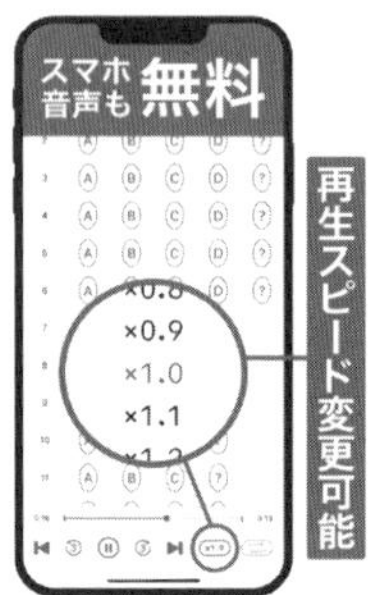

ご利用の場合は、下記のQRコードまたはURLより
スマホにアプリをダウンロードしてください。

https://www.abceed.com
abceedは株式会社Globeeの商品です。

【パソコンからのダウンロード】

① 弊社サイト内、『[音声 DL 付改訂版] 本気で学ぶ韓国語』のページへ。「音声ファイル」の「ダウンロード」ボタンをクリック。

② 8 ケタのコード QtzJCq9s を入力してダウンロード。

＊ ダウンロードされた音声は MP3 形式となります。zip ファイルで圧縮された状態となっておりますので、解凍してからお使いください。

＊ zip ファイルの解凍方法、MP3 携帯プレイヤーへのファイル転送方法、パソコン、ソフトなどの操作方法については小社での対応はできかねますこと、ご理解ください。

＊ DL 音声をコピーした CD を弊社オンラインサイトにて購入可能です。本書籍の詳細ページをご確認ください。

＊ 以上すべてのサービスは予告なく終了する場合がございます。

＊ 音声の権利・利用については、小社サイト内［よくある質問］にてご確認ください。

第 1 部

ハングルの文字と発音

第1課　ハングルの世界

1　ハングルとは

朝鮮半島では、長い間、固有の文字を持たず、漢字や、日本の万葉仮名に当たる吏読（이두（イドゥ）：漢字の音訓を借りた表記法）などを使って文章を書いていました。これらはいずれも一般の民が使うには不便だったので、これに心を痛めた朝鮮朝第4代目の国王世宗（세종 セジョン）は、みなが使いやすい新しい文字を作り（1443年）、「訓民正音（훈민정음：フンミンジョンウㇺ）」という名で公布（1446年）しました。ただし、この文字は残念ながら広く普及されず、一部の人しか使っていませんでした。この文字は20世紀の初頭に「大いなる文字」という意味の「ハングル（한글）」という新しい名前で呼ばれるようになり、本格的に普及し出したのは日本の植民地時代が終わった1945年以降でした。

2　母音字と子音字の成り立ち

ハングルの母音を表す文字は天（・）地（ㅡ）人（ㅣ）、子音を表す文字は発音するときの音声器官を象って作りました。

〈母音の文字の成り立ち〉

三才	イメージ	ハングル	組み合わせの例
天		●	・＋ㅣ＝ㅓ
地		▬	ㅡ＋・＝ㅜ
人		▮	ㅣ＋・＝ㅏ

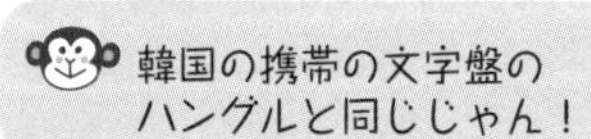
韓国の携帯の文字盤の
ハングルと同じじゃん！

へえ！漢字の口も
クチを象ったのに。

〈子音の文字の成り立ち〉

発音	発音器官	文字創製の仕組み	ハングル
[k]		[k] を発音するとき、舌根が喉をふさぐ形	ㄱ
[n]		[n] を発音するとき、舌が上歯茎につく形	ㄴ
[m]		[m] を発音するときの口を閉じた形	ㅁ
[s, ʃ]		[s] を発音するとき、舌先が歯にくっつくということで、歯の形	ㅅ
[-]		母音を発音するときの喉の丸い形	ㅇ

〈携帯電話の文字盤〉

〈1万ウォン札の世宗大王〉

3　韓国語の特徴

韓国語は日本語と似て非なるところがあります。韓国語にはどんな特徴があるか、音韻、語彙、文法などに分けて調べてみましょう。

〈音韻の特徴〉

① 韓国語の母音の数（単母音８つ）は日本語の母音（５つ）より多い。

② 音節は母音（ㅏ、ㅣ、ㅜ、ㅔ、ㅗ)、子音＋母音（가、나、다)、子音＋母音＋子音（강、남、달）などがある。

③ 連音化（リエゾン）が起こる。(例：음악［으막］)

④ 音節構造においては、日本語は母音で終わる開音節がほとんどだが、韓国語は子音で終わる閉音節も多い。
(例:開音節―이歯、코鼻　閉音節―밥ご飯、국スープ、
사람人、사랑愛)

⑤ 頭音法則があり、漢字語の場合ㄹ[r］と、［i］と［j］の前のㄴ[n］は語頭に来ない。
(例：労働―로동（×）노동（○)、
旅行―려행（×）여행（○)、
女子―녀자（×）여자（○))

ただし、北朝鮮では頭音法則がないよ！

⑥ 平音、激音、濃音が対応をなしている。(例:가 - 카 - 까、다 - 타 - 따)

〈語彙の特徴〉

① 単語に日本の大和言葉に当たる固有語、漢字で表記できる漢字語、欧米語などが起源の外来語などがある。
a. 固有語―밥ご飯、얼굴顔
b. 漢字語―산山、학생学生
c. 外来語―텔레비전テレビ

② 漢字語が多い。辞書の見出し語の６、７割は漢字語。

③ 擬音語、擬態語が発達している。日本語は清音・濁音（キラキラ–ギラギラ）によって、韓国語は陽母音・陰母音（반짝반짝キラキラ - 번쩍번쩍ギラギラ）によって語感の差を表す。

〈文法の特徴〉

① 語順が日本語とほとんど同じ。

나는	밥을	먹는다.	—私は	ご飯を	食べる。
主語	目的語	述語	主語	目的語	述語

② 助詞と語尾が発達。

③ 主語＋目的語＋述語の順で並べる。主語と目的語などは移動が自由。

④ 敬語が発達している。なお、敬語は絶対敬語である。
아버지는 지금 안 계십니다.（お父さんは今、いらっしゃいません。）

⑤ 疑問形は文の最後に来る。이것은 무엇입니까？（これは何ですか。）

〈その他〉

① 本や新聞・雑誌、街の看板など、もともと漢字語のものも一般的に表記はハングルでする。

ハングル酔いしないように頑張りましょう！

本当だ！
どこもハングル、
ハングルだね

② ハングルも日本語と同じく、縦書きと横書きができる。しかし、最近は本や新聞・雑誌など、すべて横書きをする。

③ 韓国語にも書道（서예書芸）やカリグラフィーがある。

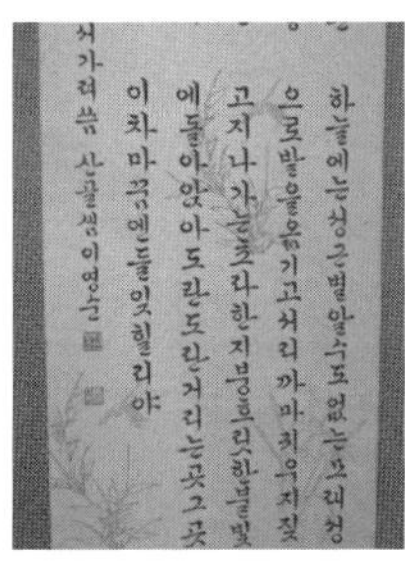

4　ハングルの構造

ア［a］、カ［ka］、サ［sa］、タ［ta］などの仮名文字は母音だけ、または子音と母音の組み合わせから成っています。ただし、仮名文字の場合、文字の上では子音（音素）と母音（音素）を分けることができません。

他方、ハングルの가［ka］、사［sa］、다［ta］という文字は左に子音を表すㄱ、ㅅ、ㄷという文字と右に母音を表すㅏという文字の組み合わせからできています。つまり、ハングル文字はレゴのように子音と母音のパーツの組み合わせから一つ一つの文字を作っていくシステムです。

ハングルの文字の組み合わせには、(1) 子音字母＋母音字母と (2) 子音字母＋母音字母＋子音字母の２通りがあります。

文字の最初の子音を「**初声**（しょせい）」、次の母音を「**中声**（ちゅうせい）」、そして母音の次に来る子音を「**終声**（しゅうせい）」といいます。また、「終声」のことを「パッチム（받침）」ともいいます。

さらに、それらは母音字母が子音字母の右に来るものと、下に来るものが決まっており、ㅏ、ㅑ、ㅓ、ㅕ、ㅣ、ㅐ、ㅔなどの母音が中声のときは初声を左に、中声を右に書きます。また、ㅗ、ㅛ、ㅜ、ㅠ、ㅡのときは、初声を上に、中声を下に書きます。

それでは実際使われる文字から、ハングルの組み合わせを見てみましょう。

(1) 子音＋母音

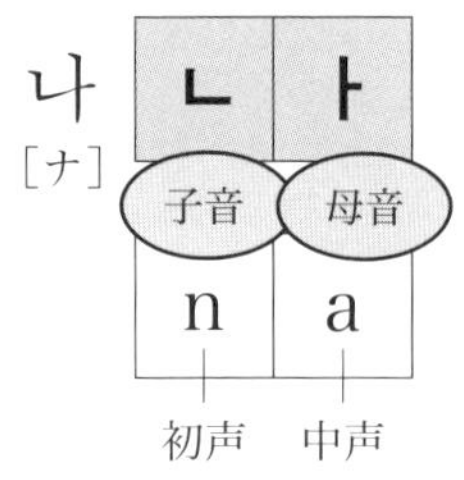

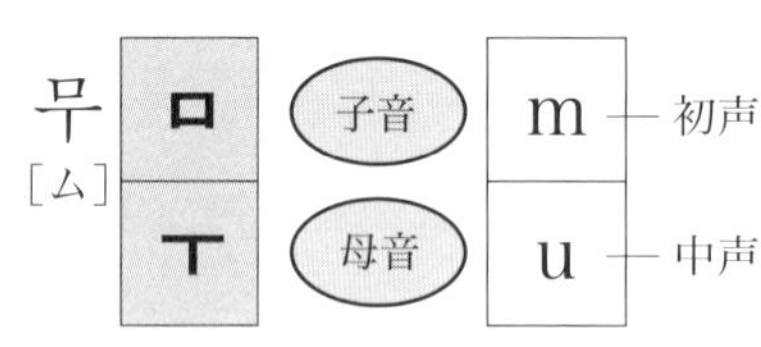

(2) 子音+母音+子音

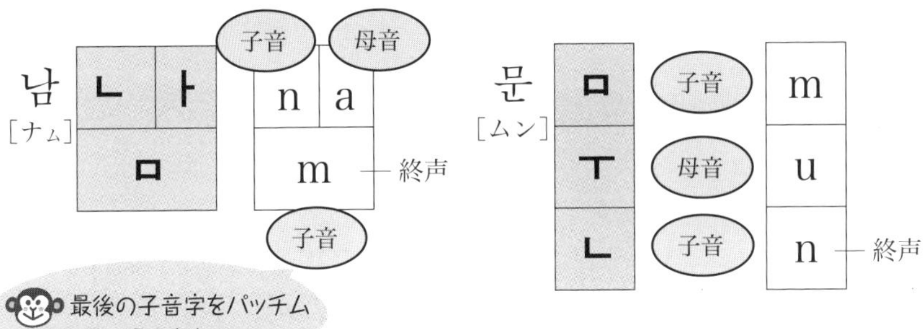

5 ハングルで自分の名前を書こう

まず、ハングルに親しみましょう。次の頁の「仮名のハングル表記法」を見て自分の名前や地名をハングルで書いてみましょう。特に網がけの文字は語頭と語頭以外では表記が違うので注意しましょう。

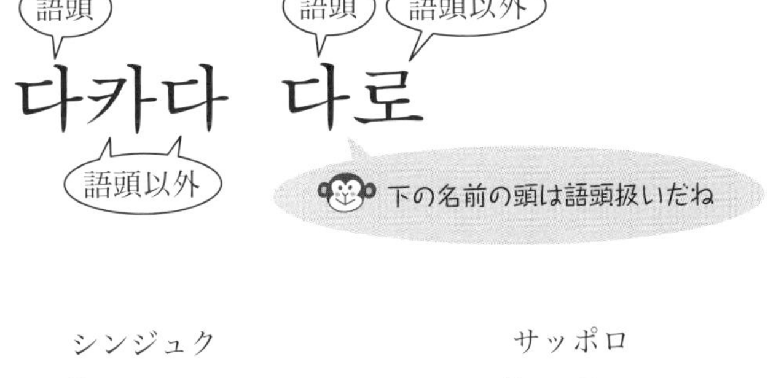

シンジュク
신주쿠 (新宿)

サッポロ
삿포로 (札幌)

カ行、タ行、キャ行、チャ行だけは注意！
上が語頭、下が語頭以外です。

〈仮名のハングル表記法〉

かな					ハングル				
ア	イ	ウ	エ	オ	아	이	우	에	오
カ	キ	ク	ケ	コ	가 카	기 키	구 쿠	게 케	고 코
サ	シ	ス	セ	ソ	사	시	스	세	소
タ	チ	ツ	テ	ト	다 타	지 치	쓰	데 테	도 토
ナ	ニ	ヌ	ネ	ノ	나	니	누	네	노
ハ	ヒ	フ	ヘ	ホ	하	히	후	헤	호
マ	ミ	ム	メ	モ	마	미	무	메	모
ヤ		ユ		ヨ	야		유		요
ラ	リ	ル	レ	ロ	라	리	루	레	로
ワ				ヲ	와				오
ン				ッ	ㄴ		←いずれも文字の下につけるよ!→		ㅅ
ガ	ギ	グ	ゲ	ゴ	가	기	구	게	고
ザ	ジ	ズ	ゼ	ゾ	자	지	즈	제	조
ダ	ヂ	ヅ	デ	ド	다	지	즈	데	도
バ	ビ	ブ	ベ	ボ	바	비	부	베	보
パ	ピ	プ	ペ	ポ	파	피	푸	페	포
キャ		キュ		キョ	갸 캬		규 큐		교 쿄
ギャ		ギュ		ギョ	갸		규		교
シャ		シュ		ショ	샤		슈		쇼
ジャ		ジュ		ジョ	자		주		조
チャ		チュ		チョ	자 차		주 추		조 초
ニャ		ニュ		ニョ	냐		뉴		뇨
ヒャ		ヒュ		ヒョ	햐		휴		효
ビャ		ビュ		ビョ	뱌		뷰		뵤
ピャ		ピュ		ピョ	퍄		퓨		표
ミャ		ミュ		ミョ	먀		뮤		묘
リャ		リュ		リョ	랴		류		료

表記細則　(1) 促音「ッ」は「ㅅ」、撥音「ン」は「ㄴ」で表記します。
例) カンダシンゴ（神田信吾）간다 신고
サッポロ（札幌）삿포로
(2) 長母音は特に表記しません。
例) オータジロー（大田次郎）오타 지로
トーキョー（東京）도쿄

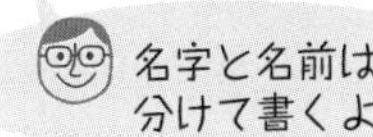

《練習》次の人名や地名をハングルで書いてみましょう。

(1) 田中太郎　　(2) 北海道
(3) 最寄りの駅名　　(4) 自分の名前

☆あいさつ語を覚えよう☆（その1）

1-01

① 안녕하세요？ アンニョンハセヨ
こんにちは（おはようございます、こんばんは）。

② 안녕하십니까？ アンニョンハシムニッカ
こんにちは（おはようございます、こんばんは）。

③ 반갑습니다. パンガプスムニダ
（お会いできて）うれしいです。

④ 잘 부탁합니다. チャル　プタカムニダ
よろしくお願いします。

第２課　文字と発音(1) — 母音

日本語の母音字、「アイウエオ」は１文字が１音節を表しています。

一方、韓国語の場合は母音を表すとき、音価がないことを表す子音字ㅇをつけ、その下か、右に母音字をつけて一つの母音を表します。

1　単母音

韓国語において日本語の「アイウエオ」に当たる母音は日本語より数が多いです。まず、基本的な８つの母音を覚えましょう。日本語より口の筋肉を大きく動かします。元気よく声に出して発音してみましょう。

思いっきり成りきって発音しましょう！

1-02

	字母	口構え	発音記号	発　音
ア	아		[a]	日本語の「ア」より口をやや大きく開いて発音する。
イ	이		[i]	口を横に引いて日本語の「イ」と発音する。
ウ	우		[u]	唇を丸くすぼめて、前に突き出して「ウ」と発音する。
	으		[ɯ]	口を横に引いて「ウ」と発音する。

エ	에		[e]	日本語の「エ」よりも口を狭く開いて「エ」と発音する。
	애		[ɛ]	日本語の「エ」よりも口を大きく開いて「エ」と発音する。
オ	오		[o]	唇を丸くすぼめて、前に突き出して「オ」と発音する。
	어		[ɔ]	日本語の「ア」の口構えで「オ」と発音する。

エの「ㅔ」と「ㅐ」の発音の区別は、しなくなったよ。

そりゃありがたい。助かるよ。

母音だけの文字を書くときは、子音がないことを表す子音字母「ㅇ」をつけて書くよ。

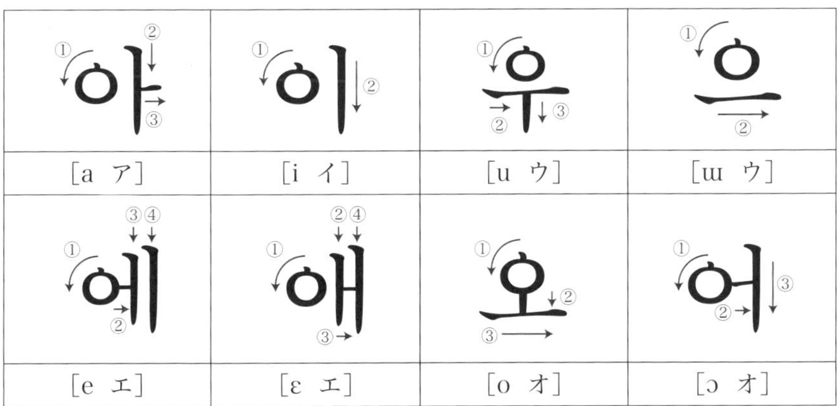

아
[a ア]
이
[i イ]
우
[u ウ]
으
[ɯ ウ]
에
[e エ]
애
[ɛ エ]
오
[o オ]
어
[ɔ オ]

ㅇの書き方は数字の0と同じように反時計回りだよね。

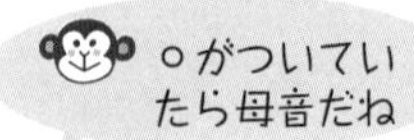

ㅇがついていたら母音だね

《練習 1》次のハングルを発音しながら、書いてみましょう。

ア [a]	イ [i]	[u] ウ	[ɯ]	[e] エ	[ɛ]	[o] オ	[ɔ]
아	이	우	으	에	애	오	어
아	이	우	으	에	애	오	어

○	×
ㅇ	ㅇ

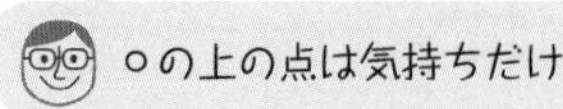

ㅇの上の点は気持ちだけ！

 《練習 2》次の画像から読める文字を見つけてみましょう。

(1) **아이**스　　(2) **우**리　　(3) 몽**이**가 **으**앙

(4) **에이**스　　(5) **오**징**어**　　(6) **어**머니

1-03

 《練習 3》次の単語を発音しながら、書いてみましょう。

(1) 이　歯　＿＿＿＿　＿＿＿＿　＿＿＿＿

(2) 오［五］5　＿＿＿＿　＿＿＿＿　＿＿＿＿

(3) 아이　子ども　＿＿＿＿　＿＿＿＿　＿＿＿＿

(4) 아우　弟　＿＿＿＿　＿＿＿＿　＿＿＿＿

(5) 오이　きゅうり　＿＿＿＿　＿＿＿＿　＿＿＿＿

2　母音三角図

「母音三角図」とは､口の中を図形化したものです。三角図の左側の母音は、舌が口の中の前方で、右側の母音は口の中の後方で作られます。また、一番上のところにある母音は、舌が口の中の高い位置にあり、いちばん下のところにある母音は、舌が口の中の低い位置で作られます。

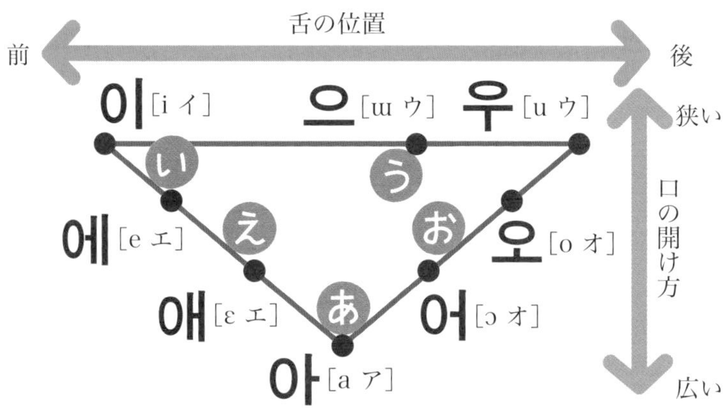

3　ヤ行の母音（半母音［j］＋単母音）

韓国語にも日本語の「ヤ、ユ、ヨ」のように単母音の前に発音記号の［j］がついた母音があります。半母音［j］を伴うものは、それぞれ単母音に1画ずつ加えます。単母音さえしっかり覚えていればヤ行の母音は心配ありません。

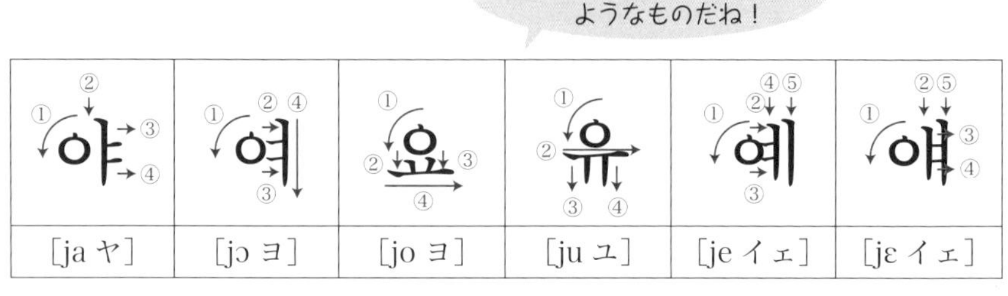

単母音に毛が生えたようなものだね！
1-04
야
여
요
유
예
얘
[ja ヤ]
[jɔ ヨ]
[jo ヨ]
[ju ユ]
[je イェ]
[jɛ イェ]

《練習 1》次のハングルを発音しながら、書いてみましょう。

야	여	요	유	예	얘
야	여	요	유	예	얘

《練習 2》次の画像から読める文字を見つけてみましょう。

(1) **야**채

(2) **여**자

(3) **오**해**요**

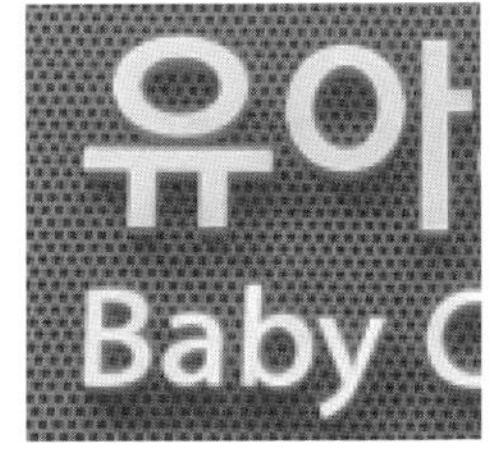

(4) **유아**

(5) **예**의

(6) **얘**, **오**리**야**

《練習 3》次の単語を発音しながら、書いてみましょう。 1-05

(1) 우유 ［牛乳］

(2) 이유 ［理由］

(3) 여우 きつね

(4) 여유 ［余裕］

(5) 유아 ［幼児］

1-06

「아야어여（アヤオヨ）」の歌

「メリーさんのひつじ」の曲に合わせて！

아 야 어 여 오 요 우 유 으 이

아 야 어 여 오 요 우 유 으 이

まとめ

1-07

《練習 1》次のハングルを発音しながら、書いてみましょう。

아				예			
애				오			
야				요			
얘				우			
어				유			
에				으			
여				이			

《練習 2》次の単語や文を発音しながら、書いてみましょう。 1-08

(1) 아야! 痛い! ________ ________ ________

(2) 에이 A ________ ________ ________

(3) 야유 [揶揄] ________ ________ ________

(4) 요요 ヨーヨー ________ ________ ________

(5) 오이예요. キュウリです。 ________ ________ ________

4　ワ行の母音（半母音［w］＋単母音）

韓国語にも日本語の「ワ」のように単母音の前に［w］がついた母音があります。半母音［w］を伴うものは「ㅗ」ないし「ㅜ」に単母音を加えて表記し、発音はいずれも［w］で始まります。ただし、この［w］の発音は語の最初に来るときはしっかり発音しますが、語中に来るときは弱まります。

1-09

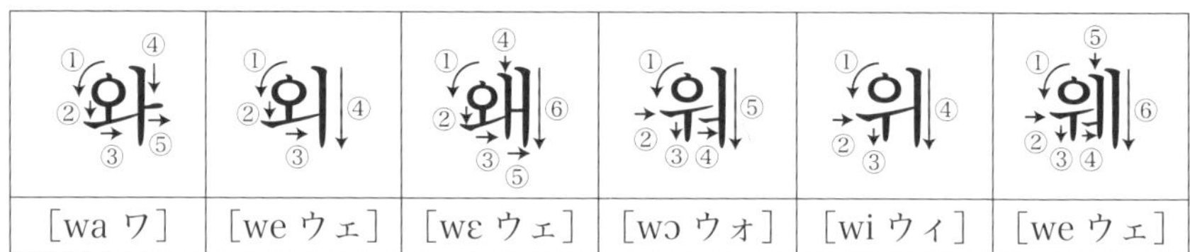

와
외
왜
워
위
웨
［wa ワ］
［we ウェ］
［wɛ ウェ］
［wɔ ウォ］
［wi ウィ］
［we ウェ］

《練習 1》次のハングルを発音しながら、書いてみましょう。

ㅗ(o)、ㅜ(u)の発音はいずれも［w］に変わるよ。

① ㅗ[o]＋α			② ㅜ[u]＋α		
ㅗ［o→w］			ㅜ［u→w］		
＋ ㅏ＝	＋ ㅣ＝	＋ ㅐ＝	＋ ㅓ＝	＋ ㅣ＝	＋ ㅔ＝
ㅘ［wa ワ］	ㅚ［we ウェ］	ㅙ［wɛ ウェ］	ㅝ［wɔ ウォ］	ㅟ［wi ウィ］	ㅞ［we ウェ］
와	외	왜	워	위	웨
와	외	왜	워	위	웨

《練習 2》次の画像から読める文字を見つけてみましょう。

(1) 와플

(2) 외국

(3) 왜

(4) 고마워요

(5) 위

(6) 마이웨이

🔊 1-10

《練習 3》次の単語や文を発音しながら、書いてみましょう。

(1) 위　上　＿＿＿＿＿　＿＿＿＿＿　＿＿＿＿＿

(2) 웨어　ウェア　＿＿＿＿＿　＿＿＿＿＿　＿＿＿＿＿

(3) 와요．来ます。　＿＿＿＿＿　＿＿＿＿＿　＿＿＿＿＿

(4) 왜요？　なぜですか。　＿＿＿＿＿　＿＿＿＿＿　＿＿＿＿＿

(5) 외워요．覚えます。　＿＿＿＿＿　＿＿＿＿＿　＿＿＿＿＿

5　二重母音

単母音「ㅡ ɯ」と「ㅣ i」が組み合わさった「ㅢ ɯi」という文字があります。「ㅣ i」の口の形で「ㅡ ɯ」と「ㅣ i」をすばやく発音します。

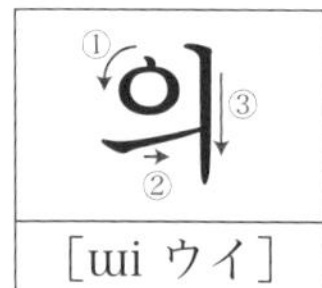

【プラスα】「의」の発音

「의」の発音は３通りあります。

①語頭では　[ɯi]〈例〉의외[ウイウェ][意外]

② 語頭以外では　[i]〈例〉예의[イェイ][礼儀]

③ 助詞「〜の」では　[e]〈例〉아이의 우유[アイエウユ]子どもの牛乳

《練習 1》次のハングルを発音しながら、書いてみましょう。

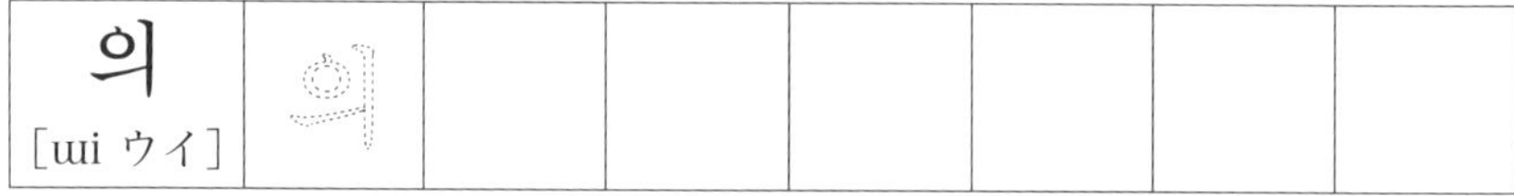

《練習 2》次の画像から読める文字を見つけてみましょう。

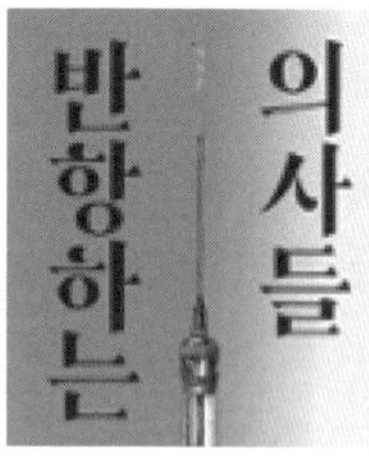

(1) **의**사

(2) 주**의**

(3) **아이의**

《練習 3》次の単語を発音しながら、書いてみましょう。 1-12

(1) 의외［意外］

(2) 의의［意義］

(3) 예의［礼儀］

(4) 아우의 弟の

第2課

まとめ

《練習 1》次のハングルを発音しながら、書いてみましょう。

아				
애				
야				
얘				
어				
에				
여				
예				
오				
와				
왜				

외				
요				
우				
워				
웨				
위				
유				
으				
의				
이				

辞書にはこのㅏ、ㅐ、ㅑ、…
ㅡ、ㅢ、ㅣという順番で単語が
載っているよ！

《練習 2》次の単語や文を発音しながら、書いてみましょう。 1-13

(1) 위에 上に

(2) 예외 [例外]

(3) 야외 [野外]

(4) 이외 [以外]

(5) 아워 [hour] アワー

(6) 요요 ヨーヨー

(7) 외야 [外野]

(8) 의외예요 . [意外 -] 意外です。

【プラスα】母音の並び方

韓国ではハングルの母音を習うとき、 1-14

아 야 어 여 오 요 우 유 으 이

という順番で覚えます。

☆あいさつ語を覚えよう☆（その 2） 1-15

① 감사합니다 . カムサハムニダ
ありがとうございます。

② 고맙습니다 . コマプスムニダ
ありがとうございます。

③ 천만에요 . チョンマネヨ
どういたしまして。

第3課　文字と発音(2) — 子音(1)

これまではハングルの母音を表す文字を勉強しましたね。今度は子音の文字を勉強します。すべての子音は発音のとき、口か喉のどこかの部分を狭くしたり、閉じたりして作られます。韓国語の子音は「初声」として、また「終声」としても使われますが、まず最初に音節の最初にある子音、つまり「初声」から勉強しましょう。韓国語の場合、初声は〈1〉鼻音(びおん)、〈2〉流音(りゅうおん)、〈3〉平音(へいおん)、〈4〉激音(げきおん)、〈5〉濃音(のうおん)などに分類されます。この順番で覚えていきましょう。

1　子音（初声）—〈1〉鼻音、〈2〉流音

鼻音は呼気が鼻に抜ける音で、流音は舌先が軽く歯茎を弾く音です。鼻音を表す字母は「ㄴ」「ㅁ」、流音を表す字母は「ㄹ」です。

	字母	発音	
鼻音	ㄴ	[n]	日本語のナ行の子音とほぼ同じ。
	ㅁ	[m]	日本語のマ行の子音とほぼ同じ。
流音	ㄹ	[r]	日本語のラ行の子音とほぼ同じ。

書き順はこうだよ！

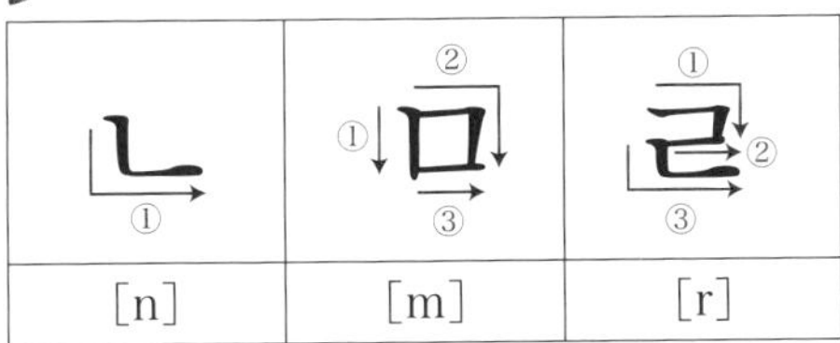

《練習 1》次のハングルを発音しながら、書いてみましょう。 1-16

	ㅏ [a]	ㅣ [i]	ㅜ [u]	ㅡ [ɯ]	ㅔ [e]	ㅐ [ɛ]	ㅗ [o]	ㅓ [ɔ]
ㄴ [n]	나 [na ナ]	니 [ni ニ]	누 [nu ヌ]	느 [nɯ ヌ]	네 [ne ネ]	내 [nɛ ネ]	노 [no ノ]	너 [nɔ ノ]
ㅁ [m]	마 [ma マ]	미 [mi ミ]	무 [mu ム]	므 [mɯ ム]	메 [me メ]	매 [mɛ メ]	모 [mo モ]	머 [mɔ モ]
ㄹ [r]	라 [ra ラ]	리 [ri リ]	루 [ru ル]	르 [rɯ ル]	레 [re レ]	래 [rɛ レ]	로 [ro ロ]	러 [rɔ ロ]

《練習 2》次の画像から読める文字を見つけてみましょう。

(1) **네모**

(2) **우리나라**

(3) **메아리**

(4) **아래**

(5) **마루**

(6) **로미오**

《練習 2》次の単語を発音しながら、書いてみましょう。 1-17

(1) 노래 歌 ＿＿＿ ＿＿＿ ＿＿＿

(2) 나라 国 ＿＿＿ ＿＿＿ ＿＿＿

(3) 머리 頭 ＿＿＿ ＿＿＿ ＿＿＿

(4) 어머니 お母さん ＿＿＿ ＿＿＿ ＿＿＿

(5) 누나 （弟から見て）姉 ＿＿＿ ＿＿＿ ＿＿＿

(6) 메뉴 メニュー ＿＿＿ ＿＿＿ ＿＿＿

(7) 무료 ［無料］ ＿＿＿ ＿＿＿ ＿＿＿

ま と め

《練習》次の単語や文を発音しながら、書いてみましょう。 

(1) 나이 年齢 ＿＿＿ ＿＿＿ ＿＿＿

(2) 메모 メモ ＿＿＿ ＿＿＿ ＿＿＿

(3) 나리 ユリ ＿＿＿ ＿＿＿ ＿＿＿

(4) 이마 ひたい ＿＿＿ ＿＿＿ ＿＿＿

(5) 유리 ［琉璃］ガラス ＿＿＿ ＿＿＿ ＿＿＿

(6) 무리예요. 無理です。 ＿＿＿ ＿＿＿ ＿＿＿

2　子音（初声）—〈3〉平音

平音の「ㄱ」「ㄷ」「ㅂ」「ㅅ」「ㅈ」の５つの子音は発音するとき、わずかな息しか出ません。平音は語頭では濁らない音(無声音)ですが、そのうち「ㅅ」を除いては語頭以外で濁る音（有声音）になります。

	字母	語　　頭（単語の初め）		語頭以外（単語の初め以外）	
		発音		発音	
平音	ㄱ	[k]	カ行の子音 [k] とほぼ同じ。	[g]	ガ行の子音 [g] とほぼ同じ。
	ㄷ	[t]	タ、テ、トの子音 [t] とほぼ同じ。	[d]	ダ、デ、ドの子音 [d] とほぼ同じ。
	ㅂ	[p]	パ行の子音 [p] とほぼ同じ。	[b]	バ行の子音 [b] とほぼ同じ。
	ㅅ	[s, ʃ]	サ行の子音 [s] とほぼ同じ。ただし [i] [wi] [j] の前では [ʃ] と発音。		
	ㅈ	[tʃ]	チャ行の子音 [tʃ] とほぼ同じ。	[dʒ]	ジャ行の子音 [dʒ] とほぼ同じ。

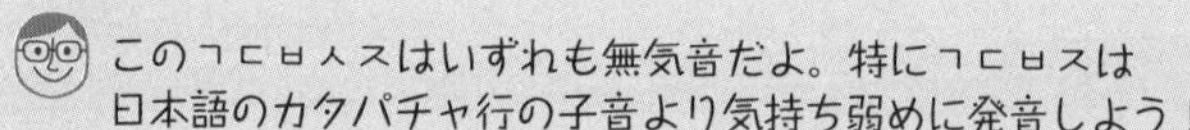

このㄱㄷㅂㅅㅈはいずれも無気音だよ。特にㄱㄷㅂㅈは
日本語のカタパチャ行の子音より気持ち弱めに発音しよう！

書き順はこうだよ！

ㄱ	ㄷ	ㅂ	ㅅ	ㅈ
[k]	[t]	[p]	[s、ʃ]	[tʃ]

《練習 1》次のハングルを発音しながら、書いてみましょう。 1-19

	ㅏ [a]	ㅣ [i]	ㅜ [u]	ㅡ [ɯ]	ㅔ [e]	ㅐ [ɛ]	ㅗ [o]	ㅓ [ɔ]
ㄱ [k]	가 [ka カ]	기 [ki キ]	구 [ku ク]	그 [kɯ ク]	게 [ke ケ]	개 [kɛ ケ]	고 [ko コ]	거 [kɔ コ]
ㄷ [t]	다 [ta タ]	디 [ti ティ]	두 [tu トゥ]	드 [tɯ トゥ]	데 [te テ]	대 [tɛ テ]	도 [to ト]	더 [tɔ ト]
ㅂ [p]	바 [pa パ]	비 [pi ピ]	부 [pu プ]	브 [pɯ プ]	베 [pe ペ]	배 [pɛ ペ]	보 [po ポ]	버 [pɔ ポ]
ㅅ [s,ʃ]	사 [sa サ]	시 [ʃi シ]	수 [su ス]	스 [sɯ ス]	세 [se セ]	새 [sɛ セ]	소 [so ソ]	서 [sɔ ソ]
ㅈ [tʃ]	자 [tʃa チャ]	지 [tʃi チ]	주 [tʃu チュ]	즈 [tʃɯ チュ]	제 [tʃe チェ]	재 [tʃɛ チェ]	조 [tʃo チョ]	저 [tʃɔ チョ]

発音規則：有声音化（1）

「ㄱ」「ㄷ」「ㅂ」「ㅈ」は文字の置かれる位置によって発音が変わります。つまり、語頭では日本語の清音のように澄んだ音（無声音）で、語頭以外では日本語の濁音のように濁った音（有声音）になります。

1-20

「구구」と「부부」の場合、2文字とも同じ文字ですが、語頭と語中では発音が違います。

1-21

구기 クギ[kugi][球技]　기구 キグ[kigu][器具]

ただし、ㅅ [s, ʃ] は語頭でも語頭以外でも濁ることはなく、いつでも [s, ʃ] と発音されます。

1-22

사기 [sagi][詐欺]　기사 [kisa][記事]

 《練習 2》次の画像から読める文字を見つけてみましょう。

(1) **수제비**

(2) **다시다**

(3) **유자**차

(4) **가게**

(5) **사과**

(6) **저고리**

 《練習 3》次の単語を発音しながら、書いてみましょう。 1-23

(1) 고기 肉 ________ ________ ________

(2) 바다 海 ________ ________ ________

(3) 아버지 父 ________ ________ ________

(4) 구두 靴 ________ ________ ________

(5) 모자 [帽子] ________ ________ ________

(6) 지도 [地図] ________ ________ ________

(7) 시소 シーソー ________ ________ ________

(8) 시계 [時計] ________ ________ ________

＊ 48 頁のプラス α 参照

【プラスα】ㅖの発音

시계［時計］、실례［失礼］の、계や례のように、「ㅖ」が「ㅇ」以外の子音字母と組み合わさると［시게］や［실레］という具合に「ㅖ」は［ㅔ］と発音します。

ま と め

1-24

《練習》次の単語や文を発音しながら、書いてみましょう。

(1) 귀 耳 ＿＿＿ ＿＿＿ ＿＿＿

(2) 사과 りんご ＿＿＿ ＿＿＿ ＿＿＿

(3) 여자［女子］女性 ＿＿＿ ＿＿＿ ＿＿＿

(4) 가수［歌手］ ＿＿＿ ＿＿＿ ＿＿＿

(5) 두부［豆腐］ ＿＿＿ ＿＿＿ ＿＿＿

(6) 자기［自己］自分 ＿＿＿ ＿＿＿ ＿＿＿

(7) 얘기 話 ＿＿＿ ＿＿＿ ＿＿＿

(8) 바보 馬鹿 ＿＿＿ ＿＿＿ ＿＿＿

(9) 과자예요. 菓子です。 ＿＿＿ ＿＿＿ ＿＿＿

(10) 사귀어요. 付き合います。 ＿＿＿ ＿＿＿ ＿＿＿

1-25

☆あいさつ語を覚えよう☆　(その 3)

① 미안합니다. ミアナムニダ
すみません。

② 죄송합니다. チュエソンハムニダ
申し訳ありません。

③ 괜찮아요. クェンチャナヨ
大丈夫です。

韓国人の大好きな言葉だよね。沖縄の「なんくるないさ」と同じだね。

第3課

第４課　文字と発音⑶ ― 子音⑵

1　子音（初声）―〈4〉激音

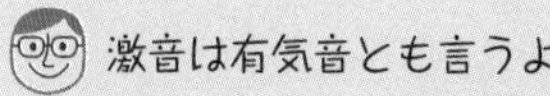

激音は文字のとおり激しい音、つまり息を勢いよく、多く出す発音です。字母は下の５つです。いずれも平音のㄱㄷㅂㅈㅇの文字に一画ずつ加えたりして、激音を表す文字を作りました。発音記号ではㅎ以外は右肩に［h］をつけて表します。激音は語頭以外でも濁ることはありません。

	字母	語　頭　・　語頭以外	
		発音	
激音	ㅊ	［tʃʰ］	強い息を出しながら、チャ行の子音を発音する。
	ㅋ	［kʰ］	強い息を出しながら、カ行の子音を発音する。
	ㅌ	［tʰ］	強い息を出しながら、タ、テ、トの子音を発音する。
	ㅍ	［pʰ］	強い息を出しながら、パ行の子音を発音する。
	ㅎ	［h］	ハ行の子音とほぼ同じ。

書き順はこうだよ！

ㅊ ①②③	ㅋ ①②	ㅌ ①②③	ㅍ ①②③④	ㅎ ①②③
［tʃʰ］	［kʰ］	［tʰ］	［pʰ］	［h］

1-26

《練習 1》次のハングルを発音しながら、書いてみましょう。

	ㅏ [a]	ㅣ [i]	ㅜ [u]	ㅡ [ɯ]	ㅔ [e]	ㅐ [ɛ]	ㅗ [o]	ㅓ [ɔ]
ㅊ [tʃ^{h}]	차 [tʃ^{h}a チャ]	치 [tʃ^{h}i チ]	추 [tʃ^{h}u チュ]	츠 [tʃ^{h}ɯ チュ]	체 [tʃ^{h}e チェ]	채 [tʃ^{h}ɛ チェ]	초 [tʃ^{h}o チョ]	처 [tʃ^{h}ɔ チョ]
ㅋ [k^{h}]	카 [k^{h}a カ]	키 [k^{h}i キ]	쿠 [k^{h}u ク]	크 [k^{h}ɯ ク]	케 [k^{h}e ケ]	캐 [k^{h}ɛ ケ]	코 [k^{h}o コ]	커 [k^{h}ɔ コ]
ㅌ [t^{h}]	타 [t^{h}a タ]	티 [t^{h}i ティ]	투 [t^{h}u トゥ]	트 [t^{h}ɯ トゥ]	테 [t^{h}e テ]	태 [t^{h}ɛ テ]	토 [t^{h}o ト]	터 [t^{h}ɔ ト]
ㅍ [p^{h}]	파 [p^{h}a パ]	피 [p^{h}i ピ]	푸 [p^{h}u プ]	프 [p^{h}ɯ プ]	페 [p^{h}e ペ]	패 [p^{h}ɛ ペ]	포 [p^{h}o ポ]	퍼 [p^{h}ɔ ポ]
ㅎ [h]	하 [ha ハ]	히 [hi ヒ]	후 [hu フ]	흐 [hɯ フ]	헤 [he ヘ]	해 [hɛ ヘ]	호 [ho ホ]	허 [hɔ ホ]

《練習 2》次の画像から読める文字を見つけてみましょう。

(1) 주차장

(2) 크레파스

(3) 태권도

(4) 피아노

(5) 페인트

(6) 하모니카

《練習 3》次の単語を発音しながら、書いてみましょう。 1-27

(1) 커피 コーヒー ______ ______ ______

(2) 카피 コピー ______ ______ ______

(3) 코피 鼻血 ______ ______ ______

(4) 우표［郵票］切手 ______ ______ ______

(5) 아파트 マンション ______ ______ ______

(6) 쿠키 クッキー ______ ______ ______

(7) 파티 パーティー ______ ______ ______

(8) 취미［趣味］ ______ ______ ______

ま と め

1-28

《練習》次の単語や文を発音しながら、書いてみましょう。

(1) 코 鼻

(2) 오후 午後

(3) 테니스 テニス

(4) 피자 ピザ

(5) 카드 カード

(6) 코코아 ココア

(7) 회사 ［会社］

(8) 포도 ［葡萄］ ブドウ

(9) 야채 ［野菜］

(10) 추워요. 寒いです。

カナダラの歌

1-29

「きらきら星」の曲に合わせて「カナダラ」の歌を歌ってみましょう。

2　子音（初声）—〈5〉濃音

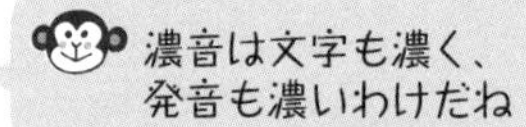

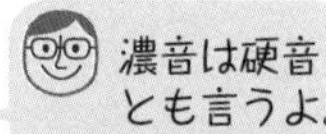

ハングル文字の中には、ㄲ、ㄸ、ㅃ、ㅆ、ㅉのように平音の字母を２つ並べて書くものがあります。これを濃音と言います。濃音はまったく息を出さず、喉を強く緊張させて出す音です。語頭以外でも濁ることはありません。

	字母	発音	
濃音	ㄲ	[ˀk]	カ行の音を喉を緊張させて発音する。 까は「すっかり」の「っか」に似た音。
	ㄸ	[ˀt]	タ、テ、トの音を喉を緊張させて発音する。 따は「ばったり」の「った」に似た音。
	ㅃ	[ˀp]	パ行の音を喉を緊張させて発音する。 빠は「やっぱり」の「っぱ」に似た音。
	ㅆ	[ˀs, ˀʃ]	サ行の音を喉を緊張させて発音する。 싸は「あっさり」の「っさ」に似た音。
	ㅉ	[ˀtʃ]	チャ行の音を喉を緊張させて発音する。 짜は「ぽっちゃり」の「っちゃ」に似た音。

濃音は小さな「っ」をつけた発音に似ていますが、それよりもっと強く声帯を緊張させるよ。息をまったく出さないよ！

書き順はこうだよ！

ㄲ	ㄸ	ㅃ	ㅆ	ㅉ
[ˀk]	[ˀt]	[ˀp]	[ˀs, ˀʃ]	[ˀtʃ]

《練習 1》次の文字を発音しながら、書いてみましょう。 1-30

	ㅏ [a]	ㅣ [i]	ㅜ [u]	ㅡ [ɯ]	ㅔ [e]	ㅐ [ɛ]	ㅗ [o]	ㅓ [ɔ]
ㄲ [ˀk]	까 [ˀka ッカ]	끼 [ˀki ッキ]	꾸 [ˀku ック]	끄 [ˀkɯ ック]	께 [ˀke ッケ]	깨 [ˀkɛ ッケ]	꼬 [ˀko ッコ]	꺼 [ˀkɔ ッコ]
ㄸ [ˀt]	따 [ˀta ッタ]	띠 [ˀti ッティ]	뚜 [ˀtu ットゥ]	뜨 [ˀtɯ ットゥ]	떼 [ˀte ッテ]	때 [ˀtɛ ッテ]	또 [ˀto ット]	떠 [ˀtɔ ット]
ㅃ [ˀp]	빠 [ˀpa ッパ]	삐 [ˀpi ッピ]	뿌 [ˀpu ップ]	쁘 [ˀpɯ ップ]	뻬 [ˀpe ッペ]	빼 [ˀpɛ ッペ]	뽀 [ˀpo ッポ]	뻐 [ˀpɔ ッポ]
ㅆ [ˀs, ˀʃ]	싸 [ˀsa ッサ]	씨 [ˀʃi ッシ]	쑤 [ˀsu ッス]	쓰 [ˀsɯ ッス]	쎄 [ˀse ッセ]	쌔 [ˀsɛ ッセ]	쏘 [ˀso ッソ]	써 [ˀsɔ ッソ]
ㅉ [ˀtʃ]	짜 [ˀtʃa ッチャ]	찌 [ˀtʃi ッチ]	쭈 [ˀtʃu ッチュ]	쯔 [ˀtʃɯ ッチュ]	쩨 [ˀtʃe ッチェ]	째 [ˀtʃɛ ッチェ]	쪼 [ˀtʃo ッチョ]	쩌 [ˀtʃɔ ッチョ]

 《練習 2》次の画像から読める文字を見つけてみましょう。

(1) **까**마귀

(2) **따**로

(3) **삐**약**삐**약

(4) **싸**

(5) 첫**째**

(6) **꼬까**신

《練習 3》次の単語を発音しながら、書いてみましょう。 1-31

(1) 오빠 (妹から見て) 兄 ＿＿＿ ＿＿＿ ＿＿＿

(2) 찌개 鍋物 ＿＿＿ ＿＿＿ ＿＿＿

(3) 그때 その時 ＿＿＿ ＿＿＿ ＿＿＿

(4) 또 また ＿＿＿ ＿＿＿ ＿＿＿

(5) 쓰레기 ごみ ＿＿＿ ＿＿＿ ＿＿＿

(6) 뽀뽀 チュー (キス) ＿＿＿ ＿＿＿ ＿＿＿

(7) 꽤　かなり

(8) 까치　カササギ

(9) 아저씨　おじさん

(10) 아빠　パパ、お父さん

第4課

まとめ

《練習》次の単語や文を発音しながら、書いてみましょう。 1-32

(1) 뼈　骨

(2) 코끼리　ゾウ

(3) 뻐꾸기　カッコウ

(4) 깨　ごま

(5) 토끼　ウサギ

(6) 가짜　にせもの

(7) 바빠요？　忙しいですか。

☆あいさつ語を覚えよう☆　（その 4）

① 여보세요.　ヨボセヨ

（電話口で）もしもし。

② 저기요.　チョギヨ

もしもし。すみません。

③ 여기요.　ヨギヨ

もしもし。すみません。

여보세요と 저기요、여기요

日本語の「もしもし」は「申す申す」からできたそうですが、韓国語の「여보세요ヨボセヨ」は、「ヨ」は「こっち여기」、「ポセヨ보세요」は「見てください」という意味からできたことばで、現在はおもに電話でだけ使います。

また、もともと「チョギヨ저기요」は「あそこです」、「ヨギヨ여기요」は「ここです」という意味ですが、最近はよくお店などで従業員を呼ぶときに使います。

第５課　文字と発音(4)— 子音(3)

1　鼻音と流音のパッチム

日本語の場合、閉音節（ん、っ）も一部ありますが、ほとんどは開音節（あ、か、さ、た…）です。これに対して、韓国語には母音のあとに「パッチム（終声)」が続く閉音節が多いです。

このパッチムは、鼻音（びおん)、流音（りゅうおん)、閉鎖音（へいさおん）に分けられます。鼻音にはㄴ［n］、ㅁ［m］、ㅇ［ŋ］の３つがあります。ㅇは初声では子音の音がないことを表していましたが、パッチムでは［ŋ］の音を表します。また、流音のㄹは初声では［r］ですが、パッチムでは流音の［l］という発音です。

ㅇとㄹは初声とパッチムでは発音が違うね！

	字母	発音	
鼻音	ㄴ	ン [n]	舌先を上の歯の裏、歯茎のあたりにしっかりつけて鼻に息を抜く音。 「안」は「アンに」と発音するときの「アン」。
	ㅁ	ム [m]	唇をしっかり閉じて、鼻に息を抜く音。「ム」のように［u］をつけて発音しないこと。 「암」は「アンも」と発音するときの「アン」。
	ㅇ	ン [ŋ]	舌の奥の方を上あごの柔らかい部分にしっかりつけて鼻に息を抜く音。舌はどこにもつきません。 「앙」は「アンが」と発音するときの「アン」。
流音	ㄹ	ル ［l］	舌先を少し丸めて舌先の裏を上あごの歯茎より少し奥にしっかりつけて発音する。つけた舌先はそのまま。

第５課

発音規則：有声音化（2）

パッチムが鼻音ㄴ、ㅁ、ㅇと流音ㄹのとき、次に平音「ㄱ［k］、ㄷ［t］、ㅂ［p］、ㅈ［tʃ］」などが続くと、この「ㄱ、ㄷ、ㅂ、ㅈ」は［ㄱ［g］、ㄷ［d］、ㅂ［b］、ㅈ［dʒ］］と有声音化します。

つまりパッチム「ㄴ、ㄹ、ㅁ、ㅇ」と母音の間に挟まれた「ㄱ、ㄷ、ㅂ、ㅈ」の発音は濁ります。ただし、文字は変わりません。

1-34

갈비（［カルピ］→［カルビ］）カルビ

〈発音〉

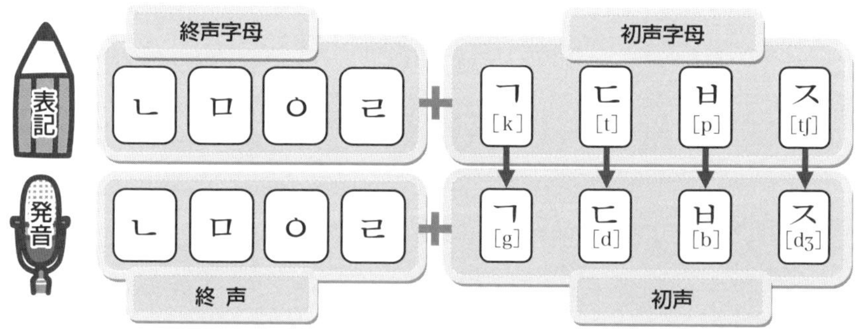

 《練習》次の単語を例のように直して、読んでみましょう。

例：갈비　カルビ	［カルピ→カルビ］	명동　明洞	
담배　タバコ		불고기　焼肉	
얼굴　顔		일본　日本	
진도　珍島		공장　工場	

ただし、上のような発音の環境においても、一部の複合語は「有声音化」ではなく、「濃音化」する場合もあります。

술お酒＋집お店＝술집［술찝］居酒屋

《練習 1》次の文字を組み合わせて書き、発音してみましょう。

	아 [a]	이 [i]	우 [u]	으 [ɯ]	에 [e]	애 [ɛ]	오 [o]	어 [ɔ]
ㄴ [n]			운					
ㅁ [m]	암							
ㅇ [ŋ]							옹	
ㄹ [l]				을				

《練習 2》次の単語を発音しながら、書いてみましょう。 1-35

(1) 친구 [親旧] 友だち ＿＿＿＿ ＿＿＿＿ ＿＿＿＿

(2) 김치 キムチ ＿＿＿＿ ＿＿＿＿ ＿＿＿＿

(3) 공부 [工夫] 勉強 ＿＿＿＿ ＿＿＿＿ ＿＿＿＿

(4) 지금 [只今] 今 ＿＿＿＿ ＿＿＿＿ ＿＿＿＿

(5) 삼계탕 [参鶏湯] サムゲタン ＿＿＿＿ ＿＿＿＿ ＿＿＿＿

(6) 경찰 [警察] ＿＿＿＿ ＿＿＿＿ ＿＿＿＿

発音規則：連音化

パッチムがある文字の次に母音で始まる文字が来ると、前の文字のパッチムは次の音節の初声として発音されます。これを連音化と言います。ただし、表記は変わりありません。

🔊 1-36

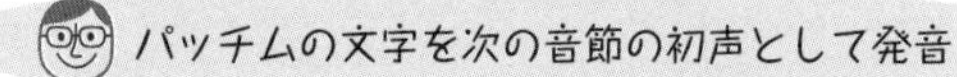

パッチムの文字を次の音節の初声として発音

ただし、終声の字母がㅇのときは連音化せずに発音します。

🔊 1-37

《練習》次の単語を例のように書いて、読んでみましょう。

例：단어　単語	[다너]	서울에　ソウルに	
한국어　韓国語		돈이　お金が	
일본어　日本語		물을　水を	
금요일　金曜日		고등어　サバ	

ま と め

1-38

《練習》次の単語や文を発音しながら、書いてみましょう。

(1) 한글　ハングル　__________　__________　__________

(2) 공항버스 AIRPORT BUS 공항　空港　__________　__________　__________

(3) 참외　マクワウリ　__________　__________　__________

(4) 일요일［日曜日］　__________　__________　__________

(5) 

농구　バスケットボール　__________　__________　__________

(6) 동물［動物］　__________　__________　__________

(7) 편지［便紙］手紙　__________　__________　__________

(8) 

안경［眼鏡］めがね　__________　__________　__________

(9) 정말이에요．本当です。　__________　__________　__________

(10) 일본사람이에요．日本人です。

__________　__________　__________

2　閉鎖音の終声（パッチム）

閉鎖音のパッチム［k］、［t］、［p］の３つは、英語の［k］、［t］、［p］の発音と似ていますが、発音するときの口構えだけで、息は出しません。表記上は閉鎖音の終声字母の種類は多いですが、発音は３つしかありません。

	字母	発音	
閉鎖音	ㄱ ㅋ ㄲ	ク［k］	舌の奥の方を上あごの柔らかい部分にしっかりつけて止める音。息を出さないつまる音。
	ㄷ ㅌ ㅅ ㅆ ㅈ ㅊ ㅎ	ッ［t］	舌先を上の歯の裏と歯茎のあたりにしっかりつけて止める音。息を出さないつまる音。
	ㅂ ㅍ	プ［p］	唇をしっかりと閉じて止める音。息を出さないつまる音。

〈パッチム［k］、［t］、［p］の発音〉　1-39

	発音記号	意味	発音のこつ
パク 박	［pa^k］	朴（姓）	「パック」と発音するときの「パッ」。「ク」は発音しない。
パッ 밭	［pa^t］	畑	「パット」と発音するときの「パッ」。「ト」は発音しない。
パプ 밥	［pa^p］	ごはん	「パップ」と発音するときの「パッ」。「プ」は発音しない。

《練習》次の文字を組み合わせて書き、発音してみましょう。

	아［a］	이［i］	우［u］	으［ɯ］	에［e］	애［ɛ］	오［o］	어［ɔ］
ㄱ［k］			욱					
ㄷ［t］								얻
ㅂ［p］	압							

発音規則：終声の中和

パッチムの表記として使われる文字は多いですが、実際の発音はㄱ［k］、ㄴ［n］、ㄷ［t］、ㄹ［l］、ㅁ［m］、ㅂ［p］、ㅇ［ŋ］の７つしかありません。

1-40

빗［빋］櫛　빚［빋］借金　빛［빋］光
〈表記〉〈発音〉　〈表記〉〈発音〉　〈表記〉〈発音〉

パッチムの文字が違うのに発音は同じだね！

第5課

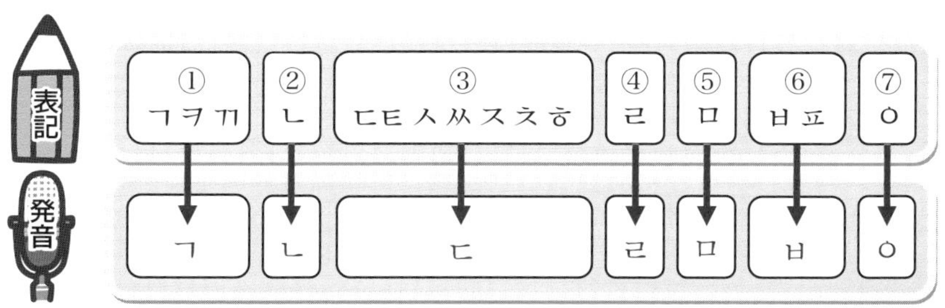

1-41

①국［국］スープ、부엌［부억］台所、밖［박］外

②산［산］山

③곧［곧］すぐ、밑［믿］下、옷［옫］服、있다［읻따］ある、낮［낟］昼、꽃［꼳］花

④달［달］月

⑤김［김］のり

⑥집［집］家、앞［압］前

⑦방［방］部屋

1-42

《練習》次の単語を書いて、読んでみましょう。

(1) 술집 居酒屋 ＿＿＿＿ ＿＿＿＿ ＿＿＿＿

(2) 수업［授業］ ＿＿＿＿ ＿＿＿＿ ＿＿＿＿

(3) 택배*［宅配］宅配便 ＿＿＿＿ ＿＿＿＿ ＿＿＿＿

(4) 앞 前 ＿＿＿＿ ＿＿＿＿ ＿＿＿＿

(5) 밖 外 ＿＿＿＿ ＿＿＿＿ ＿＿＿＿

팥빙수は韓国風かき氷だよ！

(6) 팥빙수* かき氷 ＿＿＿＿ ＿＿＿＿ ＿＿＿＿

(7) 옷 服 ＿＿＿＿ ＿＿＿＿ ＿＿＿＿

(8) 낮 昼 ＿＿＿＿ ＿＿＿＿ ＿＿＿＿

(9) 꽃 花 ＿＿＿＿ ＿＿＿＿ ＿＿＿＿

(10) 떡볶이* トッポキ ＿＿＿＿ ＿＿＿＿ ＿＿＿＿

*印の単語はいずれも「濃音化」する。第4課95頁の「濃音化」を参照。

1-43

発音規則：二重パッチム

韓国語の単語の中には、パッチムに２つの子音字が使われているものがあります。このように２個の終声子音字があるものを「二重パッチム」と言います。１つの音節にパッチムの文字が２つあっても、その音節を発音するときはその中の１つしか発音しません。

값［갑］値段　　닭［닥］鶏

〈表記〉〈発音〉　〈表記〉〈発音〉

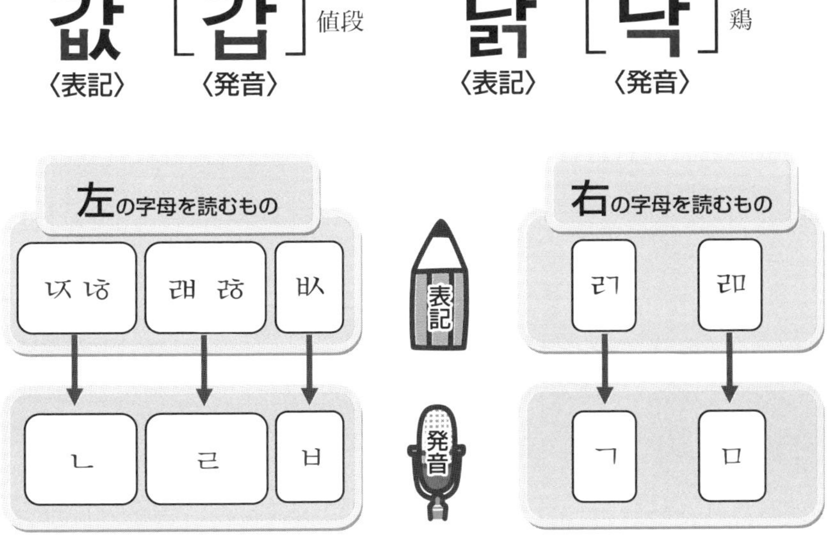

앉는［안는］座る～　［여덜］　여덟　八つ

값［갑］値段　　닭［닥］鶏　　삶［삼］生

ただし、(1) あとに母音が続く場合には２つとも発音し、(2) あとに子音が続く場合には (a) 濃音化したり (b) 激音化したりする場合もあります。

(1) 앉아［안자］座って、　닭은［달근］鶏は

(2) (a) 앉다［안따］座る、　앉습니다［안씀니다］座ります

(b) 많다［만타］多い、　싫다［실타］嫌いだ

まとめ

1-44

《練習》次の単語や文を発音しながら、書いてみましょう。

(1) 약국 [薬局] ＿＿＿ ＿＿＿ ＿＿＿

(2) 김밥 キムパ ＿＿＿ ＿＿＿ ＿＿＿

(3) 곧 すぐ ＿＿＿ ＿＿＿ ＿＿＿

(4) 부엌 台所 ＿＿＿ ＿＿＿ ＿＿＿

(5) 밑 下 ＿＿＿ ＿＿＿ ＿＿＿

(6) 인터넷 インターネット ＿＿＿ ＿＿＿ ＿＿＿

(7) 값 値段 ＿＿＿ ＿＿＿ ＿＿＿

(8) 여덟 八つ ＿＿＿ ＿＿＿ ＿＿＿

(9) 닭갈비 タッカルビ ＿＿＿ ＿＿＿ ＿＿＿

(10) 밝아요. 明るいです。 ＿＿＿ ＿＿＿ ＿＿＿

子音字母（文字）の名前

子音の文字にはそれぞれ以下のような名前があります。「ㄱ」「ㄷ」「ㅅ」の３つは他のものと少し違う読み方なので注意が必要です。

ㄱㄷㅅの３文字を除いては、いずれも

という具合に、１文字目は初声のところに、２文字目はパッチムのところに当該の文字を当てると、その文字の名前になります。

1-45

字母	ㄱ	ㄴ	ㄷ	ㄹ	ㅁ	ㅂ	ㅅ	ㅇ	ㅈ
名称	기역	니은	디귿	리을	미음	비읍	시옷	이응	지읒
	キヨㇰ	ニウン	ティグッ	リウㇽ	ミウㇺ	ピウㇷ゚	シオッ	イウン	チウッ

字母	ㅊ	ㅋ	ㅌ	ㅍ	ㅎ
名称	치읓	키읔	티읕	피읖	히읗
	チウッ	キウㇰ	ティウッ	ピウㇷ゚	ヒウッ

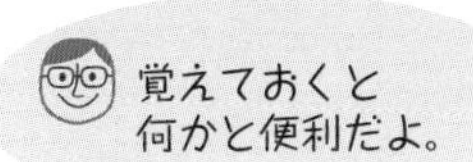

1-46

なお、濃音を表す文字は、２つという意味の「쌍(双)」をつけます。

字母	ㄲ	ㄸ	ㅃ	ㅆ	ㅉ
名称	쌍기역	쌍디귿	쌍비읍	쌍시옷	쌍지읒
	サンギヨㇰ	サンディグッ	サンビウㇷ゚	サンシオッ	サンジウッ

他方、母音文字の名称はそれぞれの音がそのまま名前になります。

【プラスα】子音の並び方

韓国ではハングルの子音文字を

1-47

가 나 다 라 마 바 사 아 자 차 카 타 파 하

という順番で覚えます。なお、辞書などでは下記の順序で単語が並んでいます。

ㄱ ㄲ ㄴ ㄷ ㄸ ㄹ ㅁ ㅂ ㅃ ㅅ ㅆ ㅇ ㅈ ㅉ ㅊ ㅋ ㅌ ㅍ ㅎ

1-48

☆あいさつ語を覚えよう☆ （その5）

① 안녕히 계세요. アンニョンイ　ゲセヨ
さようなら。（その場に残る人に対して）

② 안녕히 가세요. アンニョンイ　ガセヨ
さようなら。（去っていく人に対して）

2つの「さようなら」

日本語の「さようなら」に当たる韓国語は2種類があります。
その場に留まる人が立ち去る人に対して、「안녕히 가세요元気でお行きなさい」
立ち去る人がその場に留まる人に対して、「안녕히 계세요元気でいてください」
という表現を使います。
　なお、道端で双方が別れを告げるときは、「안녕히 가세요元気でお行きなさい」、電話や手紙のときは、「안녕히 계세요元気でいてください」を使います。

第 2 部

文法と会話

第1課　이 강아지가 하늘이에요.

この子犬がハヌルです。

🔊2-001

子犬の写真を見せてもらう

유리：이 강아지 이름이 뭐예요？

우현：네，하늘과 바다예요．

유리：그럼，이 강아지가 하늘이에요？

우현：네，이 강아지가 하늘이에요．

유리：한국 강아지예요？

우현：네，진돗개예요．

《日本語訳》

ユリ　　：この子犬の名前は何ですか。
ウヒョン：はい、ハヌルとパダです。
ユリ　　：では、この子犬がハヌルですか。
ウヒョン：はい、この子犬がハヌルです。
ユリ　　：韓国の子犬ですか。
ウヒョン：はい、チンド犬です。

発音

이름이［이르미］、하늘이에요［하느리에요］、진돗개［진돋깨］

語句・表現

1. □이 この　□강아지 子犬　□이름 名前　□뭐（←무엇）何
 □-예요？～ですか

2. □네 はい　□하늘 ハヌル（もともと「空」という意味。ここでは犬の名前）
 □-과～と　□바다 パダ（もともと「海」という意味。ここでは犬の名前）
 □-예요～です

3. □그럼 では　□-가 ～が　□이에요？～ですか
4. □-이에요 ～です
5. □한국［韓国］
6. □진돗개［珍島-］チンド犬（イヌの品種名）

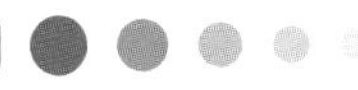

1　-이/가　～が

日本語の助詞「～が」に当たるのが「-이」、または「-가」です。韓国語の助詞は前の文字にパッチムがあるかないかで形が変わる場合が多いです。

～が	パッチムあり　＋	-이	책이　本が
	パッチムなし　＋	-가	노트가　ノートが

助詞 -이/가は疑問詞뭐（何）、어디（どこ）、언제（いつ）などを用いた疑問文では「～は」という意味になるよ。

《練習》次の単語を例のように直して、読んでみましょう。

例：김치　キムチ	김치가	가방　かばん	
신문　新聞		주스　ジュース	
호텔　ホテル		대학　大学	
노래　歌		사랑　愛	
비빔밥　ビビンバ		우유　牛乳	

2　-와/과　～と

日本語の助詞「～と」に当たるのが「-과」、または「-와」です。パッチムのある語には 과、ない語には 와 をつけます。

～と	パッチムあり　＋	-과	책과　本と
	パッチムなし　＋	-와	노트와　ノートと

《練習》次の単語を例のように直して、読んでみましょう。

例：김치 キムチ	김치와	가방 かばん	
신문 新聞		주스 ジュース	
호텔 ホテル		대학 大学	
노래 歌		사랑 愛	

3 뭐（←무엇） 何

무엇 は「何」という意味です。一般的に話し言葉では縮約形の 뭐 が用いられます。

(1) 그 책은 무엇이에요？ その本は何ですか。

(2) 그 책은 뭐예요？ その本は何ですか。

4 이 / 그 / 저 / 어느 この、その、あの、どの

韓国語にも日本語と同じように「こそあど言葉」があります。使い方はあまり変わりありませんが、話し手も聞き手もすでに知っている事柄を指すときは「あの 저」ではなく、「その 그」を使います。

この	その	あの	どの
이	그	저	어느

(1) 이 책은 이솝이야기예요． この本はイソップ物語です。

(2) 그 노트는 얼마예요？ そのノートはいくらですか。

(3) 저 옷은 만 엔이에요． あの服は1万円です。

(4) 그때 그 사람 あのとき、あの人

(5) 어느 나라 사람이에요？ どこの国の人ですか。

《練習》次の単語を例のように直して、読んでみましょう。

例：책 本	이 책	그 책	저 책	어느 책
노트 ノート				
가방 かばん				
회사 会社				
호텔 ホテル				

5 네 , 예 / 아뇨 はい / いいえ

「네 , 예」は呼ばれたときや、肯定したりするとき、「아뇨」は否定をするとき使いますが、いずれも改まった場面でごく一般的に用いられます。日本語と違って目下にはあまり使いません。「아뇨」は「아니요」の縮約した形で、日常よく使います。

이 강아지는 진돗개예요？ この子犬はチンド犬ですか。

네 , 진돗개예요． はい、チンド犬です。

아뇨 , 진돗개가 아니에요*． いいえ、チンド犬ではありません。

＊詳細は 80 頁参照

なお、「예」は「네」よりもっと丁寧な表現です。

6 - 이에요 / 예요（？）～です（か）

日本語の「～です」は「- 이에요 / 예요」です。前の文字にパッチムのある語には、「- 이에요」、ない語には「- 예요」をつけます。また、疑問表現の「～ですか」は「- 이에요？」「- 예요？」で、書くときは「？」をつけ、話すときはしり上がりの発音をします。

～です（か）	パッチムあり ＋	- 이에요	책이에요 本です
		- 이에요？	책이에요？ 本ですか
	パッチムなし ＋	- 예요	노트예요 ノートです
		- 예요？	노트예요？ ノートですか

＊예요 は通常、［에요］と発音される。

《練習》次の単語を例のように直して、読んでみましょう。

例：김치 キムチ	김치예요	가방 かばん	
서울 ソウル		주스 ジュース	
호텔 ホテル		대학 大学	
노래 歌		사랑 愛	
비빔밥 ビビンバ		우유 牛乳	

日本語の「～です」に当たるハングル表現は各 2 通りあり、①「- 예요／ - 이에요」と②「- 입니다」です。（詳細は第 6 課の 105 頁参照）いずれも丁寧な表現ですが、②の方が①よりもっと丁寧です。①の場合はちょっとくだけた、打ち解けた表現です。

《練習》次の文を韓国語に訳してみましょう。

(1) A：このノートですか。

B：はい、そのノートです。

(2) A：どのかばんですか。

B：あのかばんです。

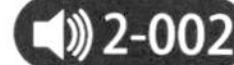

力試し

1. 次の文を音読し、日本語に訳してみましょう。

① 이 호텔 이름이 뭐예요?

② 바다호텔이에요.

③ 그럼 이 신문이 서울신문이에요?

④ 네, 그 대학이 하늘대학이에요.

⑤ 책과 노트예요?

2. 次の文を韓国語に訳してみましょう。

① この牛乳の名前は何ですか。

② はい、バナナ牛乳です。(バナナ：바나나)

③ 韓国の歌ですか。

④ はい、ジュースとビビンバです。

⑤ どのホテルがソウルホテルですか。

3. 次の質問に韓国語で答えましょう。

① 이름이 뭐예요？(名前は何ですか。)

② 역 이름이 뭐예요？(駅の名前は何ですか。)

第2課　이건 김치가 아니에요.

これはキムチではありません。

🔊2-003

いろんなキムチがある

유리 : 이것은 김치예요?

우현 : 네, 그것은 총각김치예요.

유리 : 이것도 김치예요?

우현 : 아뇨, 이건 김치가 아니에요.

유리 : 그럼 뭐예요?

우현 : 그건 제주도 젓갈이에요.

《日本語訳》

ユリ　　：これはキムチですか。
ウヒョン：はい、それはチョンガーキムチです。
ユリ　　：これもキムチですか。
ウヒョン：いいえ、これはキムチではありません。
ユリ　　：では、何ですか。
ウヒョン：それは済州島の塩辛です。

発音

이것은 [이거슨]、그것은 [그거슨]、이것도 [이걷또]、뭐예요 [뭐에요]、젓갈이에요 [젇까리에요]

語句・表現

1. □이것 これ　□-은 ～は　□김치 キムチ
2. □그것 それ　□총각김치 チョンガーキムチ
3. □-도 ～も

4. □아뇨 いいえ　□이건（←이것은）これは　□-가 아니에요 ～ではありません
5. □그럼 では　□뭐예요？ 何ですか
6. □그건（←그것은）それは　□제주도（済州島）　□젓갈 塩辛

第2課

ポイント解説

1 -은/는 ～は

日本語の助詞「～は」に当たるのが「-은」、または「-는」です。前の文字にパッチムのある語には 은、ない語には 는 をつけます。

～は	パッチムあり ＋	-은	책은 本は
	パッチムなし ＋	-는	노트는 ノートは

《練習》次の単語を例のように直して、読んでみましょう。

例：김치 キムチ	김치는	가방 かばん	
신문 新聞		주스 ジュース	
호텔 ホテル		대학 大学	
노래 歌		사랑 愛	
비빔밥 ビビンバ		우유 牛乳	

2 -도 ～も

日本語の助詞「～も」に当たるのが「-도」です。パッチムのあるなしに関係なく 도 をつけます。

～も	パッチムあり ＋	-도	책도 本も
	パッチムなし ＋		노트도 ノートも

《練習》次の単語を例のように直して、読んでみましょう。

例：김치 キムチ	김치도	컴퓨터 パソコン	
주스 ジュース		담배 たばこ	
대학 大学		술 お酒	

사랑 愛		막걸리 マッコリ	
콜라 コーラ		소주 焼酎	

3 - 이 / 가 아니에요 ～ではありません

物事を否定するとき、名詞などの体言のあとに「- 이 / 가 아니에요～ではありません」という表現を使います。「- 이 / 가」はもともと「～が」という意味の助詞ですが、ここでは「～では」という意味になります。疑問形のときはしり上がりの発音をします。

책→책이 아니에요→책이 아니에요？
本　本ではありません　本ではありませんか

～ではありません（か）	パッチムあり ＋	- 이 아니에요 - 이 아니에요？	책이 아니에요 本ではありません 책이 아니에요？ 本ではありませんか
	パッチムなし ＋	- 가 아니에요 - 가 아니에요？	노트가 아니에요 ノートではありません 노트가 아니에요？ ノートではありませんか

《練習》次の単語を例のように直して、読んでみましょう。

例：김치 キムチ	김치가 아니에요	연필 鉛筆	
컴퓨터 パソコン		볼펜 ボールペン	
담배 たばこ		지우개 消しゴム	
술 お酒		라디오 ラジオ	
친구 友だち		꽃 花	

4　朝鮮半島の地図

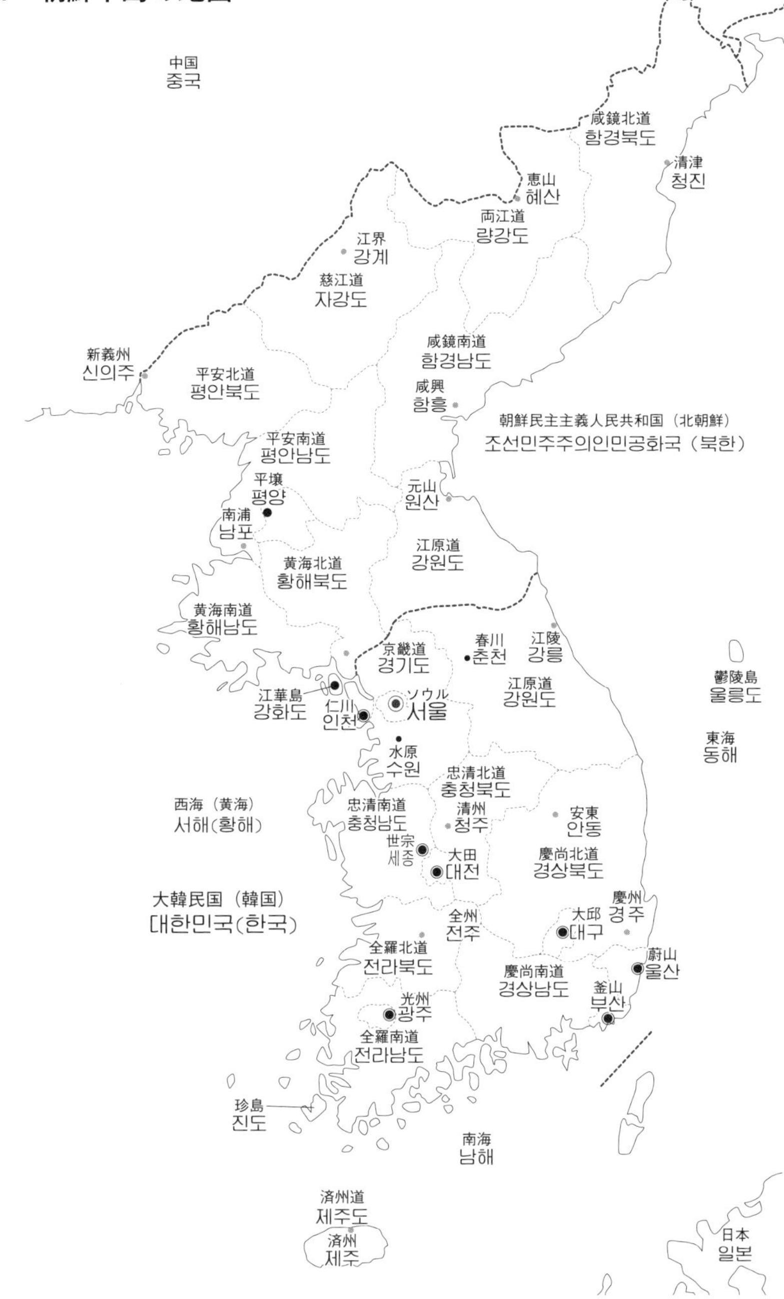
中国
중국
咸鏡北道
함경북도
清津
청진
恵山
혜산
両江道
량강도
江界
강계
慈江道
자강도
咸鏡南道
함경남도
新義州
신의주
平安北道
평안북도
咸興
함흥
朝鮮民主主義人民共和国（北朝鮮）
조선민주주의인민공화국（북한）
平安南道
평안남도
平壌
평양
元山
원산
南浦
남포
江原道
강원도
黄海北道
황해북도
黄海南道
황해남도
春川
춘천
江陵
강릉
京畿道
경기도
鬱陵島
울릉도
江華島
강화도
ソウル
서울
江原道
강원도
仁川
인천
水原
수원
東海
동해
忠清北道
충청북도
西海（黄海）
서해(황해)
忠清南道
충청남도
清州
청주
安東
안동
世宗
세종
大田
대전
慶尚北道
경상북도
大韓民国（韓国）
대한민국(한국)
慶州
경주
全州
전주
大邱
대구
全羅北道
전라북도
蔚山
울산
慶尚南道
경상남도
釜山
부산
光州
광주
全羅南道
전라남도
珍島
진도
南海
남해
済州道
제주도
済州
제주
日本
일본

5 이것、그것、저것、어느 것　これ、それ、あれ、どれ（指示詞）

「이것・그것・저것」などは、何かを指し示す言葉です。話し手も聞き手もすでに知っている事柄を指すときは「저것 あれ」ではなく、「그것 それ」を使います。

	-が	-は	-を
これ　이것 / 이거	이것이 / 이게	이것은 / 이건	이것을 / 이걸
それ　그것 / 그거	그것이 / 그게	그것은 / 그건	그것을 / 그걸
あれ　저것 / 저거	저것이 / 저게	저것은 / 저건	저것을 / 저걸
どれ　어느 것 / 어느 거	어느 것이 / 어느 게	—	어느 것을 / 어느 걸

※ 一般的に話し言葉では下の縮約形がよく使われます。

《練習》次の文を韓国語に訳してみましょう。

(1) A：これはノートですか。

B：いいえ、それはノートではありません。

(2) A：あれはかばんですか。

B：いいえ、あれはかばんではありません。

2-004

力試し

1. 次の文を音読し、日本語に訳してみましょう。

① 이것은 한국 신문이에요？

② 네, 저것은 비빔밥이에요.

③ 그것도 콜라예요?

④ 그건 담배와 술이 아니에요?

⑤ 아뇨, 이건 한국 노래가 아니에요.

2. 次の文を韓国語に訳してみましょう。

① はい、これはラジオです。

② いいえ、それはボールペンではありません。

③ あれも韓国のお酒ですか。(お酒：술)

④ いいえ、あれもマッコリではありません。(マッコリ：막걸리)

⑤ では、それは何ですか。

3. 次の質問に韓国語で答えましょう。

① 그것은 연필이에요? (それは鉛筆ですか。)

② 이건 빵이에요? (これはパンですか。)

第3課　어린이날은 언제예요?

子どもの日はいつですか。

2-005

韓国の５月の行事

유리 : 한국의 어린이날은 언제예요?

우현 : 오월 오일이에요.

유리 : 일본도 오월 오일이에요. 어머니날은 언제예요?

우현 : 네, 어버이날은 오월 팔일이에요.

유리 : 어버이가 무슨 뜻이에요?

우현 : 아버지와 어머니예요.

《日本語訳》

ユリ　　：韓国の子どもの日はいつですか。
ウヒョン：5月5日です。
ユリ　　：日本も５月５日です。お母さんの日はいつですか。
ウヒョン：あ、オボイの日は５月８日です。
ユリ　　：オボイって何の意味ですか。
ウヒョン：お父さんとお母さんです。

発音

한국의 [한구게]、오월오일이에요 [오워로이리에요]、어머니날은 [어머니나른]、팔일이에요 [파리리에요]、뜻이에요 [뜨시에요]

語句・表現

1. □한국 [韓国] □어린이날 子どもの日　□은 ～は　□언제 いつ
2. □오월 [五月]　□오일 [五日]
3. □일본 [日本]　□어머니날 母の日

4. □어버이날 両親の日　□팔일［八日］

5. □무슨 何の、どんな　□뜻 意味

6. □아버지 お父さん　□어머니 お母さん

1　疑問詞

質問するときに使う疑問詞を覚えてみましょう。

いつ	どこ	だれ	いくら	何	
언제	어디	누구	얼마	무엇	몇*

＊몇はおもに番号や数量をたずねるときに使います。

- 생일이 언제예요？ 誕生日はいつですか。
- 집이 어디예요？ 家はどこですか。
- 저 사람은 누구예요？ あの人はだれですか。
- 이 노트는 얼마예요？ このノートはいくらですか。
- 이 음식은 무엇이에요？ この料理は何ですか。
- 몇 명이에요？ 何名ですか。(몇 명［면명］)

《練習》次の文を韓国語に訳してみましょう。

(1) A：誕生日はいつですか。

＿＿＿＿＿＿＿＿＿＿＿＿＿＿＿＿＿＿＿＿

B：10月27日です。

＿＿＿＿＿＿＿＿＿＿＿＿＿＿＿＿＿＿＿＿

(2) A：このノートはいくらですか。

____

B：350 円です。(円：엔)

____

(3) A：大学はどこですか。

____

B：東京です。

____

2 漢字語数詞〈数詞①〉

2-006

日本語の数詞は「イチ、ニ、サン…」という漢字語数詞と、「一つ、二つ、三つ…」という固有語数詞がありますね。韓国語も同じように中国語に由来する「일、이、삼…」という漢字語数詞と「하나、둘、셋…」という固有語数詞があります。数詞は使用頻度が高いので早めに覚えておきましょう。

1	2	3	4	5	6	7	8	9	10
일 [il]	이 [iː]	삼 [sam]	사 [saː]	오 [oː]	육 [ju^k]	칠 [tʃ^{h}il]	팔 [p^{h}al]	구 [ku]	십 [ʃi^p]

※ 「0」は「영［零］、または「공［空］」と言います。

例〉 0 9 0 − 5 4 3 2 − 9 8 7 6　공구공 - 오사삼이 - 구팔칠육

2 0	3 0	4 0	5 0	6 0	7 0	8 0	9 0
이십	삼십	사십	오십	육십	칠십	팔십	구십

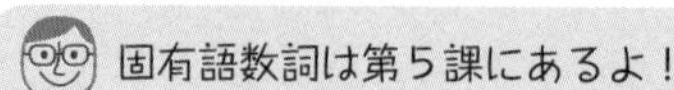

固有語数詞は第５課にあるよ！

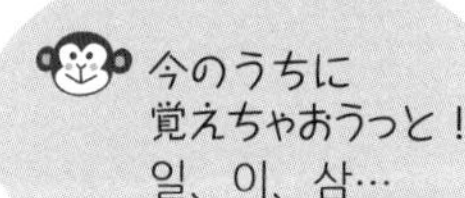

今のうちに
覚えちゃおうっと！
일、이、삼…

漢字語数詞の場合、数字の言い方は日本語と同じです。

35 … 삼 + 십 + 오 = 삼십오　　98 … 구 + 십 + 팔 = 구십팔
　　三　十　五　三十五　　　　九　十　八　九十八

《練習》次の数字を韓国語で言ってみましょう。

(1) 46　　(2) 28　　(3) 62　　(4) 57

第3課

3 「6」の表記と発音

「6」は位置によって表記や発音が違います。発音は語頭では［육］、母音や終声ㄹのあとでは［륙］、ㄹ以外の終声のあとでは［뉵］となります。

	6		
位置	語頭	母音や終声 ㄹ の後	ㄹ 以外の終声の後
表記	육	륙	육 / 륙
発音	［육］	［륙］	［뉵］
例	육삼 빌딩	오륙도［五六島］	삼륙판［三六版］［삼뉵판］

4 漢字語数詞とともに使う助数詞

助数詞によって漢字語数詞と固有語数詞の使い分けが決まっています。
次の助数詞は漢字語数詞のあとに続きます。

年	月	日	分	円	ウォン	階	年生
년 ［年］	월 ［月］	일 ［日］	분 ［分］	엔 ［円］	원 ［ウォン］	층 ［層］	학년 ［学年］

이십사 년	오월	십일월	이십구일
24年	5月	11月	29日
삼십오 분	백 원	삼 층	일 학년
35分	100ウォン	3階	1年生

5　月の名前

2-007

1月	2月	3月	4月	5月	6月
일월 [이뤌]	이월	삼월 [사뭘]	사월	오월	유월

7月	8月	9月	10月	11月	12月
칠월 [치뤌]	팔월 [파뤌]	구월	시월	십일월 [시비뤌]	십이월 [시비월]

何月
몇 월 [며뒬]

「6月」は육월ではなく유월、
「10月」は십월ではなく시월と言うよ！

6　1日から31日まで

2-008

日 일	月 월	火 화	水 수	木 목	金 금	土 토
			1 일일 [이릴]	2 이일	3 삼일 [사밀]	4 사일
5 오일	6 육일 [유길]	7 칠일 [치릴]	8 팔일 [파릴]	9 구일	10 십일 [시빌]	11 십일일 [시비릴]
12 십이일 [시비일]	13 십삼일 [십싸밀]	14 십사일 [십싸일]	15 십오일 [시보일]	16 십육일 [심뉴길]	17 십칠일 [십치릴]	18 십팔일 [십파릴]
19 십구일 [십꾸일]	20 이십일 [이시빌]	21 이십일일 [이시비릴]	22 이십이일 [이시비일]	23 이십삼일 [이십싸밀]	24 이십사일 [이십싸일]	25 이십오일 [이시보일]
26 이십육일 [이심뉴길]	27 이십칠일 [이십치릴]	28 이십팔일 [이십파릴]	29 이십구일 [이십꾸일]	30 삼십일 [삼시빌]	31 삼십일일 [삼시비릴]	

何日
며칠

《練習》次を韓国語に訳しましょう

(1) 今日は何月何日ですか。

(2) １０月３１日です。

7　家族の名称

韓国語の家族名称は日本語と似て非なるところがあります。兄や姉の呼び方は弟か妹かによって違います。

お父さん	お母さん	兄		姉		弟	妹
아버지	어머니	형［兄］	오빠	누나	언니	동생［同生］＊	

	兄	姉
弟から	형	누나
妹から	오빠	언니

あえて弟か妹かを区別するときは、남동생（男同生）、여동생（女同生）という表現を使います。

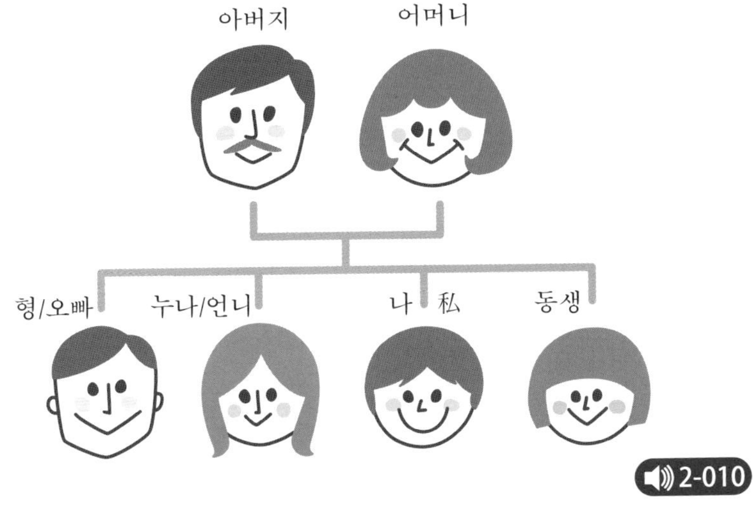

2-010

力試し

1. 次の文を音読し、日本語に訳してみましょう。

① 일본의 성인의 날은 언제예요？（성인의 날：成人の日）

② 한국의 스승의 날은 오월 십오일이에요. (스승의 날 : 先生の日)

③ 한글날은 시월 구일이에요.

④ 「설날」이 무슨 뜻이에요? (설날 : お正月)

⑤ 형과 누나예요.

2. 次の文を韓国語に訳してみましょう。

① 父の日はいつですか。

② 5月5日は子どもの日ですか。

③ 韓国も8月15日ですか。

④ 「モムチャン」は何の意味ですか。(モムチャン : 몸짱)

⑤ 「お父さん」と「お母さん」です。

3. 次の質問に韓国語で答えましょう。

① 생일이 언제예요? (誕生日はいつですか。)

② 전화번호가 몇 번이에요? (電話番号は何番ですか。)

第4課 버스는 얼마예요?

バスはいくらですか。

2-011

韓国の交通料金を聞く

유리 : 한국은 택시 기본요금이 얼마예요?

우현 : 사천팔백 원이에요.

유리 : 엔으로 오백 엔 정도네요. 버스는 얼마예요?

우현 : 천 오백 원이에요.

유리 : 전철은요?

우현 : 카드는 천사백 원, 일회권은 천오백 원이에요.

第4課

《日本語訳》

ユリ　：韓国（で）はタクシーの初乗り料金はいくらですか。
ウヒョン：4800 ウォンです。
ユリ　：円で 500 円くらいですね。バスはいくらですか。
ウヒョン：1500 ウォンです。
ユリ　：電車はいくらですか。
ウヒョン：カードは 1400 ウォン、一回券は 1500 ウォンです。

発音

한국은 [한구근]、택시 [택씨]、기본요금이 [기본뇨그미]、팔백 원이에요 [팔배궈니에요]、천오백 원이에요 [처노배궈니에요]、전철은요 [전처른뇨]、천사백 원 [천사배권]、일회권은 [이뢰꿔는]

語句・表現

1. □한국 [韓国]　□택시 タクシー　□기본요금 [基本料金] 初乗り料金
□얼마 いくら

2. □사천［四千］ □팔백［八百］ □-원 ウォン
3. □-엔 円 □-으로 ～で □정도［程度］、くらい □버스 バス
5. □전철［電鉄］電車、地下鉄
6. □카드［カード］ □일회권［一回券］

ポイント解説 

1　100 以上の漢字語数詞

🔊2-012

100 以上の数詞は漢字語数詞しかありません。

百	千	万	億	兆
백	천	만	억	조

「1 万」を表すときは、「일」をつけず、ただ「만」と言うよ！
例：15,680 만 오천육백팔십

《練習》次の語を韓国語で言ってみましょう。

（1）2024 年　（2）365　（3）1 億 3 千万　（4）180 分
（5）98,000 ウォン　（6）123 階　（7）110 番（番：번）

2　いろいろな乗り物

タクシー	バス	電車	飛行機	船	自転車
택시	버스	전철	비행기	배	자전거

3　「の」の省略

韓国語では名詞と名詞をつなぐとき、日本語の「～の」に当たる助詞「의」はつけない場合が多いです。

（1）우리나라　私たちの国、わが国

(2) 학교 앞　学校の前
(3) 가방 안　かばんの中

《練習》次の語句を韓国語で言ってみましょう。

(1) 駅の前（駅 역、前 앞）
(2) 机の上（机 책상［冊床］、上 위）
(3) 子どもの日（子ども 어린이、日 날）

第4課

4 -으로 / 로　～で（手段・道具）

手段・道具を表す「～で」に当たるのが「-으로」、または「-로」です。パッチムのある語には 으로、ない語には 로 をつけます。なお、ㄹ パッチムの場合も 로 をつけます。

～で	パッチムあり ＋	-으로	볼펜으로　ボールペンで
	パッチムなし ＋	-로	가위로　ハサミで
	ㄹ パッチム ＋		연필로　鉛筆で

《練習》次の単語を例のように直して、読んでみましょう。

例：김치　キムチ	김치로	사과　リンゴ	
컴퓨터　パソコン		배　梨	
담배　たばこ		수박　スイカ	
술　お酒		딸기　イチゴ	
막걸리　マッコリ		복숭아　桃	

5 -이네요 / 네요　～ですね

「-이네요 / 네요」は何かに気づいたり、軽い感嘆の気持ちを表したりするときの「～ですね」という意味です。

～ですね	パッチムあり ＋	-이네요	책이네요　本ですね
	パッチムなし ＋	-네요	노트네요　ノートですね

《練習》次の単語を例のように直して、読んでみましょう。

例：김치 キムチ	김치네요	달러 ドル	
사과 リンゴ		일박 一泊	
배 梨		은행 銀行	
수박 スイカ		카드 カード	
딸기 イチゴ		환전 両替	

6 -이요 / 요 ～です

「-이요」や「-요」は体言や副詞などのあとについて、あいづちを打ったり、聞き返したり、丁寧に言ったりするとき使われます。

～です(か)	パッチムあり ＋	-이요 -이요？	책이요 本です 책이요？ 本ですか
	パッチムなし ＋	-요 -요？	노트요 ノートです 노트요？ ノートですか

ただし、助詞に続く場合はパッチムのあるなしに関係なくいずれも「です」は「-요」、「ですか」は「-요？」を使います。「-이에요 / 예요」は原則的に「体言＋助詞」のあとにつかないのに対して「-요」は「体言＋助詞」のあとにもつきます。

例：책은요 本（は）です（ね） ／ 노트는요 ノート（は）です（ね）

(1) あいづちを打つとき
정말이요？ 本当ですか。

(2) 聞き返すとき
주스가요？ ジュースがですか。 서울역이요？ ソウル駅ですか。
이 책을요？ この本をですか。

(3) 丁寧に言うとき
전 커피요． 私はコーヒーです。 빨리요． 速く(お願いします。)

2-013

発音規則：濃音化

終声k（ㄱㅋ）、t（ㄷㅌㅅㅆㅈㅊ）、p（ㅂㅍ）の次に初声ㄱㄷㅂㅅㅈが続くとき、初声はいずれも濃音のㄲ、ㄸ、ㅃ、ㅆ、ㅉで発音されます。

〈表記〉　〈発音〉

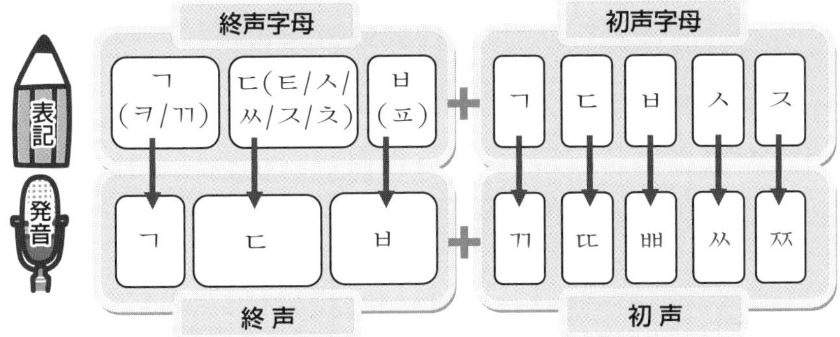

국밥［국빱］クッパ　　꽃밭［꼳빧］花畑　　잡지［잡찌］［雑誌］

《練習》次の単語を発音通りに書いて、発音してみましょう。

例：학교　学校	［학꾜］	특별　特別	
택시　タクシー		옷집　洋服屋	
국가　国家		입구　入口	
박수　拍手		식구［食口］　家族	

2-014

力試し

1．次の文を音読し、日本語に訳してみましょう。

① 이 호텔은 일박에 얼마예요？（일박에：一泊で）

② 육만 팔천 원이에요.

③ 원으로 만 오천 원 정도예요.

④ 집에서부터 역까지 버스는 얼마예요?

⑤ 학교까지 전철은 얼마예요?

2. 次の文を韓国語に訳してみましょう。

① 日本はタクシーの初乗り料金がいくらですか。

② このお花は6千円くらいです。(お花：꽃)

③ あのリンゴは1500ウォンです。

④ ウォンで1万6千9百ウォンです。

⑤ 電車は子どもは550ウォンです。(子ども：어린이)

3. 次の質問に韓国語で答えましょう。

① 집에서부터 회사까지 교통비는 얼마예요?
(家から会社まで交通費はいくらですか。)

② 1 달러는 몇 엔이에요? (1ドルは何円ですか。)

第5課 회사는 몇 시부터예요?

会社は何時からですか。

2-015

会社の勤務について聞く

유리：우현 씨 회사는 몇 시부터예요?

우현：아홉 시부터예요. 유리 씨는요?

유리：우리 회사는 여덟 시 반부터 다섯 시 반까지예요.

우현：내일은요?

유리：아, 내일요? 매주 토요일은 휴일이에요.

우현：우리는 올해 건강검진이에요.

《日本語訳》

ユリ　　：ウヒョンさんの会社は何時からですか。
ウヒョン：9時からです。ユリさんの会社は（何時からですか）?
ユリ　　：うちの会社は8時半から5時半までです。
ウヒョン：明日は（何時からですか）？
ユリ　　：あ、明日ですか。毎週土曜日は休みです。
ウヒョン：うちは今年の健康診断です。

発音

몇 시 [면씨]、여덟 시 [여덜씨]、내일은요 [내이른뇨]、내일요 [내일료]、올해 [오래]

語句・表現

1. □회사 [会社]　□몇 何、いくつ　□-시 [時]　□-부터 ～から
2. □아홉 九、九つ

第5課

3. □우리 わたし（たち）、ぼく（たち） □여덟 八、八つ □반［半］ □다섯 五、五つ □-까지 まで

4. □내일［来日］明日

5. □매주［毎週］ □토요일［土曜日］ □휴일［休日］、休み

6. □올해 今年 □건강검진［健康検診］健康診断

1 固有語数詞〈数詞②〉

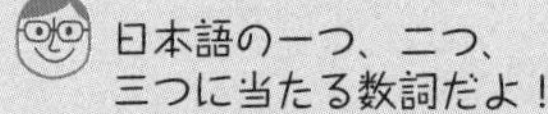

日本語の一つ、二つ、
三つに当たる数詞だよ！

2-016

韓国語の固有語数詞は 1 から 99 まであります。（百以上は漢字語数詞を使う）。

1	2	3	4	5	6	7	8	9	10
하나* [hana]	둘* [tu:l]	셋* [se:t]	넷* [ne:t]	다섯 [tasɔt]	여섯 [jɔsɔt]	일곱 [ilgop]	여덟* [jɔdɔl]	아홉 [ahop]	열 [jɔl]
한 [han]	두 [tu:]	세 [se:]	네 [ne:]						

これは要するに数詞の連体形みたいなものだね。

＊一部の数詞（1、2、3、4、20）は後ろに助数詞が続くとき、下段のように形が変わります。

＊여덟 は［여덜］と発音

20	30	40	50	60	70	80	90
스물*	서른	마흔	쉰	예순	일흔	여든	아흔
스무							

助数詞が続くとき形が変わるのは1、2、3、4と 20 だけだね。

38 ｛
- 삼 + 십 + 팔 = 삼십팔（漢字語数詞）
  3　10　8　38
- 서른 + 여덟 = 서른여덟（固有語数詞）
  30　8　38

2　固有語数詞とともに使う助数詞

次の助数詞は固有語数詞のあとに続きます。

時間	名	本	個	冊	匹・頭・羽	枚	歳
시간 ［時間］	명 ［名］	병 ［瓶］	개 ［個］	권 ［巻］	마리	장 ［張］	살

다섯 **시간**
5 **時間**

학생 네 **명**
学生 4 **名**

맥주 두 **병**
ビール 2 **本**

사과 세 **개**
りんご 3 **個**

책 한 **권**
本 1 **冊**

강아지 세 **마리**
子犬 3 **匹**

종이 스무 **장**
紙 20 **枚**

열아홉 **살**
19 **歳**

第5課

3　時間の言い方

韓国語で時間を言い表すとき、「10 時 10 分」は「とお時ジュッ分」という具合に **「～時」は固有語数詞、「～分」は漢字語数詞を使います。**

열 시 십 분　10 時 10 分

固有語数詞＋	시　時	漢字語数詞＋	분　分

「半」は반、また、「前(まえ)」は전といいます。「午前」は오전、「午後」は오후です。

10 時 10 分　열 시 십 분

12 時 30 分　열두 시 삼십 분 / 열두 시 반

7 時 5 分前　일곱 시 오 분 전

《練習》次の時刻を韓国語で言ってみましょう。

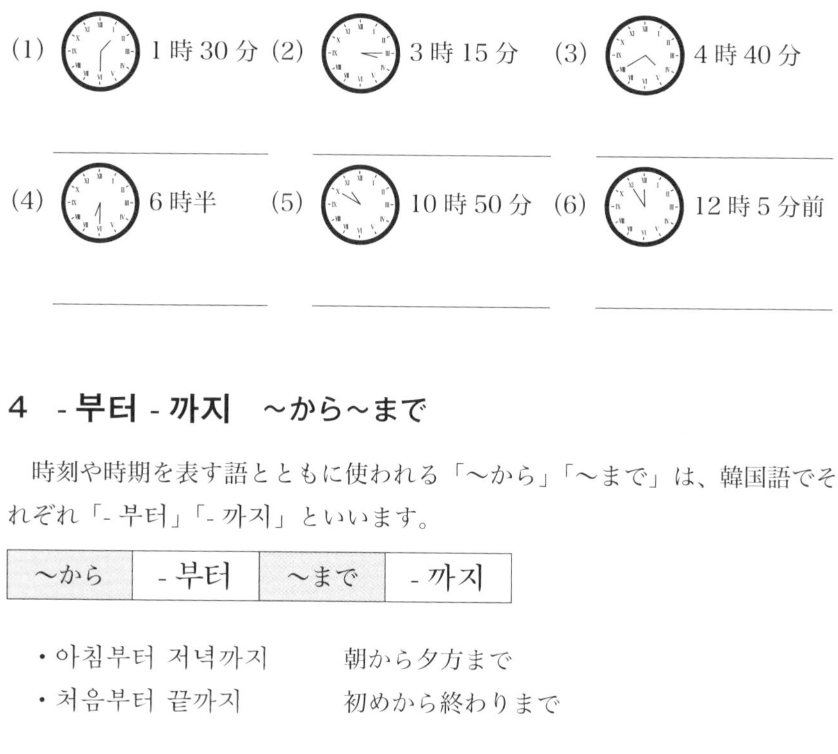

4 -부터 -까지 ～から～まで

時刻や時期を表す語とともに使われる「～から」「～まで」は、韓国語でそれぞれ「-부터」「-까지」といいます。

～から	-부터	～まで	-까지

・아침부터 저녁까지　　朝から夕方まで
・처음부터 끝까지　　初めから終わりまで

《練習》次の文を韓国語に訳してみましょう。

(1) 何時からですか。

(2) いつまでですか。

(3) 4時15分から8時30分までです。

(4) 7時半から12時までです。

5　曜日の名前

2-017

月曜日	火曜日	水曜日	木曜日	金曜日	土曜日	日曜日
월요일 [워료일]	화요일	수요일	목요일 [모교일]	금요일 [그묘일]	토요일	일요일 [이료일]

何曜日
무슨 요일 [무슨뇨일]

《練習》次の文を韓国語に訳してみましょう。

(1) 今日は何曜日ですか。

(2) 木曜日です。

6　時を表すことば

2-018

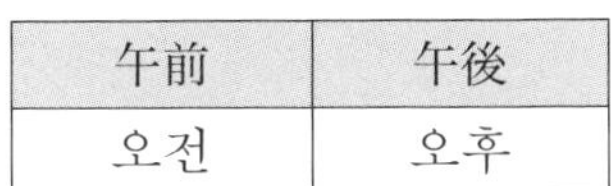

午前	午後
오전	오후

おととい	昨日	今日	明日	あさって
그저께	어제	오늘	내일 [来日]	모레

先々週	先週	今週	来週	再来週
지지난 주	지난주	이번 주	다음 주	다음다음 주 / 다다음 주

先々月	先月	今月	来月	再来月
지지난 달	지난달	이번 달	다음 달	다음다음 달 / 다다음 달

一昨年	去年	今年	来年	再来年
재작년[再昨年]	작년[昨年]	올해	내년[來年]	내후년[来後年]

7　身体の各部位

2-019

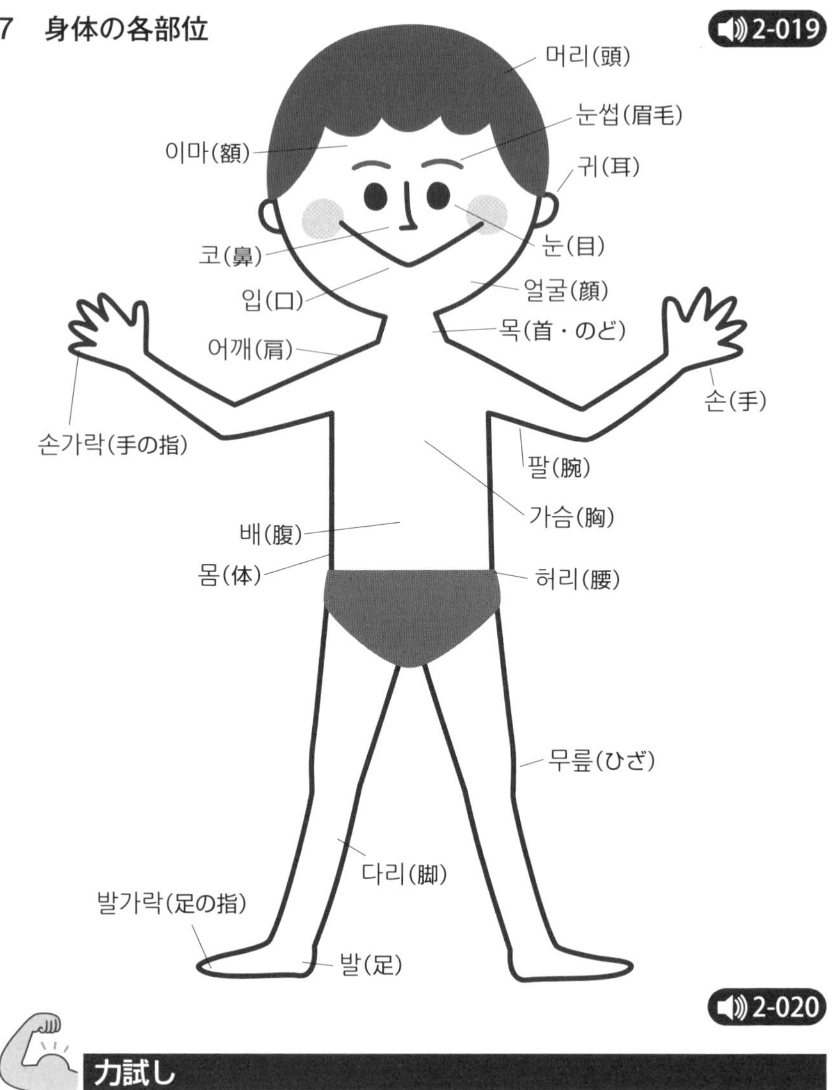

2-020

力試し

1. 次の文を音読し、日本語に訳してみましょう。

① 와타나베 씨 학교는 몇 시부터예요?

____

② 아홉 시 이십 분부터예요.

____

③ 우리 은행은 아홉 시부터 세 시 반까지예요.

④ 다음 주 수요일은 휴일이에요? (휴일：お休み)

⑤ 우리 식당은 토요일, 일요일엔 열한 시부터예요.

2. 次の文を韓国語に訳してみましょう。

① 田中さんの大学の授業は何時までですか。(授業：수업)

② 今日の会議は6時までです。(会議：회의)

③ 郵便局は9時から5時までです。(郵便局：우체국)

④ 今週の月曜日はお休みですか。

⑤ うちのパン屋は月曜日から土曜日までは10時からです。(パン屋：빵집)

3. 次の質問に韓国語で答えましょう。

① 슈퍼는 몇 시부터예요? (スーパーは何時からですか。)

② 오늘은 무슨 요일이에요? (今日は何曜日ですか。)

第6課 오빠와 남동생이 있습니다.

兄と弟がいます。

2-021

自己紹介をする

안녕하세요? 저는 하야시 유리입니다.

회사원입니다.

우리 집은 요코하마입니다.

가족은 아버지하고 어머니,

그리고 오빠와 남동생이 있습니다.

지금 남자 친구는 없습니다.

취미는 한국 노래하고 요리입니다.

《日本語訳》

こんにちは。私は林ユリです。
会社員です。
私の家は横浜です。
家族は父と母、
そして兄と弟がいます。
今、ボーイフレンドはいません。
趣味は韓国の歌と料理です。

発音

회사원입니다 [회사워님니다]、있습니다 [읻씀니다]、없습니다 [업씀니다]
한국 노래 [한궁노래]

語句・表現

1. □저 私、僕 □-입니다 です

2. □회사원［会社員］

3. □우리 私たち（の）、私の　□집 家　□요코하마 横浜

4. □가족［家族］□ - 하고 ～と

5. □그리고 そして　□오빠（妹から見た）兄　□남동생［男同生］弟
□있습니다 います☆있다（いる）の丁寧形

6. □지금 今　□남자［男子］男　□친구［親旧］友だち　□없습니다
いません☆없다（いない）の丁寧形

7. □취미［趣味］　□노래 歌　□요리［料理］

1　- 입니다 /- 입니까？　～です／～ですか

名詞などの体言の後ろに - 입니다、- 입니까？をつけると「～です」「～ですか」という意味になります。

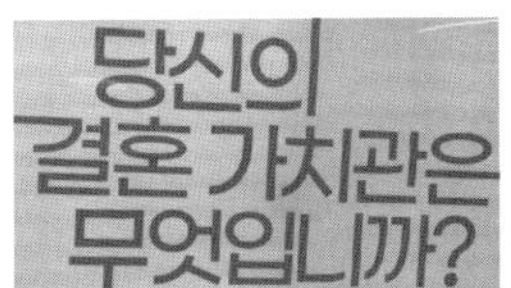

학생이다→학생입니다→학생입니까？
学生だ　学生です　学生ですか

<table>
<tr><td rowspan="2">～です(か)</td><td>パッチムあり　＋</td><td rowspan="2">- 입니다
- 입니까？</td><td>책입니다　本です
책입니까？　本ですか</td></tr>
<tr><td>パッチムなし　＋</td><td>노트입니다　ノートです
노트입니까？　ノートですか</td></tr>
</table>

《練習》次の文を韓国語に訳してみましょう。

（1）私は学生です。

(2) 今、1時です。

---

(3) 私の姉です。

2　韓国語の用言

日本語の場合、動詞の「行く」「飲む」「食べる」「見る」などの語尾は「う段」で、形容詞の「おいしい」「暑い」「忙しい」などの語尾は「〜い」で、また、「静かだ」「きれいだ」などの形容動詞の語尾は「〜だ」で終わります。

他方、韓国語の場合、가다（行く）、먹다（食べる）などの動詞も、예쁘다（きれいだ）、좋다（よい）、조용하다（静かだ）などの形容詞も語尾はいずれも「- 다」で終わります。

用言の語幹は語尾 - 다 を除いた部分です。

가 語幹　다 語尾　行く　　먹 語幹　다 語尾　食べる

韓国語は動詞も形容詞も全部다で終わるね。

좋 語幹　다 語尾　よい　　조용하 語幹　다 語尾　静かだ

3　活用に関する基本用語

用語	解説	例
基本形	辞書に載っている言い切りの形。動詞も形容詞もいずれも全部 - 다で終わる。	가다 行く、먹다 食べる、좋다 いい、조용하다 静かだ
語幹	基本形から語尾 - 다をとって、残っている部分	가 -、먹 -、좋 -、조용하 -

語尾	基本形の語幹をとって、残っている部分。いずれも - 다	- 다、- 다、- 다、- 다
陽母音	語幹の最後の文字の母音がㅏ、ㅗ、ㅑの場合	가다 行く、좋다 いい、얕다 浅いなど
陰母音	語幹の最後の文字の母音がㅏ、ㅗ、ㅑでない場合	먹다 食べる、웃다 笑うなど

4 - 하고 ～と

- 하고 は - 와 / 과と同じく「～と」という意味ですが、話しことばでよく使われます。

～と	パッチムあり ＋	- 하고	책하고 本と
	パッチムなし ＋		노트하고 ノートと

(1) 주스하고 생수
ジュースとミネラルウォーター

(2) 사과하고 배
りんごと梨

(3) 다나카 씨하고 스즈키 씨
田中さんと鈴木さん

5 있습니다 / 없습니다 あります・います／ありません・いません

日本語の場合、人や動物がいる場合は「いる」、物がある場合は「ある」を使います。しかし、韓国語はいずれも「있다」を使います。なお、「いない」「ない」は「있다」の否定形ではなく「없다」という言葉を使います。

さて、「있다」を丁寧な形に直すと「있습니다」、「없다」は「없습니다」になります。なお、疑問形は「있습니까 ?」、「없습니까 ? 」です。

韓国語は「ある」も「いる」も「있다」、「ない」も「いない」も「없다」だね！

第6課

日本語	韓国語	例
あります います	있습니다	시간이 있습니다（時間があります） 동생이 있습니다（弟 / 妹がいます）
ありますか いますか	있습니까？	시간이 있습니까？（時間がありますか） 동생이 있습니까？（弟 / 妹がいますか）
ありません いません	없습니다	시간이 없습니다（時間がありません） 동생이 없습니다（弟 / 妹がいません）
ありませんか いませんか	없습니까？	시간이 없습니까？（時間がありませんか） 동생이 없습니까？（弟 / 妹がいませんか）

《練習》次の文を韓国語に訳してみましょう。

（1）約束があります。（約束：약속）

____

（2）お金がありません。（お金：돈）

____

（3）田中さんはいませんか。

____

2-022

発音規則：鼻音化（1）

終声で［^{k}］（ㄱ、ㅋなど）、［^{t}］（ㄷ、ㅌなど）、［^{p}］（ㅂ、ㅍなど）と発音する文字のあとに初声の「ㄴ」や「ㅁ」が続くとき、終声の［^{k}］［^{t}］［^{p}］の発音はそれぞれ鼻音「ㅇ」「ㄴ」「ㅁ」に変わります。

입니다［임니다］です
<表記>　　<発音>

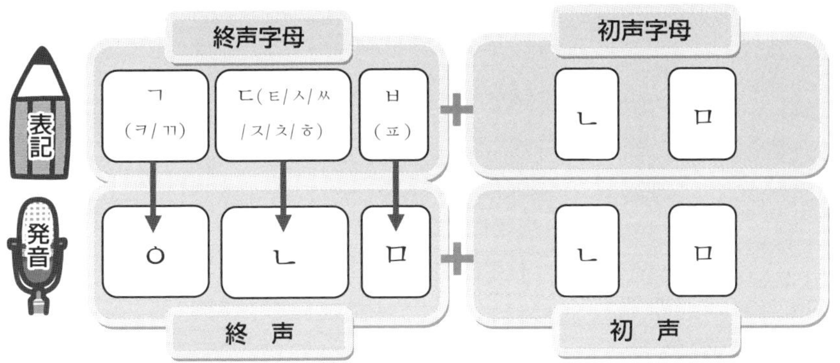

국민 [궁민] 国民

앞날 [암날] 将来

《練習》次の単語を発音通りに書いて、発音してみましょう。

例：국민　国民	[궁민]	낱말　単語	
작년　昨年		옛날　昔	
박물관　博物館		입문　入門	
갑니다　行きます		앞니　前歯	

2-023

力試し

1. 次の文を音読し、日本語に訳してみましょう。

① 안녕하세요? 저는 고바야시 다쿠야입니다.

② 우리 집은 오사카입니다.

③ 가족은 아버지하고 어머니, 그리고 누나와 여동생이 있습니다.

第6課

④ 지금 한일사전은 없습니다.(한일사전：韓日辭書)

⑤ 취미는 마라톤하고 테니스입니다.
(마라톤：マラソン、테니스：テニス)

2. 次の文を韓国語に訳してみましょう。

① こんにちは。私は○○○です。

② 私の家は○○○です。

③ 家族は父と母、そして兄と姉がいます。

④ 今、彼女はいません。(彼女：여자 친구)

⑤ 趣味はスポーツとピアノです。(スポーツ：스포츠、ピアノ：피아노)

3. 韓国語で自己紹介してみましょう。

第7課 맛이 좋습니다.

味がいいです。

🔊2-024

食堂を紹介する

우리 회사 안에는 식당이 있습니다.

식당은 아주 넓습니다. 가격도 쌉니다.

회사 앞에도 식당이 많습니다.

회사 앞 식당은 구내식당보다 좀 비쌉니다.

하지만 맛이 좋습니다. 분위기도 아주 괜찮습니다.

점심시간은 즐겁습니다.

《日本語訳》

うちの会社の中には食堂があります。
食堂はとても広いです。値段も安いです。
会社の前にも食堂が多いです。
会社の前の食堂は社内食堂よりちょっと高いです。
でも、おいしいです（味がいいです）。雰囲気もとてもいいです。
お昼の時間は楽しいです。

発音

식당 [식땅]、넓습니다 [널씁니다]、쌉니다 [쌈니다]、많습니다 [만씁니다]、비쌉니다 [비쌈니다]、좋습니다 [조씀니다]、괜찮습니다 [괜찬씀니다]、즐겁습니다 [즐겁씀니다]

語句・表現

1. □안 中　□-에는 ～には　□식당 [食堂]
2. □아주 とても　□넓습니다 広いです☆넓다（広い）の丁寧形
   □가격 [価格]、値段　□쌉니다 安いです☆싸다（安い）の丁寧形

第7課

3. □앞 前　□ - 에도 ～にも　□많습니다 多いです☆많다(多い)の丁寧形
4. □구내[構内]　□좀 ちょっと　□비쌉니다 高いです☆비싸다(高い)の丁寧形
5. □하지만 でも　□맛 味　□좋습니다 いいです☆좋다(よい)の丁寧形 □분위기［雰囲気］　□괜찮습니다 大丈夫です☆괜찮다(大丈夫だ)の丁寧形
6. □점심［点心］お昼ご飯　□시간［時間］　□즐겁습니다 楽しいです ☆즐겁다(楽しい) の丁寧形

1　합니다 体

日本語の「～です」「～ます」に当たる韓国語の表現は各２通りあります。つまり、「～です」は（1）「- 입니다」（～です）と（2）「- 예요／ - 이에요」（～です）、「～ます」は（1）「- 합니다」（～します）と（2）「- 해요」（～します）です。

このうち（1）の表現を「합니다 体」、(2) の表現を「해요 体」といいます。「해요 体」は日常会話でよく使われる打ち解けた丁寧な表現で、柔らかい印象を与えます。他方「합니다 体」はよりフォーマルな丁寧な表現で、よくかしこまった場面で使われます。語幹にパッチムがない場合は「- ㅂ니다」「- ㅂ니까？」を、パッチムがある場合は「- 습니다」「- 습니까？」をつけます。

語幹	합니다 体	
	平叙形	疑問形
パッチムなし	語幹＋ - ㅂ니다	語幹＋ - ㅂ니까？
パッチムあり	語幹＋ - 습니다	語幹＋ - 습니까？

疑問形のとき「까？」をつけるんだね。

가다 ──平叙形（語幹＋ㅂ니다）→ 갑니다 ──疑問形（다→까？）→ 갑니까？
行く　行きます　行きますか

먹다 ──平叙形（語幹＋습니다）→ 먹습니다 ──疑問形（다→까？）→ 먹습니까？
食べる　食べます　食べますか

基本形	語幹	합니다 体	
		平叙形	疑問形
가다 行く	가 -	갑니다	갑니까 ?
오다 来る	오 -	옵니다	옵니까 ?
있다 ある、いる	있 -	있습니다	있습니까 ?
먹다 食べる	먹 -	먹습니다	먹습니까 ?
좋다 よい	좋 -	좋습니다	좋습니까 ?
조용하다 静かだ	조용하 -	조용합니다	조용합니까 ?

《練習》次の単語を例のように直して、読んでみましょう。

基本形	平叙形	疑問形
例：가다 行く	갑니다	갑니까 ?
보다 見る		
보내다 送る		
읽다 読む		
춥다 寒い		
크다 大きい		
맛있다 おいしい		
공부하다 勉強する		

第7課

2 位置や場所を表すことば

上	下	中	外	横	前	後ろ
위	아래	안	밖	옆	앞	뒤

《練習》次の下線部に適当な語を入れて言ってみましょう。

(1) 역 ＿＿에　駅の前に　　(2) 도서관 ＿＿에　図書館の横に

(3) 책상 ＿＿에　机の下に　　(4) 집 ＿＿에　家の外に

(5) 머리 ＿＿에　頭の上に　　(6) 가방 ＿＿에　かばんの中に

3　助詞２つ

日本語に「〜には」「〜にも」など、助詞が２つ並ぶことがあるように、韓国語でも「- 에는」「- 에도」という具合に助詞を２つ並べることがあります。

〜には	〜にも	〜からも	〜までは	〜から
- 에는	- 에도	- 부터도	- 까지는	- 에서부터

《練習》次の下線部に適当な語を入れて言ってみましょう。

(1) 역______駅には　　(2) 도서관______図書館にも

(3) 집______家までは　　(4) 서울______　ソウルから

4　程度を表す副詞

韓国語にも程度を表す副詞がたくさんあります。とりあえず、使用頻度の高い副詞を覚えましょう。

ちょっと	とても	とても	あまりにも	たいして
좀	아주	매우	너무	별로

・배가 좀 고파요.　お腹がちょっとすきました。

・아주 맛있어요.　とてもおいしいです。

・KTX 는 매우 빨라요.　KTX はとても速いです。

・오늘은 너무 더워요.　今日はあまりにも暑いです。

・별로 안 좋아해요.　あまり好きではありません。

5　韓国人の名字

ソウルの南山の上から石を投げると金さんか、李さんか、朴さんに当たると言われています。韓国統計庁の人口住宅総調査 (2000 年) によると、韓国の名字は 286 種。日本の名字が約 30 万種であることに比べると随分少なく、中でも「三大姓」と言われる「金（キㇺ）」「李（イ）」「朴（パㇰ）」だけでも全人口のほぼ半数を占めているため、南山の話はまんざらではありません。

韓国では同じ名字であることが珍しくないため、名札や表札、また、人を呼ぶときもフルネームを使うことが多いです。

韓国人の名字一覧（1位～30位）

1	김（金）キム	11	오（呉）オ	21	전（全）チョン
2	이（李）イ	12	한（韓）ハン	22	고（高）コ
3	박（朴）パク	13	신（申）シン	23	문（文）ムン
4	최（崔）チェ	14	서（徐）ソ	24	손（孫）ソン
5	정（鄭）チョン	15	권（權）クォン	25	양（梁）ヤン
6	강（姜）カン	16	황（黃）フヮン	26	배（裵）ペ
7	조（趙）チョ	17	안（安）アン	27	조（曺）チョ
8	윤（尹）ユン	18	송（宋）ソン	28	백（白）ペク
9	장（張）チャン	19	유（柳）ユ	29	허（許）ホ
10	임（林）イム	20	홍（洪）ホン	30	남（南）ナム

2-025

力試し

1. 次の文を音読し、日本語に訳してみましょう。

① 학교 안에는 편의점이 있습니까?

② 편의점은 아주 큽니까?

③ 학교 앞에도 식당이 많습니다.

④ 매일 소설을 읽습니까?

⑤ 하지만 분위기가 아주 좋습니다.

2. 次の文を韓国語に訳してみましょう。

① うちの大学の中には郵便局があります。(郵便局：우체국)

② 図書館はとても広いです。

③ 駅の前にもコンビニが多いですか。

④ 会社の前の食堂はとてもおいしいです。

⑤ お昼の時間は楽しいですか。(お昼の時間：점심 시간)

3. 次の質問に韓国語で答えましょう。 

① 집 가까이에 편의점이 있습니까？(家の近くにコンビニがありますか。)

② 역 앞에도 식당이 많습니까？(駅の前にも食堂が多いですか。)

第8課 와세다대학 근처에 있어요.

早稲田大学の近くにあります。

2-026

家と会社の場所を聞く

우현 : 유리 씨 집은 어디예요?

유리 : 요코하마예요. 우현 씨는요?

우현 : 우리 하숙집은 와세다대학 근처에 있어요.

유리 : 회사는 어디에 있죠?

우현 : 회사는 유라쿠초역 가까이에 있어요.

유리 : 우리 회사는 긴자의 미쓰코시 백화점 앞에 있어요.

《日本語訳》

ウヒョン：ユリさんの家はどこですか。
ユリ　　：横浜です。ウヒョンさんは（どこですか）?
ウヒョン：ぼくの下宿は早稲田大学の近くにあります。
ユリ　　：会社はどこにありますか。
ウヒョン：会社は有楽町駅の近くにあります。
ユリ　　：私の会社は銀座の三越百貨店の前にあります。

第8課

発音

우현 씨는요 [우현씨는뇨]、하숙집은 [하숙찌븐]、있죠 [읻쪼]、백화점 [배콰점]

語句・表現

3. □하숙집 [下宿 -] 下宿　□와세다대학 早稲田 [大学]　□근처 [近処] 近く　□있어요 あります☆있다（ある）の丁寧形

4. □있죠? ありますか
5. □유라쿠초역 有楽町［駅］ □가까이 近く
6. □회사［会社］ □긴자 銀座 □미쓰코시 백화점 三越［百貨店］
□앞 前

ポイント解説

1 語幹＋죠 ～ましょう、～でしょう［同意・確認］

語幹 ＋ 죠 ～ましょう、～でしょう

動詞･形容詞の語幹に「죠」をつけると、「～ですね、～ますね、～でしょう、～ましょう」という意味で、(1) 相手を勧誘したり、(2) 同意を求めたり、また、(3)「疑問詞＋죠?」の形で「～ですか」の意味になります。「죠」はもともと「지요」の縮約形です。文末をしり上りの発音にすると疑問の意味になります。

(1) 점심을 먹죠! お昼ご飯を食べましょう！(勧誘)
(2) 이 바지가 좀 길죠? このズボンはちょっと長いでしょうね。(同意)
(3) 생일은 언제죠? 誕生日はいつですか。(疑問)

《練習 1》例のように - 죠 に変えてみましょう。

例：먹다 食べる	먹죠	길다 長い	
받다 もらう		짧다 短い	
입다 着る、はく		가깝다 近い	
알다 わかる		학생이다 学生だ	

《練習 2》次の文を韓国語に訳しなさい。

(1) 今、雨が降るでしょう？

(2) いっしょにソウルに行きましょう。

2　있어요 / 없어요　あります·います / ありません·いません〈해요体〉

韓国語の場合、「ある」も「いる」も「있다」、「ない」「いない」は「없다」、また、その丁寧な「합니다体」は「있습니다」「없습니다」でしたね。

さて、있다、없다のもう一つの丁寧な形に「있어요」「없어요」という「해요体」があります。なお、疑問形は「있어요?」、「없어요?」で、しり上がりの発音をします。

日本語	韓国語	用　　例
あります います	있어요	시간이 있어요 (時間があります) 동생이 있어요 (弟 / 妹がいます)
ありますか いますか	있어요?	시간이 있어요? (時間がありますか) 동생이 있어요? (弟 / 妹がいますか)
ありません いません	없어요	시간이 없어요 (時間がありません) 동생이 없어요 (弟 / 妹がいません)
ありませんか いませんか	없어요?	시간이 없어요? (時間がありませんか) 동생이 없어요? (弟 / 妹がいませんか)

《練習》次の文を例のように韓国語で言ってみましょう。〈해요体で〉

例：時間がありません。　시간이 없어요.

(1) 本があります。

(2) 友だちがいません。

(3) 妹はいませんか。

(4) 兄がいます。

第8課

3　여기、거기、저기、어디　ここ、そこ、あそこ、どこ

	-が	-は	-を
ここ　여기	여기가	여기는 / 여긴	여기를 / 여길
そこ　거기	거기가	거기는 / 거긴	거기를 / 거길
あそこ　저기	저기가	저기는 / 저긴	저기를 / 저길
どこ　어디	어디가	—	어디를 / 어딜

一般的に話し言葉では右側の縮約形がよく使われます。

4 -에　~に［場所］

「～に」は「- 에」です。なお、人や動物の場合は「- 에게」（第 18 課の 182 頁参照）を使います。

～に	パッチムあり ＋	- 에	역에 駅に
	パッチムなし ＋		학교에 学校に

역에　駅に　　　　나무에　木に

《練習》例のように直してみましょう。

例：역 駅	역에	시청 市役所	
회사 会社		구청 区役所	
호텔 ホテル		집 家	

2-027

発音規則：激音化

終声で［ᵏ］（ㄱ ㅋ など）、［ᵗ］（ㄷ ㅌ ㅅ など）、［ᵖ］（ㅂ ㅍ）と発音する文字のあとに初声の「ㅎ」が続くとき、終声と次の初声が合体して激音の「ㅋ」「ㅌ」「ㅍ」となります。

また、終声「ㅎ」のあとに初声「ㄱ」「ㄷ」「ㅂ」が続くときも、「ㄱ」「ㄷ」「ㅂ」は「ㅋ」「ㅌ」「ㅍ」となります。

백화점 ［배콰점］［百貨店］
〈表記〉　〈発音〉

좋다 ［조타］ よい
〈表記〉　〈発音〉

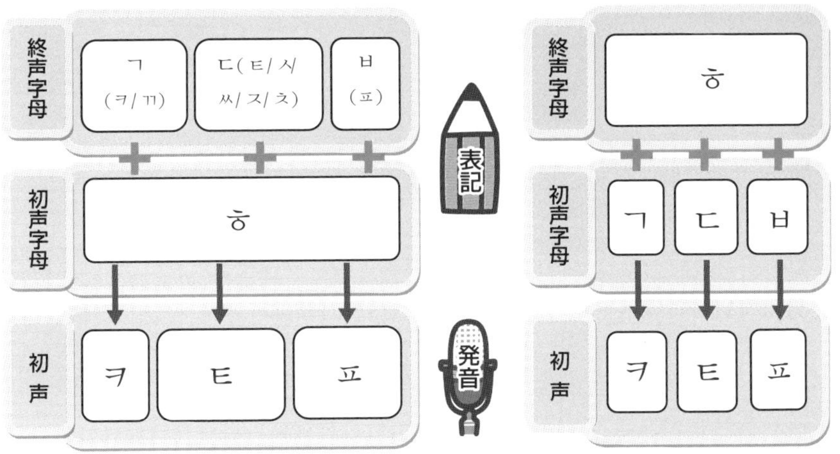

육회 [유쾨] ユッケ　　좋고 [조코] よくて

몇 해 [며태] 何年間　　좋다 [조타] よい

입학 [이팍] 入学

《練習》次の単語や文を発音どおりに書いて、読んでみましょう。

例：백화점　百貨店	[배콰점]	급행　急行	
복잡하다　複雑だ		만족하다　満足する	
깨끗해요　きれいです		축하해요 おめでとうございます	
하얗다　白い		까맣다　黒い	

2-028

力試し

1. 次の文を音読し、日本語に訳してみましょう。

① 미나미 씨는 어디에 있어요？

第8課

② 역 가까이에 편의점은 없어요?

③ 국립박물관은 우에노역 근처에 있어요.

④ 한국 돈이 없어요?

⑤ 지금 호시야 씨는 하네다 공항 안에 있어요.

2. 次の文を韓国語に訳してみましょう。

① 北村さんの家は横浜ですか。

② いいえ、銀座の三越百貨店の近くです。

③ NHK はどこにありますか。

④ 渋谷駅の近くにあります。

⑤ 私の会社は区役所の前にあります。(区役所：구청)

3. 次の質問に韓国語で答えましょう。

① 회사는 어디에 있어요? (会社はどこにありますか。)

② 역 가까이에 무엇이 있어요? (駅の近くに何がありますか。)

第9課 불고기하고 냉면이 좋아요.

焼き肉と冷麺がいいです。

2-029

好きな料理を食べる

유리 : 우현 씨 뭘 먹어요?

우현 : 저는 불고기하고 냉면이 좋아요.

유리 : 이 꽃등심은 진짜 맛있어요.

우현 : 정말 입안에서 살살 녹아요.

유리 : 이 냉면은 맛이 괜찮아요. 그런데 좀 길어요.

우현 : 이 가위로 끊어요.

《日本語訳》

ユリ　　：ウヒョンさん、何を食べますか。
ウヒョン：私は焼き肉と冷麺がいいです。
ユリ　　：この霜降りは本当においしいです。
ウヒョン：本当に口の中でふわっととろけます。
ユリ　　：この冷麺は味がいいです。ところで、ちょっと長いです。
ウヒョン：このはさみで切りましょう。

第9課

発音

좋아요 [조아요]、꽃등심 [꼳뜽심]、맛있어요 [마시써요]、입 안에서 [이바네서]、괜찮아요 [괜차나요]、끊어요 [끄너요]

語句・表現

1. □뭘(←무얼←무엇을)何を　□먹어요? 食べますか☆먹다(食べる)の丁寧な疑問形

2. □불고기 焼き肉　□냉면 [冷麺]

3. □꽃등심 霜降り　□진짜 本当に □맛있어요 おいしいです☆맛있다（おいしい）の丁寧形

4. □정말 本当に　□입안 口の中　□살살 ふわっと
□녹아요 とろけます☆　녹다（とろける）の丁寧形

5. □그런데 ところで　□좀 ちょっと　□길어요 長いです☆ 길다（長い）の丁寧形

6. □가위 ハサミ　□끊어요 切りましょう☆ 끊다（切る）の丁寧形

ポイント解説

1　三種の活用（活用形Ⅰ、Ⅱ、Ⅲ）

日本語の「行く」「飲む」「食べる」はいずれも基本形で、「行 - く」「飲 - む」「食べ - る」と語幹と語尾に分けることができます。さらに、日本語の活用形は「未然形（行か -）・連用形（行き -）・終止形（行く）・連体形（行く～）・仮定形（行け -）・命令形（行こ -）」と6種類に分けられますが、このように助動詞、助詞、体言などをつけるために変化した下線の部分を**語基**と呼びます。

つまり、日本語の場合、否定の意味の「- ない」は未然形に、「- ます」は連用形に、仮定を表す「- ば」は必ず仮定形につくというように、それぞれの語基にどんな語がつくかは、あらかじめ決まっています。

さて、韓国語にも語基がありますが、動詞も形容詞もほぼ同じように3種類に活用し、後ろにどのような形式が続くかで**活用形Ⅰ（第Ⅰ語基）**、**活用形Ⅱ（第Ⅱ語基）**、**活用形Ⅲ（第Ⅲ語基）**のどの形をとるかが決まっています。

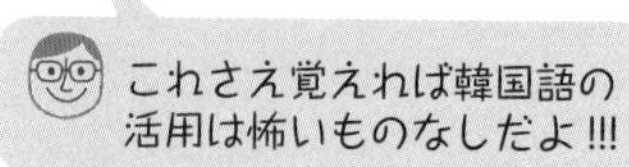

これさえ覚えれば韓国語の
活用は怖いものなしだよ!!!

まず最初に、

活用形Ⅰ（第Ⅰ語基）は、基本形から語尾の「- 다」を取り除いた残りの部分

活用形Ⅱ（第Ⅱ語基）は、母音で終わる語幹(パッチムなし)は語幹と同じ形、子音で終わる語幹（パッチムあり）は語幹+「으」

活用形Ⅲ（第Ⅲ語基）は、語幹の最後の母音が「ㅏ」「ㅗ」「ㅑ」の陽母音の場合は語幹に「아」、それ以外の陰母音の場合は語幹に「어」をつけます。

語幹と同じ。語尾 - 다をとった形だよ！

語幹が、母音で終わる場合は語幹のまま、子音で終る場合は語幹に - 으 - をつけるよ。

語幹の最後の母音がㅏ、ㅗ、ㅑの場合は語幹の後に - 아、その他は - 어をつけるよ。

	基本形	語幹	活用形Ⅰ	活用形Ⅱ	活用形Ⅲ
母音語幹	보다	보 -	보 -	보 -	보아
	주다	주 -	주 -	주 -	주어
子音語幹	받다	받 -	받 -	받으 -	받아
	먹다	먹 -	먹 -	먹으 -	먹어
あとに続く語尾			- 다、- 고、- 는など	- ㄴ、- 면、- 시など	- 요、- ㅆなど

活用形Ⅰは「固定系」、活用形Ⅱは「子音母音系」、活用形Ⅲは「陰陽系」とも言うよ。

第9課

つまり、基本形を作る語尾「- 다」や「～て」という意味の接続語尾の「- 고」は**活用形Ⅰ（第Ⅰ語基）**に、「～た～」という意味の過去連体形を表す「- ㄴ」や「～すれば」という意味の語尾「- 면」は**活用形Ⅱ（第Ⅱ語基）**に、丁寧な意味を表す語尾「- 요」や「～た」という過去を表す「- ㅆ」は必ず**活用形Ⅲ（第Ⅲ語基）**につきます。

本書では、**活(用形)Ⅰ** - 다、**活(用形)Ⅰ** - 고、**活(用形)Ⅱ** - ㄴ、**活(用形)Ⅱ** - 면、**活(用形)Ⅲ** - 요、**活(用形)Ⅲ** - ㅆといった具合に表します。

サル坊の活用形の覚え方

じゃあ、サル坊がちょっと難しそうな「活用形Ⅰ、Ⅱ、Ⅲ」を自己流で説明するよ。ちゃんと覚えてね！

2階には
母零(レイ)으(まるいち)
君が住んでいるよ
3F　活用形Ⅲ
2F　活用形Ⅱ
1F　活用形Ⅰ
3階には
「陽気なアオヤ」
さんが住んでいるよ！
1階には
「タトリ」君
が住んでいるよ！

そうそう！
「活用形Ⅰ」ときたら、まず、「タトリ」、つまり語尾の다を取るんだね。
「活用形Ⅱ」は「母音語幹は何もつけない、子音語幹には으をつける」よ。
「活用形Ⅲ」は「陽気な母音、つまり陽母音ㅏ、ㅗ、ㅑには아を、暗い母音、つまり陰母音には어をつける」ということだね！

《練習》例のように活用形Ⅲに変えてみましょう。

例：좋다　よい	좋아	웃다　笑う	
작다　小さい		적다　少ない	
길다　長い		짧다　短い	
열다　開ける		닫다　閉める	

2　活用形Ⅲ〈1〉

「活用形Ⅲ - 요」の해요体は日常会話でよく使われる柔らかい丁寧な表現で、命令や勧誘のときにも使えます。

活用形Ⅲ＋요	～です / ます

받다（もらう） —活Ⅲ 받＋아→ 받아 —丁寧形 요→ 받아요（もらいます）

먹다（食べる） —活Ⅲ 먹＋어→ 먹어 —丁寧形 요→ 먹어요（食べます）

《練習》例のように해요体に変えてみましょう。

例：먹다 食べる	먹어요	길다 長い	
받다 もらう		짧다 短い	
입다 着る、はく		좋다 いい	
알다 わかる		멀다 遠い	

해요体は、非格式的で柔らかい丁寧な表現です。日本語では「です」「ます」に当たります。活用形Ⅲのあとに「- 요」をつけるだけです。

(1) 平叙文 (2) 疑問文 (3) 命令文 (4) 勧誘文すべてに同じ形で使えます。

(1) 平叙文：**먹어요.** （食べます。）

(2) 疑問文：**먹어요？** （食べますか）

(3) 命令文：**먹어요！** （食べなさい！）

(4) 勧誘文：**먹어요！** （食べましょう！）

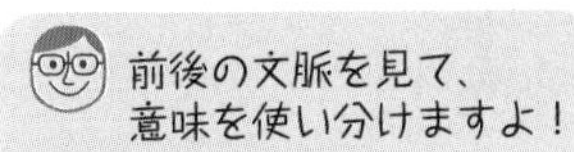

前後の文脈を見て、
意味を使い分けますよ！

3 - 을 / 를 ～を［目的］

目的を表す助詞「～を」は「- 을 / 를」です。

～を	パッチムあり ＋	을	책을 本を
	パッチムなし ＋	를	노트를 ノートを

《練習》次の単語を例のように直して、読んでみましょう。

例：책 本	책을	가방 かばん	
회사 会社		스즈키 씨 鈴木さん	
호텔 ホテル		집 家	
텔레비전 テレビ		라디오 ラジオ	

第9課

4　- 에서 ～で［場所］

場所をさす「～で」は「- 에서」です。

～で	パッチムあり ＋	- 에서	역에서 駅で
	パッチムなし ＋		학교에서 学校で

《練習》例のように直してみましょう。

例：역 駅	역에서	편의점 コンビニ	
회사 会社		커피숍 コーヒーショップ	
호텔 ホテル		집 家	

2-030

発音規則：ㅎの弱化

韓国語では、パッチムㅎのあとに母音が続くとき、ㅎパッチムは発音されません。

좋아요［조아요］ いいです

〈表記〉　〈発音〉

また、母音や終声ㄴ、ㄹ、ㅁ、ㅇのあとに初声のㅎが続くとき、ㅎは弱く発音されるか、ほとんど発音されません。

〈表記〉　〈発音〉

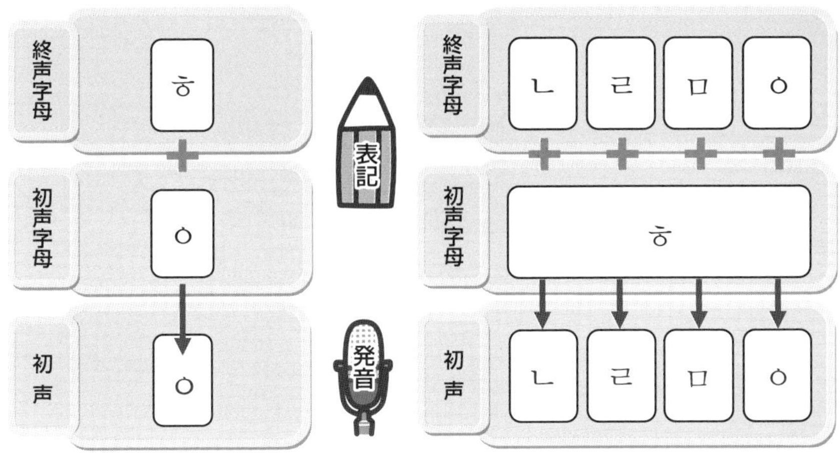

넣어요 ［너어요］ 入れます　　　전화 ［저놔］ 電話
땋아요 ［따아요］ 編みます　　　결혼 ［겨론］ 結婚

《練習》次の単語や文を発音どおりに書いて、読んでみましょう。

例：좋아요 いいです	［조아요］	만화 マンガ	
놓아요 置きます		올해 今年	
넣어요 入れます		조용히 静かに	
다음 해 翌年		천천히 ゆっくり	

力試し

2-031

1. 次の文を音読し、日本語に訳してみましょう。

① 하야시 씨, 지금 뭘 먹어요?

② 저는 한국 영화하고 노래가 좋아요.

第9課

③ 이 삼겹살은 맛이 괜찮아요.

④ 역 앞에 정말 한국 식당이 많아요?

⑤ 그런데 부산에서 좀 멀어요.

2. 次の文を韓国語に訳してみましょう。

① 今日は何を着ますか。

② 私は東大門市場が好きです。(東大門市場：동대문시장)

③ このすしは味がいいです。(すし：초밥)

④ ところでこのズボンはちょっと長いです。

⑤ ここから仁川空港はちょっと遠いです。(仁川空港：인천공항)

3. 次の質問に韓国語で答えましょう。

① 오늘 저녁에 뭘 먹어요? (今日の夕方に何を食べますか。)

② 머리가 길어요? (髪が長いですか。)

第10課　내일 같이 테니스 가요.

明日、いっしょにテニスに行きましょう。

2-032

約束をする

유리 : 내일 같이 테니스 가요!

우현 : 좋아요. 시부야 역에서 만나요!

유리 : 참, 그런데 이 전철은 사가미오노에 서요?

우현 : 아뇨, 마치다에서 갈아타요.

유리 : 내일 저녁도 같이 먹어요!

우현 : 그래요. 내일 저녁은 제가 내요.

《日本語訳》

ユリ　　：明日、いっしょにテニス行きましょう。
ウヒョン：いいですよ。渋谷駅で会いましょう。
ユリ　　：あ、ところでこの電車は相模大野にとまりますか。
ウヒョン：いいえ、町田で乗り換えます。
ユリ　　：明日の夕食もいっしょに食べましょう。
ウヒョン：そうしましょう。明日の夕ご飯は私がおごります。

発音

같이 [가치]、전철은 [전처른]、저녁을 [저녀글]

語句・表現

1. □테니스 テニス　□가요 行きましょう☆가다（行く）の丁寧な勧誘形
2. □시부야 渋谷　□만나요 会いましょう☆만나다(会う)の丁寧な勧誘形
3. □참 そういえば　□사가미오노 相模大野（地名）　□서요？とまりますか ☆서다（とまる）の丁寧形
4. □갈아타요 乗り換えます☆갈아타다（乗り換える）の丁寧形

第10課

5. □저녁 夕ご飯、夕方
6. □그래요 そうしましょう　□제 私、ぼく　□내요 払います☆내다(払う)の丁寧形

ポイント解説

1　活用形Ⅲ〈2〉 省略するもの

活用形Ⅲは語幹の最後の母音がㅏ、ㅗ、ㅑの場合は「아」をつけ、それ以外の場合は「어」をつけます。

ただし、**語幹が母音ㅏ、ㅓ、ㅕで終わる場合**は後ろにつく**-아や-어を省略**するのが原則です。また、**語幹が母音ㅐ、ㅔで終わる場合**も**話し言葉では後ろの-아や-어を省略**するのが普通です。つまり、これらの場合、結果的には**活用形Ⅲは語幹と形が同じ**になるわけです。

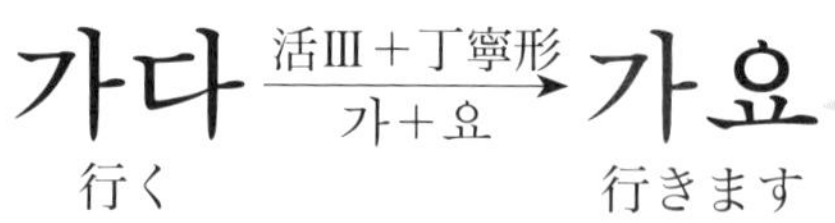

語幹の母音がㅏ、ㅓ、ㅕやㅐ、ㅔの場合、活用形Ⅲは語幹と同じだよ！

語幹	活用形Ⅲ
ㅏ、ㅓ、ㅕ、ㅐ、ㅔで終わる	語幹と同じ
가다、서다、펴다、내다、세다など	

基本形	語幹	省略	活用形Ⅲ
가다　行く	가-	ㅏ＋아→ㅏ	가（←*가아）
서다　立つ	서-	ㅓ＋어→ㅓ	서（←*서어）
펴다　開(ひら)く	펴-	ㅕ＋어→ㅕ	펴（←*펴어）
내다　出す	내-	ㅐ＋어→ㅐ	내（←내어）
세다　数える	세-	ㅔ＋어→ㅔ	세（←세어）

*は実際には使わない形であることを表します。

가아、가아が가に、서어、서어が서になるんだね！

《練習 1》次の語を活用形Ⅲに変えてみましょう。

例：가다 行く	가	서다 とまる	
사다 買う		켜다 点(つ)ける	
자다 寝る		보내다 送る	
건너다 渡る		건네다 渡す	

《練習 2》次の語を해요体に変えてみましょう。

例：가다 行く	가요	서다 とまる	
사다 買う		켜다 点(つ)ける	
자다 寝る		보내다 送る	
건너다 渡る		건네다 渡す	

2 참 そういえば、あれ

1. そういえば、あれ：忘れかけていたものをはっと思いだしたり、何かに気づいたりしたときに発することば。

참, 이번 여름방학 때 바다에 가요.
そうだ、今度の夏休みに海に行きましょう。

2. 本当に、実に、何と
이 김밥은 참 맛있어요. こののり巻きはとてもおいしいです。

第10課

2-033

発音規則：口蓋音化

パッチム（終声）ㄷ、ㅌのあとに母音이が続くとき、終声は連音化して디、티となりますが、さらにㄷ、ㅌは口蓋音ス、ㅊに変わり、[지]や[치]と発音されます。これを口蓋音化といいます。

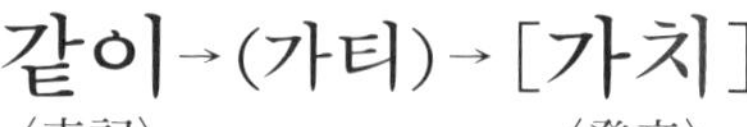

굳이→(구디)→[구지]
〈表記〉 〈発音〉

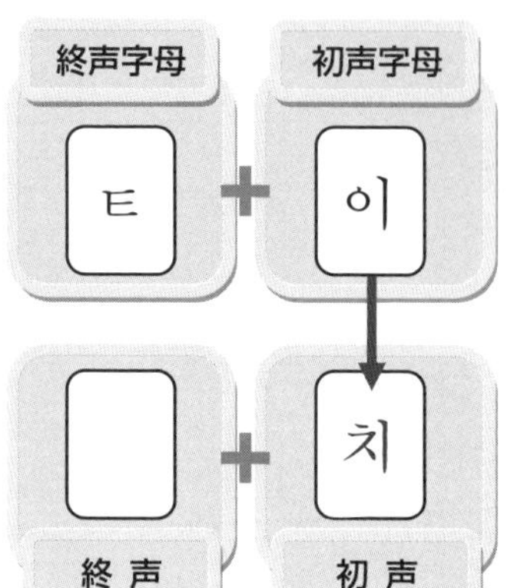

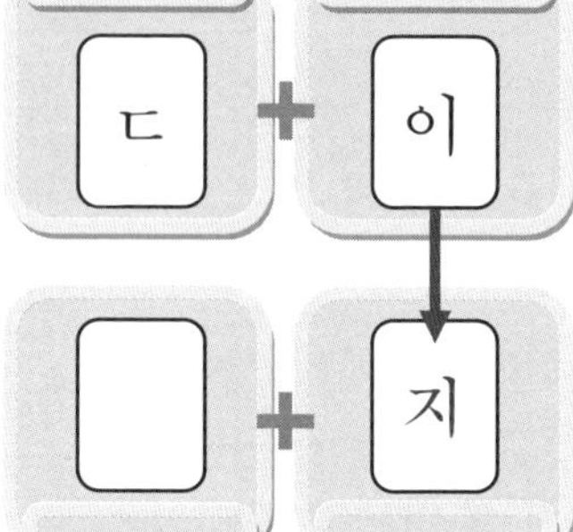

발音

같이 [가치] いっしょに

굳이 [구지] あえて

《練習》次の単語を発音どおりに書いて、読んでみましょう。

例：같이 いっしょに	[가치]	미닫이 引き戸	
밭이 畑が		해돋이 日の出	

2-034

力試し

1. 次の文を音読し、日本語に訳してみましょう。

① 내일 같이 영화관에 가요？.(영화관：映画館)

② 좋아요. 학교 앞에서 만나요. (앞：前)

③ 참, 그런데 이 버스는 롯데백화점 앞에 서요?
(롯데백화점：ロッテ百貨店)

④ 전철은 서울역에서 타요. (서울역：ソウル駅)

⑤ 오늘 밤에 몇 시에 자요?

2. 次の文を韓国語で訳してみましょう。

① 今日、いっしょに図書館に行きましょう。

② いいです。駅前で会いましょう。

③ ところでこのバスはホテルの前にとまりますか。

④ 飛行機は金浦空港で乗ります。(飛行機：비행기、金浦空港：김포공항)

⑤ 朝、何時に起きますか。

3. 次の質問に韓国語で答えましょう。

① 급행이 서요? (急行がとまりますか。)

② 언제 고향에 가요? (いつ故郷に帰りますか。)

第11課 지금 뭘 봐요?

今、何を見ていますか。

2-035

テニスのユーチューブを見る

유리 : 우현 씨 지금 뭘 봐요?

우현 : 테니스 유튜브를 봐요.

유리 : 걱정 없어요. 우리 동아리 선배가 잘 가르쳐요.

우현 : 요즘 매일 아침에 열심히 쳐요. 그래도 좀 걱정이 돼요.

유리 : 괜찮아요. 우리 꼭 이겨요!

우현 : 파이팅!

《日本語訳》

유리：ウヒョンさん、今何を見ていますか？
우현：テニスのユーチューブを見ています。
유리：心配要りません。うちのサークルの先輩がよく教えます。
우현：最近は毎朝、一生懸命にやっています。でも、ちょっと心配になります。
유리：大丈夫です。絶対、うちが勝ちましょう。
우현：ファイト！

発音

걱정［걱쩡］、없어요［업써요］、열심히［열씨미］、괜찮아요［괜차나요］

語句・表現

1. □뭘　何を☆무엇을の縮約形　□봐요？見ていますか☆보다（見る）の丁寧な疑問形

2. □테니스 テニス　□유튜브 ユーチューブ
3. □걱정 心配　□동아리 サークル、クラブ　□선배［先輩］　□가르쳐요 教えます☆가르치다（教える）の丁寧形
4. □요즘 この頃、最近　□매일［毎日］　□열심히［熱心-］一生懸命 □쳐요 打ちます☆치다（打つ）の丁寧形　□그래도 でも、それでも □좀 ちょっと　□돼요 なります☆되다（なる）の丁寧形
5. □꼭 絶対、ぜひ　□이겨요 勝ちましょう☆이기다（勝つ）の丁寧な勧誘形
6. □파이팅 ファイト☆화이팅ともいう

1　-이/가 되다　～になる

日本語の助詞「～に」は「-에」ですが、「～になる」の場合は、「～がなる」という表現を使います。つまり、パッチムのある語は「-이 되다」、ない語は「-가 되다」です。

～になる	パッチムあり　＋	-이 되다	회사원이 되다　会社員になる
	パッチムなし　＋	-가 되다	가수가 되다　歌手になる

・곧 점심시간이 돼요.　すぐお昼の時間になります。
・동생이 배우가 돼요.　妹が俳優になります。

2　뭘　何を

	-을	-이
무엇 何	무엇을→ 무얼→ 뭘 何を	무엇이 →뭣이 何が

＊ 一般的に話し言葉では右側の縮約形がよく使われます。

・뭘 좋아하세요？　何が好きですか。
・무엇이 있어요？　何がありますか。

3　時の名詞＋(에)

時を表す名詞が副詞的に用いられるときに、韓国語と日本語において格助詞「에」や「に」の使い方には異同があります。

	つけてもいい場合	つけてはいけない場合	つけなくてはいけない場合
日本語	春、夏、秋、冬、曜日、朝、昼、夜、-頃	一昨日、昨日、今日、明日、明後日、昨夜、今朝、今夜、毎日 先週、今週、来週、毎週、先月、今月、来月、毎月、去年、今年、来年、毎年	
韓国語	지난해昨年、 올해今年、 -경頃、 -쯤頃、 -무렵頃	그저께一昨日、어제昨日、오늘今日、내일明日、모레明後日	봄春、여름夏、가을秋、겨울冬、아침朝、낮昼、저녁夕方、밤夜、지난주先週、이번 주今週、다음 주来週、지난달先月、이번 달今月、다음달来月、작년昨年、금년今年、-요일-曜日

・아침에 빵을 먹어요.　朝、パンを食べます。
・오늘 학교에 가요.　　今日、学校に行きます。

4 「する」の数々

「する」は「하다」ですが、「する」が使われている慣用句は、「하다」だけではなく「치다」「나다」「보다」なども使われます。

する	例
하다 する	공부를 하다　勉強をする、운동을 하다　運動をする、 이야기를 하다　話をする

치다　打つ	테니스를 치다　テニスをする、골프를 치다　ゴルフをする、탁구를 치다　卓球をする
나다　出る	냄새가 나다　においがする、소리가 나다　音がする
보다　見る	손해를 보다　損をする

5　活用形Ⅲ〈3〉合体するもの

오다、배우다、이기다、되다など、語幹が母音で終わる場合、活用形Ⅲは母音同士が合体します。ただし、쉬다、띄다のように母音がㅟ、ㅢの場合は合体が起こりません。

(1) 合体する場合

語幹の母音がㅗ、ㅜ、ㅣ、ㅚなどの場合、活用形Ⅲは母音同士が合体します。

오다 —活Ⅲ＋丁寧形 / 와＋요→ 와요

来る　　来ます

基本形	語幹	合体する	活用形Ⅲ
오다　来る	오 -	ㅗ＋ 아 → ㅘ	와（←＊오아）
배우다　習う	배우 -	ㅜ＋ 어 → ㅝ	배워（←＊배우어）
마시다　飲む	마시 -	ㅣ＋ 어 → ㅕ	마셔（←마시어）
되다　なる	되 -	ㅚ＋ 어 → ㅙ	돼（←되어）

＊部分は合体した形が使われ、合体しない形は使われない。

오아、오ㅏ、와、배우어、배우ㅓ、배워になるんだね！

(2) 合体しない場合

語幹の母音がㅟやㅢの場合、活用形Ⅲは合体しません。

쉬다 —活Ⅲ＋丁寧形 / 쉬어＋요→ 쉬어요
休む　　　　　　休みます

基本形	語幹	合体しない	活用形Ⅲ
쉬다 休む	쉬 -	ㅟ＋어→ㅟ어	쉬어
띄다 (目に)つく	띄 -	ㅢ＋어→ㅢ어	띄어

《練習 1》次の語を活用形Ⅲに変えてみましょう。

例：오다 来る	와	기다리다 待つ	
보다 見る		다니다 通う	
두다 置く		바뀌다 変わる	
바꾸다 変える		뛰다 走る	
주다 あげる、くれる		되다 なる	

《練習 2》次の語を해요体に変えてみましょう。

例：오다 来る	와요	기다리다 待つ	
보다 見る		다니다 通う	
두다 置く		바뀌다 変わる	
바꾸다 変える		뛰다 走る	
주다 あげる、くれる		되다 なる	

力試し

2-036

1. 次の文を音読し、日本語に訳してみましょう。

① 나가사와 씨 지금 뭘 봐요？

② 아이가 우유를 마셔요．

③ 도쿄역에서 열 시 반까지 기다려요.

④ 매일 아침에 학교에 몇 시에 와요?

⑤ 대학에서 뭘 배워요?

2. 次の文を韓国語に訳してみましょう。

① 今日、何を見ますか。

② 12時から1時まで休みます。

③ 今日はマッコリを飲みましょう。

④ 毎朝、一生懸命にテニスをします。

⑤ 明日は会社に何時に来ますか。

3. 次の質問に韓国語で答えましょう。

① 요즘 뭘 배워요? (最近、何を習っていますか。)

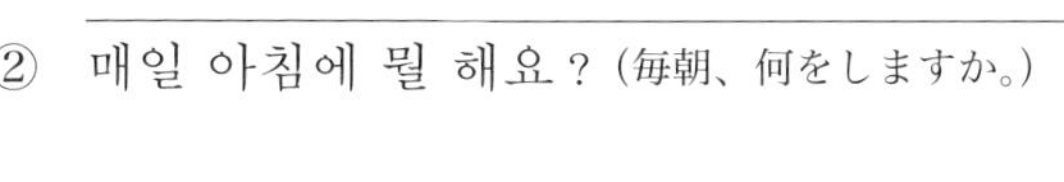

② 매일 아침에 뭘 해요? (毎朝、何をしますか。)

第12課 유리 씨도 한국 노래 해요?

ユリさんも韓国の歌を歌いますか。

2-037

カラオケで遊ぶ

유리 : 우리 노래방에 놀러 가요!

우현 : 좋아요. 오늘 오후엔 시간이 괜찮아요.

〈カラオケルームで〉

유리 : 우현 씨는 일본 노래를 좋아해요?

우현 : 물론이죠. 그런데 유리 씨도 한국 노래 해요?

유리 : 네,「미안해요 고마워요 사랑해요」요.

〈歌い終わったあと〉

우현 : 유리 씨는 정말 잘해요.

《日本語訳》

유리：私たち、カラオケに遊びに行きましょう。
우현：いいです。今日の午後は時間は大丈夫です。
유리：ウヒョンさんは日本の歌が好きですか。
우현：もちろんです。ところで、ユリさんも韓国の歌、歌いますか。
유리：はい、「ごめんなさい、ありがとう、愛してます」です。
우현：ユリさんは本当にうまいですね。

発音

좋아해요 [조아해요]、한국 노래 [한궁노래]、잘해요 [자래요]

語句・表現

1. □노래방（－房）カラオケ　□놀러 遊びに☆놀다（遊ぶ）　□가요 行きましょう☆가다（行く）の丁寧な勧誘形
2. □오후［午後］　□시간［時間］

4. □물론이죠［勿論－］もちろんです　□해요？しますか☆하다（する）の丁寧疑問形
5. □미안해요 ごめんなさい☆미안하다（すまない）の丁寧形　□고마워요 ありがとう☆고맙다（ありがたい）の丁寧形　□사랑해요 愛しています（曲名）☆사랑하다（愛する）の丁寧形
6. □잘해요 上手です☆잘하다（上手だ）の丁寧形

1　活用形Ⅲ〈4〉　-하다　～する

「하다」（する）は語幹が母音で終わるため、活用形Ⅰ、Ⅱは「하」ですが、活用形Ⅲは特殊な形で「해」になります。

語幹	活用形Ⅲ
하 -	해

사랑하다 —活Ⅲ＋丁寧形／사랑해＋요→ 사랑해요
愛する　　　愛し(てい)ます

基本形	語幹	活用形Ⅲ
말하다　言う	말하 -	말해
조용하다　静かだ	조용하 -	조용해

《練習》次の単語を例のように変えてみましょう。

例：사랑하다　愛する	사랑해요	잘하다　上手だ	
약속하다　約束する		전화하다　電話する	
따뜻하다　暖かい		시원하다　涼しい	
공부하다　勉強する		일하다　働く	

・오늘은 날씨가 따뜻해요.　今日は天気が暖かいです。
・한국 노래를 참 잘해요.　韓国の歌がとても上手です。

2　活用形Ⅱ　-러　～（し）に［移動の目的］

活用形Ⅱ - 러は「～（し）に」という移動の目的を表します。後ろには가다（行く）、오다（来る）などの移動動詞が続きます。

만나다 —活Ⅱ＋目的 / 만나＋러→ 만나러
会う　　　　　　　　　会いに

먹다 —活Ⅱ＋目的 / 먹으＋러→ 먹으러
食べる　　　　　　　　食べに

基本形	語幹	活用形Ⅱ	目的
만나다　会う	만나 -	만나 -	만나러　会いに
쉬다　休む	쉬 -	쉬 -	쉬러　休みに
받다　もらう	받 -	받으 -	받으러　もらいに
읽다　読む	읽 -	읽으 -	읽으러　読みに
찾다　探す	찾 -	찾으 -	찾으러　探しに
산책하다　散歩する	산책하 -	산책하 -	산책하러　散歩しに

《練習》次の単語を例のように直して、読んでみましょう。

例：만나다　会う	만나러	먹다　食べる	
보다　見る		깎다　刈る	
마시다　飲む		닫다　閉める	
부르다　歌う		연락하다　連絡する	
사다　買う		전화하다　電話する	

・내일 영화 보러 와요.　　明日、映画を見に来てください。
・점심을 먹으러 식당에 가요.　お昼を食べに食堂に行きましょう。

3　-을 / 를　좋아하다 ～が好きだ［好悪の表現］

日本語で「～が好きだ」「～が嫌いだ」というとき、韓国語では普通「- 을 / 를 좋아하다」「- 을 / 를 싫어하다」、つまり、「～を好きだ」「～を嫌

いだ」という表現を使います。特に助詞に注意しましょう。

・저는 수박을 좋아해요.　　私はスイカが好きです。
・사과를 좋아해요.　　りんごが好きです。
・술과 담배를 싫어해요.　　お酒とたばこが嫌いです。

韓国語は「スイカを好きだ」「りんごを好きだ」だね！

第12課

《練習》次の文を韓国語に訳しなさい。

(1) 韓国ドラマが好きですか。（ドラマ：드라마）

(2) 夏が嫌いです。（夏：여름）

2-038

力試し

1. 次の文を音読し、日本語に訳してみましょう。

① 내일 같이 디즈니랜드에 놀러 가요.

② 오늘 오후엔 영어를 공부해요.

③ 초밥과 튀김을 좋아해요?（튀김：てんぷら）

④ 물론이죠. 정말 좋아해요.

⑤ 매일 아침에 공원에서 운동해요.

2. 次の文を韓国語に訳してみましょう。

① 今日、図書館で勉強しましょう。

____

② 友だちに会いにソウルに行きます。

____

③ 日本の料理が好きですか。

____

④ もちろんです。韓国の歌が好きです。

____

⑤ 明日、学校でサークルをやります。(サークル：동아리)

____

3. 次の質問に韓国語で答えましょう。

① 한국 음식을 좋아해요？(韓国の料理が好きですか。)

____

② 노래방에도 가요？(カラオケにも行きますか。)

____

第13課 아침은 원래 안 먹어요.

朝ご飯はもともと食べません。

2-039

否定表現안を使う

第13課

우현：유리 씨는 아침을 제대로 먹어요？

유리：아뇨, 아침은 원래 안 먹어요. 우유만 한 잔 마셔요.

우현：저는 밥을 먹어요. 우유는 안 마셔요.

유리：그 대신 점심과 저녁은 잘 먹어요.

우현：참, 유리 씨는 요즘도 영어 회화 공부해요？

유리：요즘은 영어 공부를 그다지 안 해요.

《日本語訳》

우현：ユリさんは、朝ご飯をちゃんと食べますか。
유리：いいえ、朝ご飯はもともと食べません。牛乳だけ一杯飲みます。
우현：私はご飯を食べます。牛乳は飲みません。
유리：その代わり、お昼と夕ご飯はしっかり食べます。
우현：ところで、ユリさんは最近も英語の会話を勉強していますか。
유리：最近は英語の勉強をあまりしません。

発音

원래［월래］、안 해요［아내요］

語句・表現

1. □제대로 ちゃんと
2. □원래［元来］もともと　□안 ～ない　□우유［牛乳］□만 ～だけ
   □한 잔 一杯　□마셔요 飲みます☆마시다（飲む）の丁寧形

3. □밥 ご飯　□안 마셔요 飲みません☆마시다（飲む）の丁寧な否定形
4. □대신［代身］代わりに　□저녁 夕食、夕方
5. □영어［英語］　□회화［会話］　□공부해요［工夫-］勉強します☆공부하다（勉強する）の丁寧形
6. □그다지 あまり

ポイント解説

1　時と食事

「お昼」には「昼どき」と「昼食」という意味があるのと同じく、韓国語の場合、「아침」は「朝」と「朝食」、「저녁」は「夕方」と「夕食」という意味があります。ただし、「昼どき」は「낮」、「昼食」は「점심」と言います。

	とき	ご飯
朝	아침	아침
昼	낮 / 점심때	점심［点心］
夕方	저녁	저녁

- 아침에 빵을 먹어요．　朝、パンを食べます。
- 지금 아침을 먹어요．　今、朝ご飯を食べています。

2　否定形〈1〉 안 -　～ない

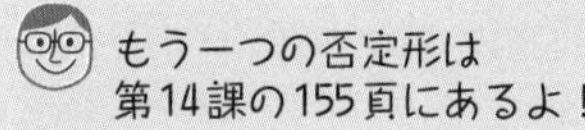

もう一つの否定形は
第14課の155頁にあるよ！

안 ＋ 動詞・形容詞　～ない

動詞や形容詞の前に「안」をつけると、続く述語を否定する意味になります。日本語の否定の形は最後に来ますが、韓国語の「안」は述語の前に来ます。

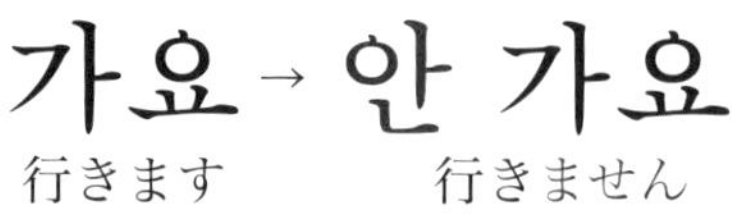

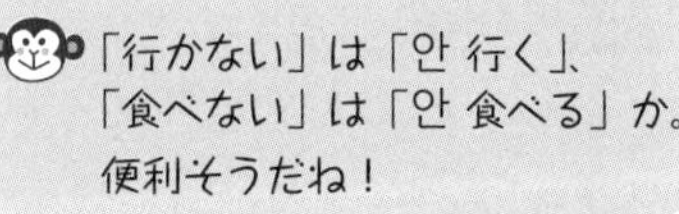

「行かない」は「안 行く」、
「食べない」は「안 食べる」か。
便利そうだね！

와요　来ます — 안 와요　来ません
일어나요　起きます — 안 일어나요　起きません

ただし、「알다」(知る、分かる)や「있다」(ある、いる)を否定するときは「모르다」(知らない、分からない)や「없다」(ない、いない)という反意語を使います。

알다	안 알다 (×)	모르다 (○)
있다	안 있다 (×)	없다 (○)

また、공부하다のように名詞と「하다」が結びついた動詞の場合には名詞と「하다」を切り離して間に「안」を入れます。

공부［工夫］하다 勉強する

공부해요 勉強します →

공부 안 해요 勉強しません (○)　안 공부해요 (×)

산책［散策］하다 散歩する

산책해요 散歩します →

산책 안 해요 散歩しません (○)　안 산책해요 (×)

それ以外の좋아하다、편하다などのような「하다」形容詞や통하다のような漢字1字＋하다動詞の場合には普通どおり前に「안」をつけます。

좋아하다 好きだ

좋아해요 好きです → **안 좋아해요** 好きではありません

통［通］하다 通じる

통해요 通じます → **안 통해요** 通じません

《練習》次の語を例のように変えてみましょう。

例：가다 行く	안 가요	안 갑니다
만나다 会う		
싸다 （値段が）安い		
받다 もらう		
좋다 よい		
운동하다 運動する		
조용하다 静かだ		
통하다 通じる		

・오늘은 학교에 안 가요.　今日は学校に行きません。
・일요일에는 공부 안 해요.　日曜日には勉強しません。
・빵을 안 좋아해요.　パンが好きじゃありません。

3 -만 ～だけ［限定］

「-만」はある物事を限定する「～だけ」「～ばかり」「～のみ」という意を表します。

・사과 두 개만 주세요.　りんご、２つだけください。
・늘 한국어 공부만 해요.　いつも韓国語の勉強ばかりやっています。

～だけ	パッチムあり ＋	-만	책만
	パッチムなし ＋		노트만

例：이메일 Eメール	이메일만	앱 アプリ	
마우스 マウス		프린터 プリンター	
유튜브 ユーチューブ		메모리 メモリ	

4 「먹다（食べる）」と「마시다（飲む）」

韓国語の「먹다」は「食べる」、「마시다」は「飲む」ですが、その意味範疇は似て非なるところがあります。つまり、「먹다」には「食べる」だけでなく、「飲む」の意味も含まれています。

へえ、韓国では薬も「먹다食べる」か！

・점심을 먹어요.　　　お昼ご飯を食べます。
・술을 잘 먹어요.　　　お酒をよく飲みます。
・물을 마셔요.　　　　水を飲みます。
・아침에 약을 먹어요.　朝、薬を飲みます。

2-040

発音規則：流音化

パッチム「ㄴ」の次に「ㄹ」が続く場合「ㄴ」は「ㄹ」に変わって発音されます。また、パッチム「ㄹ」の次に「ㄴ」が続く場合も「ㄴ」は「ㄹ」に変わって発音されます。なお、ㄹ＋ㄹの発音は［l＋r］ではなく、［l＋l］になります。

日本の歌手の中では、格好つけて［l＋l］という発音で歌う人もけっこういるよね！

원래[월래] もともと　실내[실래] 室内
＜表記＞　＜発音＞　＜表記＞　＜発音＞

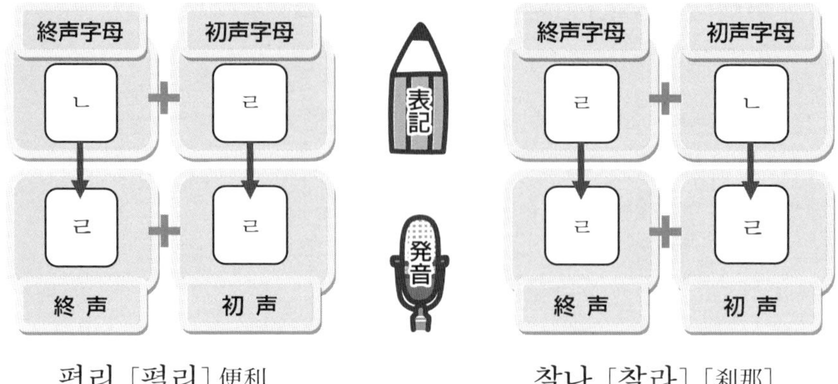

편리 [펼리] 便利　　　　찰나 [찰라] [刹那]

《練習》次の単語を発音どおり書いて、読んでみましょう。

例：편리　便利	[펼리]	신라　新羅	
한류　韓流		달나라　月の国	
연락　連絡		물놀이　水遊び	
한라산　漢拏山		줄넘기　縄跳び	

2-041

力試し

1．次の文を音読し、日本語に訳してみましょう。

① 저는 매일 저녁은 안 먹어요.

② 술은 원래 안 마셔요.

③ 오늘 택시는 안 타요.

④ 이 가방은 그다지 안 비싸요.

____

⑤ 요즘은 한국어 공부는 별로 안 해요. [별로：あまり]

____

第
13
課

2. 次の文を韓国語に訳してみましょう。

① 今日は学校へ行きません。

____

② 毎朝、ご飯は食べません。

____

③ その代わり、英語と中国語を勉強します。

____

④ 最近は友だちに会いません。

____

⑤ 韓国の山はあまり高くありません。

____

3. 次の質問に韓国語で答えましょう。

① 아침에 빵을 안 먹어요? (朝、パンを食べませんか。)

____

② 점심과 저녁은 잘 먹어요? (昼食と夕食はちゃんと食べますか。)

____

第14課 비싸지 않아요.

高くありません。

2-042

否定表現で話す

유리 : 이 닭갈비는 맵지 않아요?

우현 : 괜찮아요. 별로 맵지가 않아요.

유리 : 아, 맛있네요. 그런데 양이 너무 많지 않아요?

우현 : 이 집은 늘 푸짐해요. 그리고 비싸지 않아요.

유리 : 이 집은 무슨 요일에 쉬어요?

우현 : 일요일엔 하지 않아요.

《日本語訳》

유리：このタッカルビは辛くありませんか。
우현：大丈夫です。たいして辛くありません。
유리：あ、おいしいですね。ところで、量が多すぎではありませんか。
우현：このお店はいつもたくさんくれます。そして高くありません。
유리：このお店は何曜日にお休みですか。
우현：日曜日にはやっていません。

発音

닭갈비 [닥깔비]、맵지 [맵찌]、않아요 [아나요]、맛있네요 [마신네요]、많지 [만치]、푸짐해요 [푸지매요]、무슨 요일에 [무슨뇨이레]

語句・表現

1. □닭갈비　タッカルビ☆韓国料理名　□맵지 않아요?　辛くありませんか☆맵다（辛い）の丁寧な否定疑問形
2. □별로　あまり
3. □맛있네요　おいしいですね☆맛있다(おいしい)　□그런데　ところで　□양[量]

4. □집　家､店　□늘　いつも　□푸짐해요☆푸짐하다 (食べ物などがたっぷりある) の丁寧形　□그리고　そして　□비싸지　高く☆비싸다 (値段が高い) の連用形
5. □무슨　何(の)　□요일 [曜日]　□쉬어요? 休みますか☆쉬다 (休む)
6. 하지 않아요　しません☆하다 (する) の丁寧な否定形

1　味の表現

	辛い	塩辛い	甘い	すっぱい	味が薄い
基本形	맵다	짜다	달다	시다	싱겁다
해요体	매워요	짜요	달아요	시어요	싱거워요

2　否定形〈2〉- 지 않다　～ない

活用形Ⅰ　＋　- 지 않다　：～ない

もう一つの否定形は
第13課の148頁にあったね！

動詞や形容詞の活用形Ⅰのあとに「- 지 않다」をつけると否定表現になります。韓国語は日本語と異なり，否定のあとに丁寧を表す表現が続きます。

가다　行く　— 가지 않다　行かない
— 가지 않아요　行かないです
— 가지 않습니다　行きません
먹다　食べる — 먹지 않다　食べない
— 먹지 않아요　食べないです
— 먹지 않습니다　食べません

また、「- 지 않아요」は、「- 지」のあとに、助詞「가」「를」や「는」をつけて、「- 지가 않아요」(〜はしません、〜くはありません)、「- 지를 않아요」(〜することをしません、〜くはありません) や「- 지는 않아요」(〜することはしません、〜くはありません) という表現も使います。

- 오늘은 춥지가 않아요. 今日は寒くはありません。
- 이 창문이 잘 열리지가 않아요. この窓はよく開きません。
- 요즘 전연 비가 오지를 않아요. 最近、全然、雨が降りません。
- 이 김치는 별로 맵지는 않아요. このキムチはあまり辛くはありません。

基本形	語幹	活用形 I	否定形
만나다　会う	만나 -	만나 -	만나지 않아요　会わないです
쉬다　休む	쉬 -	쉬 -	쉬지 않아요　休まないです
받다　もらう	받 -	받 -	받지 않아요　もらわないです
읽다　読む	읽 -	읽 -	읽지 않아요　読まないです
찾다　探す	찾 -	찾 -	찾지 않아요　探さないです
산책하다 散歩する	산책하 -	산책하 -	산책하지 않아요　散歩しないです

《練習》次の単語を例のように直して、読んでみましょう。

例：가다　行く	가지 않아요	가지 않습니다
만나다　会う		
싸다　(値段が)安い		
받다　もらう		
좋다　よい		
운동하다　運動する		
조용하다　静かだ		
편하다　楽だ		

・요즘 날씨가 좋지 않아요．最近、天気がよくないです。

・오늘 친구를 만나지 않아요．今日、友だちに会いません。

《練習2》例のように否定文に直してみましょう。

例：식당에서 점심을 먹어요．→ 식당에서 점심을 먹지 않아요．
　　食堂でご飯を食べます。　　食堂でご飯を食べません。

(1) 매일 공부를 해요．　→
　　毎日、勉強をしています。

(2) 지금 밖에 비가 와요．→
　　今、外、雨が降っています。

3　집 - 家とお店

집は家のほかに、食堂などのお店の意味としてもよく使われます。また、「개집犬小屋」「새집鳥の巣」などのように動物の小屋や巣の意味もあります。

居酒屋	焼き肉屋	カルビ屋	冷麺屋	果物屋
술집	불고기집	갈비집	냉면집	과일집
パン屋	餅屋	花屋	洋服屋	メガネ屋
빵집	떡집	꽃집	옷집	안경집＊

＊안경집にはメガネケースの意味もある。

発音規則：ㄴ(ニウン)の添加

派生語や複合語において、前の語の終声の子母がㄴ、ㅁ、ㅇで、後ろの語の語頭に母音「이、야、여、요、유」が続くとき、「ㅇ」のところに「ㄴ」が挿入され、「니、냐、녀、뇨、뉴」と発音されます。

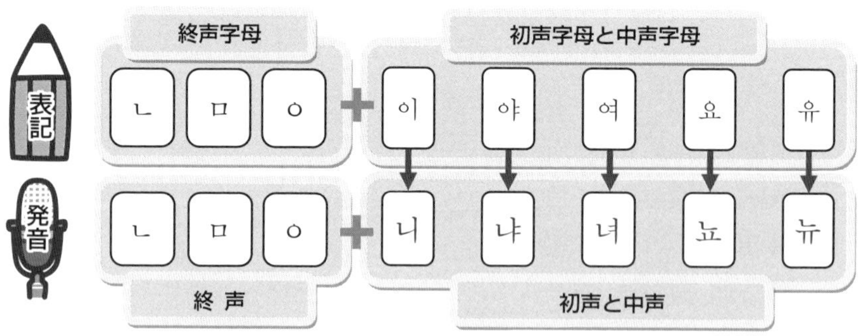

무슨 何 + 요일 曜日 → 무슨 요일 [무슨뇨일] 何曜日

なお、終声の字母がㄴ、ㅁ、ㅇでない場合も、ㄴが添加されます。ただし、その場合は口音（ㄱ、ㄷ、ㅂ など）の終声は鼻音化されます。

한국+요리 —[ㄴ]の添加→ [한국+뇨리] —鼻音化→ [한궁뇨리]
韓国 料理

さらに、「ㄴの添加」で、発音だけでなく、表記までも変わっている語もあります。

사랑+이 → 사랑니 [사랑니]
愛　歯　　親知らず

앞+이=앞니 [암니]　송곳+이=송곳니 [송곤니]
前　歯　前歯　　錐　歯　犬歯

《練習》次の単語を発音どおり書いて、読んでみましょう。

例：부산역　釜山駅	[부산녁]	십육　十六	
한여름　真夏		담요　毛布	
식용유　食用油		강남역　江南駅	

第
14
課

力試し

1. 次の文を音読し、日本語に訳してみましょう。

① 겨울은 별로 춥지 않아요.

② 그런데 이 옷은 너무 비싸지 않아요?

③ 이 버스는 박물관 앞에 서지 않아요.

④ 택시가 더 빠르지 않아요?

⑤ 토요일엔 수업을 하지 않아요.

2. 次の文を韓国語に訳してみましょう。

① このトッポッキは辛くありませんか。(トッポッキ：떡볶이)

② 大丈夫です。夏は暑くありません。

③ バスは遅くありませんか。

④ あの映画はあまり面白くありません。

⑤ 月曜日には美術館はやっていません。

3. 次の質問に韓国語で答えましょう。

① 김치가 맵지 않아요？(キムチが辛くありませんか。)

② 매일 한국어 공부 하지 않아요？(毎日、韓国語の勉強をしていませんか。)

第15課 시간이 나면 마쓰리를 보러 가요.

時間があったら祭りを見に行きましょう。

2-045

相手を祭りに誘う

유리 : 우현 씨, 토요일에 시간이 나면 마쓰리를 보러 가요.

우현 : 이번 토요일엔 친구하고 약속이 있어요.

유리 : 그럼 일요일에 사정이 괜찮으면 같이 가죠.

우현 : 괜찮아요. 유리 씨, 그럼 일요일에 가도록 해요.

유리 : 다른 친구들도 형편이 되면 같이 가요.

우현 : 그래요. 같이 가면 좋겠네요.

第15課

《日本語訳》

유리：ウヒョンさん、土曜日に時間があったら、祭りを見に行きましょう。
우현：今度の土曜日は友だちと約束があります。
유리：では、日曜日に都合がよかったらいっしょに行きましょう。
우현：大丈夫です。ユリさん、では日曜日に行くようにしましょう。
유리：他の友だちも都合がつけばいっしょに行きましょう。
우현：そうしましょう。いっしょに行けばいいでしょうね。

発音

괜찮으면 [괜차느면]、좋겠네요 [조켄네요]

語句・表現

1. □나다 出る、できる　□마쓰리 祭り
2. □약속［約束］
3. □사정［事情］、都合　□괜찮으면 よかったら☆괜찮다（よい、大丈夫だ）
4. □가도록 行くように☆가다（行く）
5. □형편［形便］都合
6. □그래요 そうしましょう　□좋겠네요 いいでしょうね☆좋다（よい）

ポイント解説

1　仮定形　-면　～ば、～と、～たら［仮定・条件］

活用形Ⅱ ＋ 면 ：～ば、～と、～たら

動詞や形容詞などの活用形Ⅱに「-면」がつくと、「～ば」「～と」「～たら」の意味で、仮定や条件を表します。

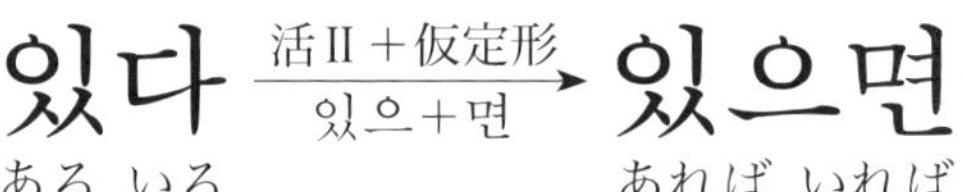

～ば、～と、～たら
仮定形はいずれも活用形Ⅱに
「-면」をつければいいんだね。

基本形	語幹	活用形Ⅱ	仮定形
있다　ある、いる	있 -	있으 -	있으면　あれば、いれば
만나다　会う	만나 -	만나 -	만나면　会えば
받다　もらう	받 -	받으 -	받으면　もらえれば
빠르다　速い	빠르 -	빠르 -	빠르면　速ければ
좋다　よい	좋 -	좋으 -	좋으면　よければ
맛있다　おいしい	맛있 -	맛있으 -	맛있으면　おいしければ
일하다　働く	일하 -	일하 -	일하면　働けば

《練習 1》次の語句を例のように変えてみましょう。

例：있다 ある	있으면	없다 ない、いない	
가다 行く		싸다 安い	
먹다 食べる		늦다 遅い	
보다 見る		공부하다 勉強する	
읽다 読む		조용하다 静かだ	

・지금 가면 만날 수 있어요. 今、行ったら会うことができます。

・돈과 시간이 많이 있으면 좋겠어요. お金と時間がたくさんあればいいでしょうね。

・김치를 먹으면 몸에 좋아요. キムチを食べれば、体にいいです。

《練習 2》例のように a、b の 2 つの文をつないで 1 つの文にしてみましょう。

例：a. 이 영화를 보다　　b. 재미있어요.

この映画を見る　　面白いです

→이 영화를 보면 재미있어요.

この映画を見れば面白いです。

(1) a. 시간이 괜찮다　　b. 내일 만나요.

時間が大丈夫だ　　明日、会いましょう

→

(2) a. 내일 비가 오다　　b. 못 가요.→

明日、雨が降る　　行けません

→

2 活用形 I ＋ - 도록：～するように［目的］

動詞の活用形 I のあとに「- 도록」をつけると「～する（ことができる）ように」「～することに」という意味になります。

가다 —活 I ＋するように / 가＋도록→ 가도록

行く　　行くように

基本形	語幹	活用形 I	目的
가다 行く	가 -	가 -	가도록 行くように
타다 乗る	타 -	타 -	타도록 乗るように
팔다 売る	팔 -	팔 -	팔도록 売るように
입다 着る	입 -	입 -	입도록 着るように
신다 履く	신 -	신 -	신도록 履くように

《練習 1》次の語を例のように変えてみましょう。

例：가다 行く	가도록	청소하다 掃除する	
만나다 会う		운동하다 運動する	
사다 買う		쉬다 休む	
받다 もらう		읽다 読む	

・저녁을 같이 먹도록 해요. 夕食をいっしょに食べるようにしましょう。

・자기 방은 각자가 청소하도록 하세요. 自分の部屋は自分で掃除するようにしてください。

《練習 2》例のように直してみましょう。

例：도서관에서 책을 빌려요. → 도서관에서 책을 빌리도록 해요.
　図書館で本を借ります　図書館で本を借りることにしましょう。

(1) 시장에서 김을 사요. →
　市場でノリを買います

(2) 카페에서 좀 쉬어요. →
　カフェでちょっと休みます。

2-046

力試し

1. 次の文を音読し、日本語に訳してみましょう。

① 이 가방은 너무 비싸면 못 사요.

② 열심히 공부하면 실력이 늘어요.

③ 시간이 괜찮으면 영화를 보러 가요.

④ 오늘은 김치찌개를 먹도록 해요.

⑤ 내일은 비가 안 오면 테니스 치러 가요.

2. 次の文を韓国語に訳してみましょう。

① 日曜日に時間ができたら、友だちに会いに行きましょう。

② 試験があったら一生懸命勉強します。(試験：시험)

③ 明日、雨が降れば、明後日行くことにしましょう。(明後日：모레)

④ 時間が大丈夫でしたら会うことにしましょう。

⑤ もしかして安かったら買います。(もしかして：만약에)

3. 次の質問に韓国語で答えましょう。

① 여름에 마쓰리를 보러 가요.(夏、祭りを見に行きましょう。)

② 시간이 있으면 뭘 해요?(時間があったら何をしますか。)

第16課 좋아하지만 잘 못 만들어요.

好きですが、うまく作れません。

2-047

できないことについて話す

우현 : 유리 씨 한국 요리를 좋아해요?

유리 : 물론이죠. 부대찌개하고 삼겹살을 좋아해요.

우현 : 부대찌개 만들어요?

유리 : 좋아하지만 잘 못 만들어요.

우현 : 김치도 잘 먹어요?

유리 : 김치는 아직 잘 먹지 못해요.

《日本語訳》

우현：ユリさん、韓国料理がお好きですか。
유리：もちろんです。プデチゲとサムギョプサルが好きです。
우현：プデチゲを作りますか。
유리：好きですが、うまく作れません。
우현：キムチもよく食べますか。
유리：キムチはまだよく食べられません。

発音

한국 요리 [한궁뇨리]、삼겹살을 [삼겹싸를]、못 만들어요 [몬만드러요]、먹지 못 해요 [먹찌모태요]

語句・表現

1. □요리 [料理]
2. □부대찌개 [部隊 -] プデチゲ☆韓国の料理名　□삼겹살 サムギョプサル☆韓国の料理名。バラ肉

3. □만들어요 作ります☆만들다（作る）の丁寧形

4. □좋아하지만 好きですが☆좋아하다（好きだ） □못 ～できない☆動詞の前について不可能を表す副詞

5. □아직 まだ

ポイント解説

1　活用形Ⅰ　-지만：～が、～けど［逆接］

用言の活用形Ⅰのあとに「-지만」をつけると、「～するが」「～けど」と逆接や前提などを表します。用言（指定詞も含む）の語幹のほか、過去形（活用形Ⅲ-ㅆ）、未来意志形（→第39課1）のあとにもつきます。

가다 —活Ⅰ＋逆接 / 가＋지만→ 가지만

行く　　行くが、行きますが

基本形	語幹	活用形Ⅰ	逆接
가다 行く	가-	가-	가지만 行きますが
타다 乗る	타-	타-	타지만 乗りますが
팔다 売る	팔-	팔-	팔지만 売りますが
입다 着る	입-	입-	입지만 着ますが
신다 履く	신-	신-	신지만 履きますが

《練習1》次の単語を例のように直して、読んでみましょう。

例：가다 行く	가지만	좋다 よい	
보다 見る		빠르다 速い	
만나다 会う		늦다 遅い	
읽다 読む		공부하다 勉強する	
없다 ない、いない		조용하다 静かだ	

第16課

・오늘은 눈이 오지만 별로 춥지 않아요.

今日は雪が降っていますが、あまり寒くありません。

・매일 공부하지만 실력이 안 늘어요.

毎日、勉強しますが、実力が伸びません。

《練習 2》例のように a、b の 2 つの文をつないで 1 つの文にしてみましょう。

例：a. 이 갈비는 비싸다.　　b. 맛있어요.
　　このカルビは高い　　おいしいです

→ 이 갈비는 비싸지만 맛있어요.
　このカルビは高いけど、おいしいです。

(1) a. 시간이 없다.　　b. 열심히 공부해요.
　　時間がない　　一生懸命勉強します

→

(2) a. 서울에 가다.　　b. 못 만나요.→
　　ソウルに行く　　会えません

→

2　못＋動詞：～できない［不可能形〈1〉］

動詞の前に「못」をつけると「～できない」という不可能の意味を表します。

「못 行きます」は「行けません」、
「못 食べます」は「食べられません」だね！

가다 行く ― 가요 行きます ― 못 가요 行けません

먹다 食べる ― 먹어요 食べます ― 못 먹어요 食べられません

하다 する ― 해요 します ― 못 해요 できません

また、공부하다のように名詞と「하다」が結びついた動詞の場合には名詞と「하다」の間に「못」を入れますが、정하다のように漢字1字＋「하다」動詞の場合には前に「못」をつけます。

공부［工夫］하다 勉強する

공부해요 勉強します → 공부 못 해요 勉強できません。

운동［運動］하다 運動する

운동해요 運動します → 운동 못 해요 運動できません。

정［定］하다 決める 정해요 決めます → 못 정해요 決められません。

《練習 1》次の語を例のように不可能形に変えてみましょう。

例：가다 行く	못 가요 行けません	자다 寝る	
보다 見る		이기다 勝つ	
만나다 会う		청소하다 掃除する	
입다 着る		산책하다 散歩する	
받다 もらう		피하다 避ける	

・이 잠옷은 못 입어요．このパジャマは着られません。

・축구는 브라질한테 못 이겨요．サッカーはブラジルに勝てません。

《練習 2》例のように不可能形に直してみましょう。

例：이 김치는 먹다 → 이 김치는 못 먹어요．
このキムチは食べる　このキムチは食べられません。

(1) 서울에서 친구를 만나다 →
ソウルで友だちに会う

(2) 한국 소설을 읽다 →
韓国の小説を読む

(3) 요즘엔 매일 아침에 운동하다 →
最近は毎朝、運動する

第16課

3　못の発音

못はあとに続く語の発音によって、いろいろと発音が変化します。

	発音	用例	発音変化
못	①［몯］	못 가요［몯까요］行けないです	終声の中和＋濃音化
	②［몬］	못 먹어요［몬머거요］食べられないです	鼻音化
	③［몬］	못 입어요［몬니버요］着られないです	「ㄴ」の添加＋鼻音化
	④［모］	못해요［모태요］できません	激音化

4　不可能形（-지 못하다）～できない［不可能形〈2〉］

活用形Ｉ　지 못하다　：～できない

動詞や形容詞の活用形Ｉのあとに「지 못하다」をつけると不可能だったり、能力や状況が期待や基準に満たなかったりすることを表します。

가다 —活Ｉ＋不可能 / 가＋지 못해요→ 가지 못해요
行く　　　行けないです

가다　行く　— 가지 못하다　行けない
　　　　　　— 가지 못해요　行けないです

좋다 —活Ｉ＋不可能 / 좋＋지 못해요→ 좋지 못해요
よい　　　よく　ないです

基本形	語幹	活用形Ｉ	不可能形
타다　乗る	타 -	타 -	타지 못해요　乗れないです
팔다　売る	팔 -	팔 -	팔지 못해요　売れないです
입다　着る	입 -	입 -	입지 못해요　着られないです
좋다　よい	좋 -	좋 -	좋지 못해요　よくないです
옳다　正しい	옳 -	옳 -	옳지 못해요　正しくないです

《練習 1》次の語を例のように変えてみましょう。

例：가다 行く	가지 못해요	가지 못합니다
만나다 会う		
놀다 遊ぶ		
받다 もらう		
아름답다 美しい		

• 이번에 MT 는 가지 못해요. 今度、合宿は行けないです。
• 숙제가 있어요. 그래서 놀지 못해요. 宿題があります。だから遊べないです。

《練習 2》例のように不可能形に直してみましょう。

例：호텔에서 예약을 해요. → 호텔에서 예약을 하지 못해요.
ホテルで予約します。 ホテルで予約できないです。

(1) 백화점에서 김치를 사요. →
デパートでキムチを買います。

(2) 창문을 닫아요. →
窓を閉めます。

2-048

力試し

1. 次の文を音読し、日本語に訳してみましょう。

① 삼계탕은 좋아하지만 잘 못 만들어요. (삼계탕：サムゲタン)

② 택시는 빠르지만 좀 비싸요.

③ 한글은 아직 잘 못 읽어요?

第16課

④ 이 영화는 어렵지만 재미있어요.

⑤ 저는 술은 못 마셔요.

2. 次の文を韓国語に訳してみましょう。

① 韓国の歌が好きですが、うまく歌えません。

② キムチはまだ、作れません。

③ 今日は時間がありません。勉強できません。

④ 飛行機は高いですが、楽です。(楽だ：편하다)

⑤ 私は納豆はまだ、食べられません。

3. 次の質問に韓国語で答えましょう。

① 술을 잘 마셔요? (お酒をよく飲みますか。)

② 한국 음식을 자주 먹어요? (韓国料理をよく食べますか。)

第17課 호떡이랑 떡볶이를 먹었어요.

ホットクやトッポキを食べました。

2-049

韓国語で日記を書く

7월 14일 (일요일) 맑음

한국 슈퍼에는 음식 재료가 너무 많았어요.

고추장, 된장, 잡채, 북어, 참외 등, 별의별 게 다 있었어요.

쇼핑 후에 우리는 호떡이랑 떡볶이를 맛있게 먹었어요.

맛이 너무너무 좋았어요.

쇼핑은 진짜 재미있었어요.

第17課

《日本語訳》

7月14日（日曜日）晴れ
韓国スーパーには食材がとても多かったです。
コチュジャン、味噌、チャプチェ、プゴ、マクワウリなど、いろんなものがありました。
買い物のあと、私たちはホットクやトッポキをおいしく食べました。
(味が) とってもおいしかったです。
買い物はホント楽しかったです。

発音

많았어요［마나써요］、별의별［벼레별］、떡볶이［떡뽀끼］、맛있게［마싣께］、좋았어요［조아써요］

語句・表現

1. □맑음 晴れ
2. □슈퍼 スーパー☆슈퍼마켓（スーパーマーケット）の縮約語　□음식［飲食］料理 □재료［材料］　□너무 とても、あまりにも

3. □고추장［ー醬］コチュジャン☆唐辛子味噌　□된장［ー醬］（韓国風）味噌　□잡채［雑菜］チャプチェ☆韓国の料理名　□북어［北魚］干しスケトウダラ　□참외 マクワウリ　□등［等］など

□별의별［別‐別］（普通のものとは違う）いろいろな　□게 ものが☆것이の縮約形　□다 全部

4. □쇼핑 買い物　□후［後］　□호떡 ホットク☆韓国の料理名　□떡볶이 トッポキ☆韓国の料理名　□맛있게 おいしく☆맛있다（おいしい）

5. □맛 味　□너무너무 とっても☆너무の強調表現

6. □진짜 ホント　□재미있었어요 面白かったです☆재미있다（面白い）の丁寧な過去形

ポイント解説 

過去表現は人人（人が２人）か

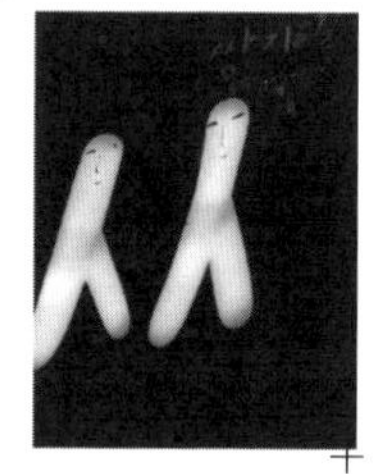

1　過去形〈1〉～た

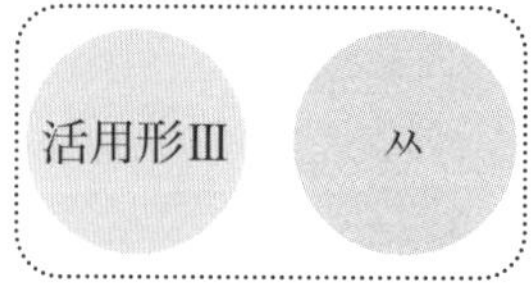

＋

～た（過去形）

活用形Ⅲにするためには、語幹（基本形から -다を取った形）の最後の母音が**ㅏ、ㅗ、ㅑの場合は後ろに「아」をつけ、それ以外の場合は後ろに「어」をつける**というのを習いましたね（第９課 125 頁）。さて、用言を過去形にするためには、活用形Ⅲに過去を表す「ㅆ」をつけます。

そのあとに요、습니다などの丁寧さを表す語尾をつければいいです。ただし、過去を表す해요体の場合、前の母音と関係なくいずれも「어요」をつけます。

먹다（食べる）―活Ⅲ＋過去形＋語尾／먹어＋ㅆ＋다→ 먹었다（食べた）―活Ⅲ＋丁寧形／먹었어＋요→ 먹었어요（食べました）

上の ┈ のあとに「어」をつけて活用形Ⅲにし、「요」をつけると해요体（柔らかい丁寧表現）、「습니다 / 습니까 ?」をつけると합니다体（硬い丁寧表現）になります。

基本形	活用形Ⅲ	過去形	해요 体	합니다 体
먹다 食べる	먹어 -	먹었 -	먹었어요 食べました	먹었습니다 食べました
받다 もらう	받아 -	받았 -	받았어요 もらいました	받았습니다 もらいました
있다 ある	있어 -	있었 -	있었어요 ありました	있었습니다 ありました
없다 ない	없어 -	없었 -	없었어요 なかったです	없었습니다 なかったです
좋다 よい	좋아 -	좋았 -	좋았어요 よかったです	좋았습니다 よかったです
싫다 嫌いだ	싫어 -	싫었 -	싫었어요 嫌いでした	싫었습니다 嫌いでした

《練習 1》次の語を例のように過去形に変えてみましょう。

第17課

例：먹다 食べる	먹었어요	먹었습니다
웃다 笑う		
울다 泣く		
열다 開ける		
닫다 閉める		
많다 多い		
적다 少ない		

・오늘은 날씨가 아주 좋았어요.　今日は天気がとてもよかったです。
・호텔에 칫솔이 없었어요.　ホテルに歯ブラシがなかったです。

《練習 2》例のように直してみましょう。

例：아침에 빵을 먹어요. → 아침에 빵을 먹었어요.
　朝、パンを食べます。　朝、パンを食べました。

(1) 시장에 사람들이 많아요.→
　市場に人たちが多いです。

(2) 그 강아지는 눈이 작아요.→
　その子犬は目が小さいです。

2 -이랑 / 랑 (1) ～や、～やら、～とか (2) ～と

「-이랑 / 랑」は (1) 2つ以上を並べたり、つないだりする「～や、～やら、～とか」という意味です。また、(2) 人や動物を表すことばについて「～と」いう意味を表します。「-이랑 / 랑」はおもに話しことばでよく使われます。

～や	パッチムあり ＋	**-이랑**	책이랑 노트 本やノート
	パッチムなし ＋	**-랑**	노트랑 책 ノートや本

《練習》次の単語を例のように直して、読んでみましょう。

例：김치 キムチ	김치랑	가방 かばん	
떡 おもち		주스 ジュース	
호텔 ホテル		우유 牛乳	
컴퓨터 パソコン		비빔밥 ビビンバ	

・과일이랑 야채를 많이 먹어요. 果物や野菜をたくさん食べます。
・철수랑 영희를 만났어요. チョルスやヨンヒに会いました。
・친구랑 같이 살아요. 友だちといっしょに住んでいます。

3 活用形Ⅱ＋ㅁ［転成名詞］

動詞や形容詞などの活用形Ⅱに接尾辞「ㅁ」をつけると名詞に変わります。

맑다 ―活Ⅱ＋接尾辞ㅁ / 맑으＋ㅁ→ 맑음
晴れる　　　　　　　　　　　晴れ

基本型	転成名詞	基本型	転成名詞
그리다　描く	그림　絵	기다리다　待つ	기다림　待ち
추다　踊る	춤　踊り	흐리다　曇る	흐림　曇り
꾸다　夢を見る	꿈　夢	죽다　死ぬ	죽음　死
느끼다　感じる	느낌　感じ	살다　生きる	삶　生（せい）
자다　寝る	잠　睡眠	알리다　知らせる	알림　お知らせ
만나다　会う、出会う	만남　出会い	모이다　集まる	모임　集まり、会合
따뜻하다　暖かい	따뜻함　暖かさ	젊다　若い	젊음　若さ

- 오늘은 잠이 좀 부족해요.　今日はちょっと寝不足です。
- 그 사람은 춤을 참 잘 추었어요.　彼は踊りがとても上手でした。

《練習》次の文を韓国語に訳しなさい。

(1) スケッチブックに絵を描きました。(스케치북：スケッチブック)

____

(2) とても感じがよかったです。

____

第17課

4　用言の副詞形

活用形Ⅰ ＋ 게 ：～く、～に、～ように

形容詞や動詞の活用形Ⅰに「게」をつけると、「～く」「～に」「～ように」という意味になり、後ろの動詞などを修飾します。

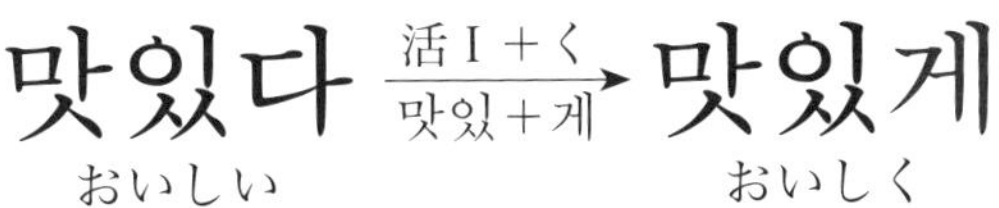

形容詞	크다 大きい	빠르다 速い	늦다 遅い	하얗다 白い	깨끗하다 きれいだ	맛있다 おいしい
	크게 大きく	빠르게 速く	늦게 遅く	하얗게 白く	깨끗하게 きれいに	맛있게 おいしく
動詞	가다 行く	오다 来る	알다 知る	만나다 会う	배우다 習う	먹다 食べる
	가게 行くように	오게 来るように	알게 知るように	만나게 会うように	배우게 習うように	먹게 食べるように

・오늘 아침에는 늦게 일어났어요. 今朝は遅く起きました。

・내일 친구를 만나게 되었어요. 明日、友だちに会うようになりました。

《練習》次の文を韓国語に訳しなさい。

(1) 明日、学校に行くようになりました。

(2) 夕食をおいしく食べました。

2-050

力試し

1. 次の文を音読し、日本語に訳してみましょう。

① 고등학교에는 야구팀이 너무 많았어요.

② 어제는 시간이 별로 없었어요.

③ 오늘 아침에는 뭘 먹었어요?

④ 그 영화는 너무너무 재미있었어요.

⑤ 백화점에는 별의별 게 다 있었어요.

____

2. 次の文を韓国語に訳してみましょう。

① あの食堂にはメニューがとても多かったです。（メニュー：메뉴）

____

② 今朝はパンと牛乳を食べました。

____

③ コンビニには果物やお弁当もありました。（お弁当：도시락）

____

④ そのすしはとてもおいしかったです。（すし：초밥）

____

⑤ 富士山はとても高かったです。

____

3. ハングルで日記を書いてみましょう。

第18課 어제 어디 갔어요？

昨日、どこに行きましたか。

🔊2-051

過去表現を使う

유리：어제 어디 갔어요？

우현：시부야에 쇼핑하러 갔어요.

유리：뭘 샀어요？

우현：옷하고 신발을 샀어요. 한국의 동생한테 생일 선물도 보냈어요.

유리：역에서부터 집까지 버스를 탔어요？

우현：아뇨, 택시를 탔어요.어제는 짐이 많았어요.

《日本語訳》

유리：昨日、どこに行きましたか。
우현：渋谷に買い物に行きました。
유리：何を買いましたか。
우현：服と靴を買いました。韓国の弟に誕生日のプレゼントも送りました。
유리：駅から家までバスに乗りましたか。
우현：いいえ、タクシーに乗りました。昨日は荷物が多かったです。

発音

옷하고［오타고］、많았어요［마나써요］

語句・表現

2. □시부야 渋谷
3. □샀어요 買いました☆사다（買う）の丁寧な過去形

4. □옷 服　□신발 靴　□-한테 ～に　□생일［生日］誕生日　□선물［膳物］プレゼント、お土産　□보냈어요 送りました☆보내다（送る）の丁寧な過去形

5. □-에서부터 ～から　□탔어요？乗りましたか☆타다（乗る）の丁寧な過去疑問形

6. □짐 荷物　□많았어요 多かったです☆많다（多い）の丁寧な過去形

1　過去形〈2〉 ～た

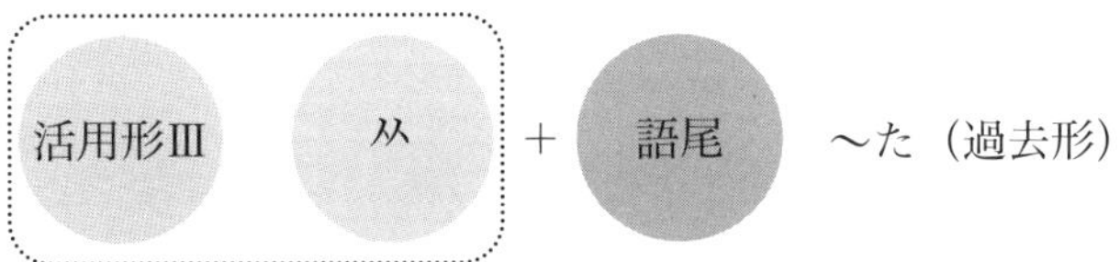

語幹（基本形から-다を取った形）が母音のㅏ、ㅓ、ㅕ**で終わる場合**は後ろにつく-아や-어を省略するのが原則です。また、語幹がㅐ、ㅔ**で終わる場合**も話し言葉では後ろの아や어を省略することで**活用形Ⅲ**になりましたね。これらの場合、**語幹と活用形Ⅲが同じ形**になります。用言を過去形にするためには、活用形Ⅲのあとに「ㅆ」をつけます。

가다 ―活Ⅲ＋過去形＋語尾／가＋ㅆ＋다→ 갔다 ―活Ⅲ＋丁寧形／갔어＋요→ 갔어요
行く　　　　　　行った　　　　　　行きました

基本形	語幹	活用形Ⅲ	過去形	해요体	합니다体
가다 行く	가-	(가아→)가	갔-	갔어요 行きました	갔습니다 行きました
서다 立つ	서-	(서어→)서	섰-	섰어요 立ちました	섰습니다 立ちました
펴다 開く	펴-	(펴어→)펴	폈-	폈어요 開きました	폈습니다 開きました

第18課

내다 出す	내 -	(내어→)내	냈 -	냈어요 出しました	냈습니다 出しました
세다 数える	세 -	(세어→)세	셌 -	셌어요 数えました	셌습니다 数えました

《練習 1》次の語を例のように変えてみましょう。

例：가다 行く	갔어요	갔습니다
자다 寝る		
건너다 渡る		
보내다 送る		
베다 切る		

- 동생과 같이 공원에 갔어요. 弟といっしょに公園に行きました。
- 선생님께 편지를 보냈어요. 先生に手紙を送りました。

《練習 2》例のように過去形に直してみましょう。

例：생일 선물을 사요. → 생일 선물을 샀어요.
　　誕生日のプレゼントを買います。　誕生日のプレゼントを買いました。

(1) 배로 강을 건너요. →
　　船で川を渡ります。

(2) 방에 이불을 펴요. →
　　部屋に布団を敷きます。

2 - 에게、- 한테　～に［人・動物を表す語につく］

人や動物を表す語のあとにつく日本語の「に」に当たる助詞は、- 에게や - 한테を使います。- 한테は主に話し言葉で使われます。

- 오빠에게 책을 주었어요. 兄に本をあげました。
- 동생한테 책을 주었어요. 弟 / 妹に本をあげました。

		パッチムの有無	用例
～に	에게	パッチムあり	동생에게 , 곰에게
		パッチムなし	누나에게 , 강아지에게
	한테	パッチムあり	동생한테 , 곰한테
		パッチムなし	누나한테 , 강아지한테

한테は主に話し言葉だね！

また、「- 에게」「- 한테」に「서」をつけ「- 에게서」「- 한테서」になると、「～から」という意味になります。

- 동생에게서 책을 받았어요. 弟 / 妹から本をもらいました。
- 오빠한테서 책을 받았어요. 兄から本をもらいました。

＊人や動物には「에게」や「한테」を、植物や無生物には「에」を使います。

- 나무에 물을 주었어요 . (○)　木に水をやりました。
- 동생에 책을 주었어요 . (×)

3 - 에서（부터）- 까지　～から～まで［出発点と到着点］

(1)「- 에서（부터）- 까지」は「～から～まで」という意味で、ある物事の出発点と到着点を表します。

- 서울에서（부터）부산까지 KTX 로 갔어요 .
ソウルから釜山まで KTX で行きました。

- 열 두 시에서（부터）한 시까지 점심시간이에요 .
12 時から 1 時までお昼休み（お昼の時間）です。

(2) 場所を表す意味として使われる「- 에서」は「서」と縮約して使うこともできます。

- 어제는 학교서 공부했어요 .　昨日、学校で勉強しました。
- 서울서 친구를 만났어요 .　ソウルで友だちに会いました。

第18課

《練習》次の文を韓国語に訳しなさい。

(1) 大阪から東京まで新幹線で行きました。

(2) 12時20分から1時10分までお昼休みです。(お昼休み：점심 시간)

4 -을를 타다 ～に乗る

韓国語と日本語の助詞はほとんど1対1の対応をなしていますが、中にはずれがあるものもあります。つまり、「～に乗る」や「～に会う」は「-을/를 타다～を乗る」「-을/를 만나다～を会う」という具合に、助詞「～に」が「-을/를」になります。

・서울역까지 택시를 타요.　ソウル駅までタクシーに乗ります。
・중학교 때 친구를 만나요.　中学時代の友だちに会います。

《練習》次の文を韓国語に訳しなさい。

(1) ソウルで友だちに会いました。

(2) 明洞でタクシーに乗りました。(明洞：명동)

2-052

力試し

1. 次の文を音読し、日本語に訳してみましょう。

① 어제 친구하고 등산 갔어요? (등산：山登り)

② 하코네에 놀러 갔어요.

③ 백화점에서 뭘 샀어요?

④ 미국의 동생한테 선물을 보냈어요.

⑤ 어제는 선생님한테 한국요리를 배웠어요.

2. 次の文を韓国語に訳してみましょう。

① 昨日、銀座に買い物に行きましたか。

② デパートで何を買いましたか。

③ 妹の服と自転車を買いました。(自転車:자전거)

④ 会社から駅までバスに乗りましたか。

⑤ 私がタクシー代を出しました。(タクシー代:택시비)

第18課

3. 次の質問に韓国語で答えましょう。

① 어제 어디에 갔어요? (昨日、どこに行きましたか。)

② 역에서부터 집까지 버스를 타요? (駅から家までバスに乗りますか。)

第19課　집에는 몇 시에 왔어요?

家には何時に帰りましたか。

2-053

昨日のことを聞く

유리 : 집에는 몇 시에 왔어요?

우현 : 열한 시쯤에 돌아왔어요.
쇼핑 후에 영화도 봤어요.

유리 : 무슨 영화였어요?

우현 : 한국 영화였어요. 참 재미있었어요.

유리 : 친구를 만났어요?

우현 : 네, 한국 음식점에서 막걸리하고 소주도 마셨어요.

《日本語訳》

유리：家には何時に帰ってきましたか。
우현：11時頃、帰ってきました。買い物のあと、映画も見ました。
유리：どんな映画でしたか。
우현：韓国の映画でした。とても面白かったです。
유리：友だちに会いましたか。
우현：はい、韓国料理店で、マッコリと焼酎も飲みました。

発音

몇 시에［면씨에］、한국 음식점에서［한구금식쩌메서］

語句・表現

1. □몇 何、いくつ　□왔어요? 来ましたか☆오다（来る）の丁寧な過去疑問形
2. □열한 시 11時　□쯤 頃　□봤어요 見ました☆보다（見る）の丁寧な過去形

3. □무슨 どんな　□였어요？～でしたか☆이다（である）の丁寧な過去疑問形
4. □참 とても　□재미있었어요 面白かったです☆재미있다（面白い）の丁寧な過去形
5. □만났어요？会いましたか☆만나다（会う）の丁寧な過去疑問形
6. □음식점［飲食店］、食堂　□마셨어요 飲みました☆마시다（飲む）の丁寧な過去形

ポイント解説

1　過去形〈3〉～た

活用形Ⅲ ＋ ㅆ ＋ 語尾 ：～た(過去形)

第 11 課（139 頁）で語幹（基本形から - 다を取った形）が母音で終わるもののうち、その**母音がㅗ、ㅜ、ㅣ、ㅚの場合には合体するのが普通**で、**母音がㅟ、ㅢの場合には合体が起こらない**ことを勉強しましたね。用言を過去形にするためには、活用形Ⅲに「ㅆ」をつけます。

오다 ―活Ⅲ＋過去形＋語尾（와＋ㅆ＋다）→ 왔다 ―活Ⅲ＋丁寧形（왔어＋요）→ 왔어요
来る　来た　来ました

基本形	活用形Ⅲ	過去形	해요体	합니다体
오다 来る	(오＋아→)와 -	왔 -	왔어요 来ました	왔습니다 来ました
배우다 学ぶ	(배우＋어→)배워 -	배웠 -	배웠어요 学びました	배웠습니다 学びました
마시다 飲む	(마시＋어→)마셔 -	마셨 -	마셨어요 飲みました	마셨습니다 飲みました

第19課

되다 なる	(되+어→) 돼 -	됐 -	됐어요 なりました	됐습니다 なりました
쉬다 休む	(쉬+어→) 쉬어 -	쉬었 -	쉬었어요 休みました	쉬었습니다 休みました
띄다 (目に)つく	(띄+어→) 띄어 -	띄었 -	띄었어요 (目に)つきました	띄었습니다 (目に)つきました

《練習 1》次の語を例のように過去形に変えてみましょう。

例：오다 来る	왔어요	왔습니다
보다 見る		
주다 あげる、くれる		
다니다 通う		
기다리다 待つ		
바뀌다 変わる		
뛰다 走る		
희다 白い		

・대학에서 일본어를 배웠어요. 大学で日本語を習いました。
・오늘은 회사를 쉬었어요. 今日は会社を休みました。

《練習 2》次の文を韓国語に訳しなさい。

(1) 放課後に、韓国の映画を見ました。(放課後：방과 후)

____

(2) 焼酎とマッコリを飲みました。

____

2　指定詞の過去形

活用形Ⅲ ＋ 从 ＋ 語尾 ：〜た（過去形）

指定詞 - 이다（〜である）、아니다（〜でない）も活用形Ⅲの이어、아니어に从をつけます。ただし、이어は母音で終わる語に続くときは여となります。

- 이다（〜である）―活Ⅲ＋過去形＋語尾／이어＋从＋다→ 이었다（〜だった）―活Ⅲ＋丁寧形／이었어＋요→ 이었어요（〜でした）

基本形	パッチムの有無	活用形Ⅲ	過去形	해요体	합니다体
- 이다（〜である）	あり	- 이어 -	- 이었 -	이었어요（〜でした）책이었어요	이었습니다（〜でした）책이었습니다
	なし	- 여 -	- 였 -	였어요（〜でした）노트였어요	였습니다（〜でした）노트였습니다
아니다（〜でない）	—	아니어 -	아니었 -	아니었어요（〜でなかったです）책이 아니었어요	아니었습니다（〜でなかったです）책이 아니었습니다

《練習 1》次の語を例のように変えてみましょう。

例：주스이다 ジュースだ	주스였 -	주스였어요	주스였습니다
학생이다　学生だ			
꽃이다　花だ			
과자이다　お菓子だ			

・오늘은 동생의 생일이었어요.　今日は弟の誕生日でした。

・그 노래는 원래 일본 노래였어요.　その歌はもともと日本の歌でした。

第19課

《練習 2》次の文を韓国語に訳しなさい。

(1) ここはもともと銀行でした。

(2) そのスポーツはテコンドーでした。(テコンドー：태권도)

3 冠形詞—連体詞

韓国語の品詞には日本語の連体詞と同じように、名詞の前について指示、疑問、否定、数、属性などを表す冠形詞があります。

どんな、何の	どんな、ある	すべての、あらゆる	新しい	この	一
무슨	어떤	모든	새	이	한
무슨 책 どんな本	어떤 사람 どんな人	모든 영화 すべての映画	새집 新しい家	이 과자 このお菓子	한 달 一か月

・이것은 무슨 책이에요? これは何の本ですか。
・스즈키 씨는 어떤 사람이에요? 鈴木さんはどんな人ですか。

《練習》次の文を韓国語に訳しなさい。

(1) 新しい本を買いました。

(2) すべてのドラマが面白かったです。

4 韓国語の分かち書き

日本では、漢字の少ない小学校の低学年の教科書に分かち書きが使われていますね。

韓国語では、ハングルだけの文章で分かち書きをしないと意味がわかりにくいので、日本語の分かち書きと同じように、ほぼ文節単位で分けて書きます。ここでは分かち書きのいくつかのポイントを覚えておきましょう。

(1) 助詞は体言につけて書く。
책이 있어요. 本があります。 노트는 없어요? ノートはありませんか。

(2) 依存名詞は分けて書く。
아는 것이 힘이다. 知ることが力である。(知は力なり。)

(3) 助数詞は分けて書く。
책 한 권 本1冊、 맥주 세 병 ビール3本

(4) 氏名はつけて書く。
김철수 キム・チョルス、이영희 イ・ヨンヒ、홍길동 ホン・ギルトン

(5) 補助動詞は分けて書く。
먹어 버리다食べてしまう、해 보다やってみる、가르쳐 주다教えてあげる

2-054

力試し

1. 次の文を音読し、日本語に訳してみましょう。

① 학교에는 열두 시쯤에 왔어요.

② 방과 후에 친구랑 오락실에 갔어요. (오락실：ゲームセンター)

③ 동생하고 같이 공포 영화를 봤어요? (공포 영화：ホラー映画)

④ 게임은 참 재미있었어요.

第19課

⑤ 일식집에서 튀김하고 회덮밥을 먹었어요.

(일식집：日本料理店、회덮밥：海鮮丼)

---

2. 次の文を韓国語に訳してみましょう。

① 寮には何時頃、帰ってきましたか。(寮：기숙사)

---

② 新宿で韓国の映画を見ました。

---

③ 買い物のあと、韓国料理を食べました。

---

④ 中学生のとき、テコンドーも習いました。(テコンドー：태권도)

---

⑤ ビールとワインを飲みました。(ワイン：와인、포도주)

---

3. 次の質問に韓国語で答えましょう。

① 어제 집에 몇 시에 돌아왔어요?(昨日、家に何時に帰りましたか。)

---

② 요즘 한국 영화나 드라마를 봤어요?

(最近、韓国の映画やドラマを見ましたか。)

第20課 토요일에 뭐 했어요?

土曜日に何をしましたか。

2-055

先週の土、日のことを聞く

우현 : 유리 씨, 토요일에 뭐 했어요?

유리 : 오랜만에 빨래와 청소를 했어요.
그리고 오후엔 친구들도 만났어요.

우현 : 나도 청소하고 빨래를 했어요.
그런데 일요일엔 운동했어요?

유리 : 어젠 운동은 못 했어요. 집 근처 공원에서 산책했어요.

우현 : 공원에는 사람들이 많았어요?

유리 : 네, 아주 붐볐어요.

《日本語訳》

우현：ユリさん、土曜日に何をしましたか。
유리：久しぶりに洗濯と掃除をしました。そして、午後は友だちにも会いました。
우현：ぼくも掃除と洗濯をしました。さて、日曜日には運動しましたか。
유리：昨日は運動ができませんでした。家の近くの公園で散歩しました。
우현：公園には人々が多かったですか。
유리：はい、とても混み合っていました。

発音

못 했어요 [모태써요]、산책했어요 [산채캐써요]、많았어요 [마나써요]

語句・表現

1. □뭐 何☆무엇の縮約形　□했어요? しましたか☆하다（する）の丁寧な過去疑問形

2. □오랜만에 久しぶりに　□빨래 洗濯　□청소［清掃］、掃除　□만났어요 会いました☆만나다（会う）の丁寧な過去形

3. □나 ぼく、わたし　□그런데 ところで　□운동했어요？［運動 -］運動しましたか☆운동하다（運動する）の丁寧な過去疑問形

4. □어젠（←어제는）昨日は　□공원［公園］　□산책했어요［散策 -］散歩しました☆산책하다（散歩する）の丁寧な過去形

5. □사람 人　□많았어요？多かったですか☆많다（多い）の丁寧な過去疑問形

6. □붐볐어요 混み合っていました☆붐비다（混み合う）の丁寧な過去形

1 「저」と「나」の使い分け

「저」は自分より相手の年齢・地位・身分が上か、アウトサイドや初対面の同等（または下）の人に使うかしこまった表現です。また、「나」は自分より相手の年齢・地位・身分が同等か下の人に使うちょっとぞんざいな表現で、男性だけでなく女性も使います。なお、独り言や心の中で自分を指すときには「나」を使います。

		～は	～の	～を	～が
ぼく、わたし、あたし	나	나는 / 난	나의 / 내	나를 / 날	내가
わたし、わたくし	저	저는 / 전	저의 / 제	저를 / 절	제가
ぼくたち、わたしたち	우리	우리는	우리(의)	우리를	우리가
わたくしたち、わたくしども	저희	저희는	저희(의)	저희를	저희가

一般的に話し言葉では右側の縮約形がよく使われます。

・저는 일본에서 왔습니다．　わたしは日本から来ました。
・난 학생이에요．　僕は学生です。

《練習》次の文を韓国語に訳しなさい。

(1) わたくしどもは東京から来ました。

____

(2) 僕は会社員です。

____

2 「하다」の過去形

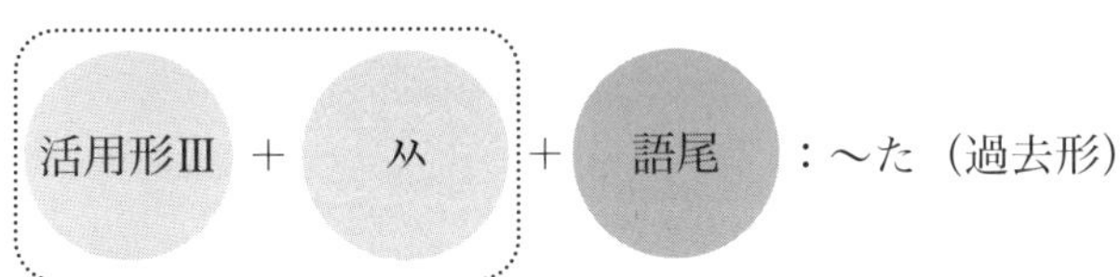

「하다」（する）の活用形Ⅲは「해」でしたね。過去形にするためには、活用形Ⅲに「ㅆ」をつけます。つまり、「해」に過去を表す「ㅆ」をつけると「했」になります。そこに語尾「다」をつけると「했다した」です。また「했다」の活用形Ⅲは「했어」、そこに丁寧な意味を表す語尾「요」をつけると「했어요しました」になります。

基本形	活用形Ⅲ	過去形	해요体	합니다体
하다　する	해 -	했 -	했어요 しました	했습니다 しました
말하다　言う	말하 -	말했 -	말했어요 言いました	말했습니다 言いました
조용하다 静かだ	조용해 -	조용했 -	조용했어요 静かでした	조용했습니다 静かでした

第20課

《練習 1》次の語を例のように変えてみましょう。

例：하다　する	했어요　しました	했습니다　しました
공부하다　勉強する		
운동하다　運動する		
따뜻하다　暖かい		
시원하다　涼しい		

・어제는 도서관에서 열심히 공부했어요.

昨日は図書館で一生懸命勉強しました。

・방 안이 따뜻했어요.　部屋の中が暖かったです。

《練習 2》次の文を韓国語に訳しなさい。

(1) 昨日はジムで運動しました。(ジム：헬스클럽)

(2) 秋は涼しかったです。

3　特殊な過去形

現在の事柄を表すとき、日本語の場合も「どいたどいた！」「あった！」などのように過去形を使う場合があります。他方、韓国語においても現在の事柄を表すとき、過去形を使う場合があります。

日本語	韓国語	用例
結婚している	結婚した 결혼했다	우리 형은 결혼했어요. うちの兄は結婚しています（←結婚しました）。
残っている	残った 남았다	숙제가 많이 남았어요. 宿題がたくさん残っています（←残りました）。
遠い	遠かった 멀었다	아직 멀었어요. まだまだです（←まだ、遠かったです）。

似ている	似た 닮았다	우리 아들은 날 닮았어요 うちの子は僕に似ています（←似ました）。
おしまいだ	死んだ 죽었다	이제 우리는 죽었다. もう俺たちはおしまいだ（←死んだ）。

4　接続詞

韓国語にも日本語と同じく、文をつなぐ順接と逆接の接続の副詞があります。

そして	ところで	それで	しかし	でも、しかし	でも
그리고	그런데	그래서	그러나	그렇지만	하지만

・삼각김밥을 샀다. 그리고 우롱차도 샀다.
　おにぎりを買った。そしてウーロン茶も買った。

・하지만 돈이 없었어요.
　でもお金がありませんでした。

《練習》次の文を韓国語に訳しなさい。

(1) 友だちに会いに行きました。しかし、いませんでした。

____

(2) それで、一生懸命勉強しましたか。

____

第20課

力試し

1．次の文を音読し、日本語に訳してみましょう。

① 수요일과 목요일에 뭐 했어요？

② 오랜만에 집 근처 공원에서 산책했어요．

③ 일요일엔 친구들을 만났어요？

④ 공항에는 사람들이 많았어요．

⑤ 한국 음식점은 아주 붐볐어요．

2．次の文を韓国語に訳してみましょう。

① 日曜日に上野で買い物をしました。

② 久しぶりに渋谷で友だちに会いました。

③ 昨日は勉強できませんでした。

④ 家の近くの図書館は静かでした。

⑤ その指輪は高かったですか。(指輪：반지)

____

3. 次の質問に韓国語で答えましょう。 

① 어제 저녁에는 뭘 했어요？(昨晩は何をしましたか。)

____

② 지난 일요일에 뭘 했어요？(この間の日曜日に何をしましたか。)

____

第21課 낚시하러 가십니까?

釣りに行かれますか。

2-057

先生に明日の予定を聞く

우현 : 선생님, 내일도 낚시하러 가십니까?

선생님 : 네, 내일은 지바에 바다낚시를 가요.

우현 : 몇 시에 출발하십니까?

선생님 : 아침 일찍 가요.

우현 : 내일 밤에도 하루 묵으십니까?

선생님 : 아뇨, 내일은 안 묵어요. 당일치기예요.

《日本語訳》

우현　：先生、明日も釣りに行かれますか。
선생님：はい、明日は千葉に海釣りに行きます。
우현　：何時に出発されますか。
선생님：朝、早く行きます。
우현　：明日の夜も一日お泊まりになりますか。
선생님：いいえ、明日は泊まりません。日帰りです。

発音

낚시 [낙씨]、출발하십니까 [출바라십니까]、내일 밤 [내일빰]

語句・表現

1. □낚시하러 釣りに☆낚시하다 (釣りをする)
2. □지바 千葉　□바다낚시 海釣り
3. □출발하십니까 [出発 -] 出発されますか☆출발하다 (出発する)

4. □일찍 早く
5. □하루 一日　□묵으십니까 お泊まりになりますか☆묵다（泊まる）
6. □당일치기［当日 -］：日帰り

ポイント解説

1　活用形Ⅱ＋-시＋ㅂ니다：～られます［尊敬］

動詞や形容詞などの活用形Ⅱに尊敬の意味を持つ接尾辞「시」、その後ろにㅂ니다をつけると「～られます」「～でいらっしゃいます」という丁寧な尊敬の表現になります。

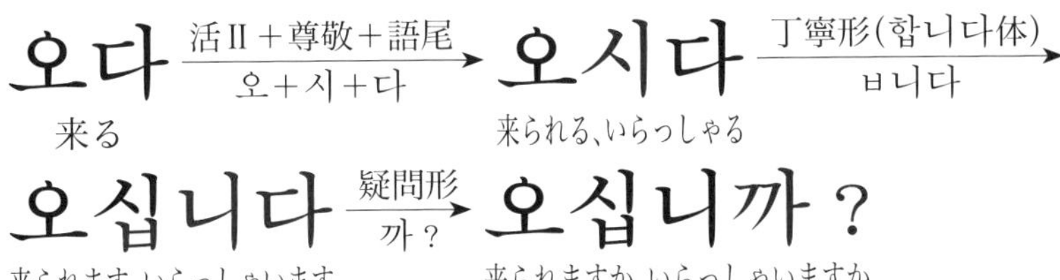

《練習 1》次の単語を例のように変えて言ってみましょう。

例：오다　来る	오십니다	오십니까？
보다　見る		
읽다　読む		
빠르다　速い		
늦다　遅い		
공부하다　勉強する		
좋아하다　好きだ		
선생님이다　先生だ		

・언제 일본에 오십니까？　いつ日本にいらっしゃいますか。
・사장님은 축구를 아주 좋아하십니다．社長はサッカーがとてもお好きです。

《練習 2》次の文を韓国語に訳しなさい。

(1) 毎日、遅くまで韓国語を勉強されますか。

(2) 今、何の本をお読みになりますか。

2 各種趣味　각종 취미

釣り	登山	囲碁	将棋	ゴルフ	旅行	読書
낚시	등산	바둑	장기	골프	여행	독서
音楽鑑賞	スポーツ	ダンス	料理	映画	歌	ドライブ
음악감상	스포츠	댄스	요리	영화	노래	드라이브

3　- 을 / 를 가다　～に行く

「～に会う」や「～に乗る」は「- 을 / 를 만나다～を会う」「- 을 / 를 타다～を乗る」でしたね (第 18 課 4)。同じように、「釣りに行く」(낚시를 가다)、「旅行に行く」(여행을 가다)、「登山に行く」(등산을 가다)、「出張に行く」(출장을 가다) などの「～に行く」も「- 을 / 를 가다 ～を行く」という表現を使います。

- 미국에 여행을 가요.　　アメリカに旅行に行きます。
- 후지산에 등산을 가요.　富士山に登山に行きます。

《練習》次の文を韓国語に訳しなさい。

(1) 中国に出張に行きました。

(2) 明日、本社に研修に行きます。(本社：본사、研修：연수)

4 日にちの言い方（固有語）

日本語にも日にちを表すことばに、「イチニチ」という漢字語もあれば、「ついたち」という固有語もありますね。同じく、韓国語にも第3課(88頁)で習った漢字語の日にちの名前もあれば、固有語の日にちの名前もあります。

最近の若い人は固有語をあまり使いませんが、하루（1日）、이틀（2日）、사흘（3日）と열흘（10日）あたりはよく使います。

1日	2日	3日	4日	5日
일일	이일	삼일	사일	오일
하루	이틀	사흘	나흘	닷새
6日	7日	8日	9日	10日
육일	칠일	팔일	구일	십일
엿새	이레	여드레	아흐레	열흘

なお、「3、4日」を사흘＋나흘＝사나흘、「5、6日」を닷새＋엿새＝대엿새とも言います。

2-058

力試し

1. 次の文を音読し、日本語に訳してみましょう。

① 선생님은 어디서 기다리십니까?

② 얼굴이 참 작으십니다.

③ 고기를 싫어하십니까?

④ 한국 드라마를 자주 보십니까?

⑤ 요즘도 일본 소설을 읽으십니다.

---

2. 次の文を韓国語に訳してみましょう。

① 明日も映画を見に行かれますか。

---

② いつ頃、日本においでになりますか。

---

③ 最近もピアノを習われますか。

---

④ どんな果物がお好きですか。

---

⑤ ソウルではソウルホテルにお泊まりになりますか。

---

3. 次の質問に韓国語で答えましょう。

① 언제쯤 한국에 가십니까？(いつ頃、韓国に行かれますか。)

---

② 한국에서 며칠 동안 묵으십니까？(韓国で何日間、お泊まりになりますか。)

第22課 이분들이 부모님이세요?

この方たちがご両親ですか。

2-059

家族を紹介してもらう

유리 : (사진을 보며) 우현 씨, 이분들은 누구세요?

우현 : 아, 이건 우리 가족 사진이에요.

유리 : 이분들이 부모님이세요?

우현 : 네, 이분께서 저희 아버지시고,
이분이 어머니세요.

유리 : 형제도 있어요?

우현 : 네, 이쪽이 누나, 이쪽이 여동생이에요.

《日本語訳》

유리 : (写真を見ながら) ウヒョンさん、この方々はどなたですか。
우현 : あ、これはうちの家族の写真です。
유리 : この方たちがご両親ですか。
우현 : はい、この方が私のお父さんで、この方がお母さんです。
유리 : 兄弟もいますか。
우현 : はい、こっちが姉、こっちが妹です。

発音

저희 [저이]

語句・表現

1. □이분 この方 □누구세요? どなたですか
2. □이건(←이것은) これは □가족 [家族]

3. □부모님［父母-］ご両親　□-이세요？～でいらっしゃいますか☆
이시다（～でいらっしゃる）
4. □-께서 ～が☆-がの尊敬語　□저희 私ども(の)、私たち（の）
□-시고　～で（いらっしゃって）
5. □형제［兄弟］
6. □이쪽　こちら

1　尊敬の表現（体言＋-이세요/-세요）

-이세요 / 세요　～でいらっしゃいます

「～です」は、「-예요」「-이에요」でしたね。さて「-예요」「-이에요」の尊敬表現として、「-세요」と「-이세요」があります。単語の末尾にパッチムがない場合は「-세요」、ある場合は「-이세요」をつけます。

なお、疑問形は「？」をつけて「-세요？」「-이세요？」です。しり上がりの発音をします。

-이시다 / 시다 , -이세요 / 세요 , -이십니다 / 십니다
～でいらっしゃる　～でいらっしゃいます

パッチム	～でいらっしゃる	～でいらっしゃいます	
あり	-이시다 선생님이시다	-이세요 선생님이세요	-이십니다 선생님이십니다
なし	-시다 아버지시다	-세요 아버지세요	-십니다 아버지십니나

(1) 일본 분이세요？　日本の方ですか（でいらっしゃいますか）。
네, 일본 사람이에요.　はい、日本人です。

(2) 누구세요？　どなたですか（でいらっしゃいますか）。
다나카예요.　田中です。

《練習》次の文を韓国語に訳しなさい。

(1) 田中さんのお父様でいらっしゃいますか。(お父様：아버님)

(2) あの方は友だちのお母様でいらっしゃいます。(お母様：어머님)

お母様は어머님、お母さんは어머니、ママは엄마、お父様は아버님、お父さんは아버지、パパは아빠だよ！

2　尊敬名詞

韓国語の場合、尊敬の意味を持つ「お」に当たる表現がなく、一部の語には別に尊敬名詞を持つものがあったり、また、尊敬の意味を持つ接尾語がついて尊敬語を作ったりします。

普通名詞	尊敬名詞
집 家	댁 [宅]お宅
말 言葉、話	말씀 お言葉、お話
이름 名前	성함 [姓銜]お名前
나이 年	연세 [年歳]お年
생일 [生日]誕生日	생신 [生辰]お誕生日
술 酒	약주 [薬酒]お酒
밥 飯、 식사 [食事]	진지 ご飯、お食事
손 客＊	손님 お客さん

＊一般にこの形では使われない。

普通名詞	尊敬名詞
이 사람 この人	이분 この方
아버지 お父さん	아버님 お父様
어머니 お母さん	어머님 お母様
부모 [父母] 両親	부모님 ご両親
형 兄	형님 お兄さん
누나 姉	누님 姉さん
아들 息子	아드님 息子さん
딸 娘	따님 娘さん

・오늘은 저희 아버지 생신입니다.　今日は私の父の誕生日です。
（今日は私どものお父さんのお誕生日です。）

・선생님의 성함을 가르쳐 주세요.　先生のお名前を教えてください。

3 -께서　～が［尊敬助詞］

韓国語には「-가 / 이 が」の尊敬形の「-께서」という助詞があります。

なお､助詞「-가 / 이」は他の助詞とはつなげませんが､「-께서」は､「-는は」「-도も」「-만だけ」といっしょに使われ、その対象に敬意を表します。

は	も	だけ
-는	-도	-만
-께서는	-께서도	-께서만

・사장님께서는 미국에 출장 가십니다.
社長さんはアメリカへ出張に行かれます。

・선생님께서도 모임에 오십니다.
先生も会合においでになります。

4 場所や方向を表すことば

ここ	そこ	あそこ	どこ
여기	거기	저기	어디

こちら、こっち	そちら、そっち	あちら、あっち	どちら、どっち
이쪽	그쪽	저쪽	어느 쪽

・저기가 국립박물관이에요?　あそこが国立博物館ですか。

・이쪽이 제 동생이에요.　こちらが私の妹です。

5　指定詞の接続形　-고：～で「並列」

指定詞の活用形Ⅰ＋고：～で

基本形	語幹	活用形Ⅰ	並列
이다 ～である	이-	이-	이고 ～で
아니다 ～でない	아니-	아니-	아니고 ～でなく

第22課

《練習 1》次の語を例のように変えてみましょう。

例：책이다 本である	책이고	회사원이다 会社員である	
노트이다 ノートである		가수가 아니다 歌手でない	

・이분은 어머님이시고 저분은 선생님이세요？

この方はお母さんで、あの方は先生ですか。

・내일 약속은 두 시가 아니고 세 시예요.

明日の約束は２時ではなく、３時です。

《練習 2》次の文を韓国語に訳しなさい。

(1) これは英語の本で、あれは数学の本です。

______

(2) 誕生日は日曜日でなくて、月曜日です。

______

2-060

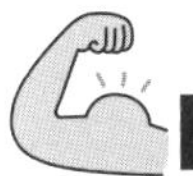

力試し

1. 次の文を音読し、日本語に訳してみましょう。

① 이분들이 가족분이세요？

______

② 저분이 사장님이세요.

③ 어머님의 생신은 언제세요?

④ 이분이 할아버님이시고, 이분이 할머님이세요?

⑤ 이쪽이 스즈키 씨이고, 이쪽이 다나카 씨세요.

2. 次の文を韓国語に訳してみましょう。

韓国語は
絶対敬語だね。

① この人が私の父親です。

② その方が増田先生でいらっしゃいますか。

③ 田中さんのお父様のお誕生日はいつでいらっしゃいますか。

④ あの方はどなたですか。

⑤ こっちが兄、こっちが弟です。

3. 次の質問に韓国語で答えましょう。

① 부모님의 생신은 언제세요? (ご両親のお誕生日はいつですか?)

② 형제가 있어요? (兄弟がありますか。)

第23課　서울에 언제 가세요?

ソウルへいつ行かれますか。

2-061

日本出張中のスルギさんに会う

슬기 : 유리 씨 서울에 언제 가세요?

유리 : 다음 달 초에 가요.

슬기 : 비행기 표는 언제 사세요?

유리 : 벌써 지난주에 예약했어요.
슬기 씨는 언제 귀국하세요?

슬기 : 저도 이번 달 말에 돌아가요.
서울에 오면 연락 주세요.

유리 : 참, 제 명함 받으세요.
이게 서울의 연락처예요.

《日本語訳》

슬기：ユリさん、ソウルにいつ行かれますか。
유리：来月の初めに行きます。
슬기：飛行機のチケットはいつ買われますか。
유리：もう先週、予約しました。スルギさんはいつ帰国なさいますか。
슬기：私も今月の末に帰ります。ソウルに来たら連絡ください。
유리：ところで、私の名刺をもらってください。これがソウルの連絡先です。

発音

다음 달 [다음딸]、예약했어요 [예야캐써요]、귀국하세요 [귀구카세요]、이번 달 [이번딸]、연락 [열락]

語句・表現

1. □언제 いつ　□가세요？行かれますか☆가다（行く）
2. □다음 달 来月　□초［初］初め
3. □비행기［飛行機］　□표［票］チケット　□사세요？ 買われますか☆사다（買う）
4. □벌써 もう、すでに　□지난주［－週］先週　□예약했어요［予約－］予約しました☆예약하다（予約する）　□언제 いつ　□귀국하세요［帰国－］帰国なさいますか☆귀국하다（帰国する）
5. □이번 달 今月　□말［末］　□돌아가요 帰ります☆돌아가다（帰る）　□오면　来たら☆오다（来る）□연락［連絡］　□주세요 ください
6. □명함［名銜］名刺　□받으세요 もらってください☆받다（もらう）　□연락처［連絡処］連絡先

ポイント解説

1　尊敬の現在形（해요体）

活用形Ⅱ ＋ 세요 ：～なさいます、～てください

尊敬の現在形（해요体）は「活用形Ⅱ - 세요」です。これは（1）平叙、（2）疑問、（3）命令の意味で使われます。

（1）平叙形　메일 보세요．　メールをご覧になります。

（2）疑問形　메일 보세요？　メールをご覧になりますか。

（3）命令形　메일 보세요！　メールをご覧になってください！

보다（見る） —活Ⅱ＋尊敬の現在形／보＋세요→ 보세요（ご覧になります、ご覧なさい） —疑問形／？→ 보세요？（ご覧になりますか）

基本形	語幹	活用形II	해요体
가다 行く	가 -	가 -	가세요 行かれます
기다리다 待つ	기다리 -	기다리 -	기다리세요 お待ちになります
읽다 読む	읽 -	읽으 -	읽으세요 お読みになります
빠르다 速い	빠르 -	빠르 -	빠르세요 お速いです
늦다 遅い	늦 -	늦으 -	늦으세요 (お) 遅いです
운동하다 運動する	운동하 -	운동하 -	운동하세요 運動されます

第23課

《練習 1》次の単語を例のように変えてみましょう。

例：오다 来る	오세요	오세요?
받다 もらう		
입다 着る		
있다 ある		
바쁘다 忙しい		

・무슨 신문을 보세요? 何新聞をお読みですか。

・늘 원피스를 입으세요. いつもワンピースを着ておられます。

《練習 2》次の文を韓国語に訳しなさい。

(1) 何時までお待ちになりますか。

(2) 毎朝、運動されますか。

2 초(初) と 말(末)

	초［初］	중［中］	말［末］
주［週］	주초［週初］週の初め	주중［週中］ウィークデー	주말［週末］
월［月］	월초［月初］月の初め	-	월말［月末］
년［年］	연초［年初］年頭	-	연말［年末］

3　韓国の漢字・漢語〈1〉

韓国の漢字・漢字語の特徴

1. 漢字はすべて音読みで、訓読みはない。
   月 월、火 화、水 수、木 목、金 금、土 토、日 일
2. 大半の漢字の音読みは1通りしかない。中には2通り、3通りのものもある。

漢字	金		切		北		復	
音	김	금	체	절	북	배	복	부
用例	金浦 김포	金曜日 금요일	一切 일체	親切 친절	南北 남북	敗北 패배	回復 회복	復活 부활

3. 国語辞典に載っている言葉の6、7割は漢字語起源のことばである。

4. 基本語彙の中にも漢字語が多い。
   산［山］、 강［江］川、 내일［来日］明日

5. 韓国の国字もある。

韓国国字	畓	媤	垈	囍
音	답	시	대	희
意味	水田	夫の	敷地	嬉しさ
用例	전답 ［田畓］ 田畑	시부모 ［媤父母］ 夫の両親	대지 ［垈地］ 敷地	主に縁起を担いで枕カバー、お箸、スプーンなどに刻む。

6. 教科書や新聞、雑誌などで漢字語も表記はハングルでする。

7. 韓国独自の漢字語もある。

男便	膳物	便紙	名銜	紙匣	東問西答
남편	선물	편지	명함	지갑	동문서답
夫	プレゼント	手紙	名刺	財布	とんちんかんな答え

8. 日本語起源のものも多い。特に、日本の大和言葉なども漢字音読みして漢字語扱いするものがある。

取り消し	入口	建物	株式	割引	手続き
취소	입구	건물	주식	할인	수속

第23課

4 어떻게 되세요? 何とおっしゃいますか

「어떻게 되세요?」はもともと「どのようになりますか」という意味ですが、目上の人に何かを聞くとき、「何とおっしゃいますか」という丁寧な意味で使います。

- 성함이 어떻게 되세요? お名前は何とおっしゃいますか。
- 연세가 어떻게 되세요? お年はおいくつですか。
- 주소가 어떻게 되세요? ご住所はどちらですか。

2-062

力試し

1. 次の文を音読し、日本語に訳してみましょう。

① 도쿄에 언제 오세요?

② 요즘 무슨 소설을 읽으세요?

③ 내일 저희 어머니도 귀국하세요. (귀국하다 : 帰国する)

④ 제 선물을 받으세요.

⑤ 손님 , 성함이 어떻게 되세요 ?.

2. 次の文を韓国語に訳してみましょう。

① アメリカにいつ行かれますか。

② プサンには来月の末に行きます。

③ 先週、飛行機のチケットを買いました。

④ 東京にはいつ頃おいでになりますか。

⑤ 合格したらご連絡ください。(合格する：합격하다)

3. 次の質問に韓国語で答えましょう。

① 성함이 어떻게 되세요 ? (お名前は何ですか。)

② 명함 있으세요 ? (名刺をお持ちですか。)

第24課 지금 뭘 읽으셨어요?

今、何をお読みになりましたか。

2-063

詩人ユン・ドンジュについて話す

우현 : 지금 뭘 읽으셨어요?

유리 : 윤동주 시집을 읽었어요.「서시」예요.

우현 : 연대와 도시샤 대학에 윤동주 시비가 있죠?

유리 : 우현 씨도 시비를 보셨어요?

우현 : 네, 그런데 아직 도시샤 대학의 시비는 못 봤어요.

유리 :「하늘과 바람과 별과 시」도 참 좋아요.

第24課

《日本語訳》

우현 : 今、何をお読みになりましたか。
유리 : ユン・ドンジュ詩集を読みました。「序詩」です。
우현 : ヨンセ大学と同志社大学にユン・ドンジュの詩碑がありますね?
유리 : ウヒョンさんも詩碑をご覧になりましたか。
우현 : はい、ですが、まだ同志社大学の詩碑は見ていません。
유리 :「空と風と星と詩」もとてもいいですよ。

発音

못 봤어요 [몯빠써요]、좋아요 [조아요]

語句・表現

1. □읽으셨어요? 読まれましたか☆읽다 (読む)
2. □윤동주 (尹東柱) ☆詩人の名前 □시집 [詩集] □서시 [序詩] ☆詩の題名

3. □연대［延大］☆延世大学　□도시샤 대학 同志社［大学］　□시비［詩碑］
4. □보셨어요？ ご覧になりましたか
5. □봤어요 見ました
6. □하늘과 바람과 별과 시「空と風と星と詩」☆詩の題名

ポイント解説

1　尊敬の過去形

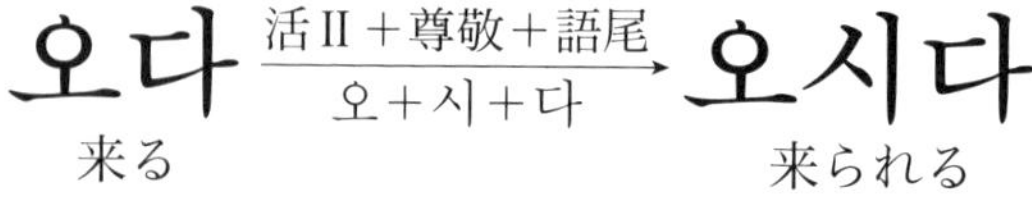

：〜られました

動詞や形容詞の活用形Ⅱに尊敬の意味を持つ補助語幹「시」がつくと、その活用形Ⅲは「시어」ですが、合体して「셔」になります。また、それに過去を表す「ㅆ」がついて「셨」になります。なお、「셨」の活用形Ⅲの「셨어」の後ろに「요」、活用形Ⅰの後ろに「습니다」をつけると丁寧な尊敬の過去形になります。

오다 —活Ⅱ＋尊敬＋語尾 / 오＋시＋다→ 오시다
来る　来られる

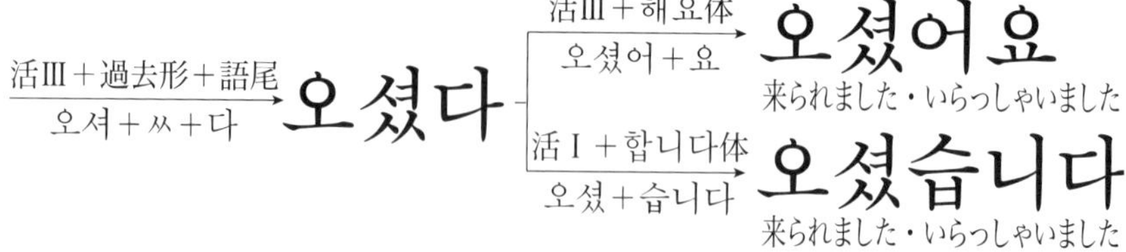

基本形	語幹	活用形II	尊敬の過去形
오다 来る	오 -	오 -	오셨어요 おいでになりました
만나다 会う	만나 -	만나 -	만나셨어요 お会いになりました
찾다 探す	찾 -	찾으 -	찾으셨어요 お探しになりました
늦다 遅い	늦 -	늦으 -	늦으셨어요 遅くなられました
좋다 よい	좋 -	좋으 -	좋으셨어요 よろしかったです
산책하다 散歩する	산책하 -	산책하 -	산책하셨어요 散歩されました

第24課

《練習 1》次の単語を例のように変えて言ってみましょう。

例：오다 来る	오셨어요	오셨습니다
보다 見る		
기다리다 待つ		
배우다 習う		
예쁘다 かわいい		
받다 もらう		
읽다 読む		
작다 小さい		
좋아하다 好きだ		
싫어하다 嫌いだ		

- 언제부터 일본어를 배우셨어요? いつから日本語をお習いになりましたか。
- 월급은 언제 받으셨어요? 給料はいつおもらいになりましたか。

《練習 2》次の文を韓国語に訳しなさい。

(1) この小説をお読みになりましたか。

(2) 野菜があまりお好きではありませんでした。

2　韓国の大学名

韓国では一昔前までは総合大学を「대학교大学校」、単科大学を「대학大学」と呼んでいましたが、現在は４年制の大学を「대학교大学校」、２年制の短大や専門大学を「대학大学」と呼んでいます。ただし、これはあくまでも正式の呼び名であって、一般的には４年制の大学も「서울대학」「연세대학」とも呼んでいます。また、日本と同じく、大学の名前は縮めて呼ぶ場合も多いです。

略称	서울대	연대	고대	이대
正式名	서울대학교 ソウル大学校	연세대학교 延世大学校	고려대학교 高麗大学校	이화여자대학교 梨花女子大学校

3　아직 못 -ㅆ어요　まだ～していません

日本語の場合、「まだやっていない」ことを言い表すとき、「まだ～していません」という現在形で表現しますが、韓国語は「아직 안 -ㅆ어요まだ、～していませんでした」「아직　못 -ㅆ어요まだ、～できませんでした」のように過去形で表現します。

・우리 누나는 아직 결혼 안 했어요.
　　僕の姉はまだ結婚していません（←結婚しませんでした)。
・나는 서울에 아직 못 갔어요.
　　私はソウルにまだ行っていません（←行けませんでした)。

《練習》次の文を韓国語に訳しなさい。

(1) 友だちにまだ、会っていません。

＿＿＿＿＿＿＿＿＿＿＿＿＿＿＿＿＿＿＿＿

(2) 朝ご飯はまだ、食べていません。

＿＿＿＿＿＿＿＿＿＿＿＿＿＿＿＿＿＿＿＿

2-064

力試し

1. 次の文を音読し、日本語に訳してみましょう。

① 이번 달엔 어떤 소설을 읽으셨어요？

② 요즘 한국 드라마를 보셨어요？

③ 오늘도 아침 일찍 일어나셨어요？

④ 사장님은 쇼크를 받으셨어요. (쇼크：ショック)

⑤ 아직 그 영화는 못 봤어요.

2. 次の文を韓国語に訳してみましょう。

① 今、何をお買いになりましたか。

② 昨日のニュースをご覧になりましたか。

③ 友だちにお会いになりましたか。

④ 松田さんはまだ、結婚していません。

第24課

⑤ 今日、月給を受け取られましたか。（月給：월급、받다：受け取る）

____

3．次の質問に韓国語で答えましょう。 

① 오늘 아침 뉴스를 보셨어요？（今朝のニュースをご覧になりましたか。）

____

② 요즘 무엇이 가장 좋으셨어요？（最近、何が一番よかったですか。）

____

2-065

서시 (序詩)

윤동주

죽는 날까지 하늘을 우러러
한 점 부끄럼이 없기를
잎새에 이는 바람에도
나는 괴로워했다.
별을 노래하는 마음으로
모든 죽어가는 것을 사랑해야지
그리고 나한테 주어진 길을
걸어가야겠다.

오늘 밤에도 별이 바람에 스치운다.

序詩　尹東柱

死ぬ日まで空を仰ぎ
一点の恥辱(はじ)なきことを
葉あいにそよぐ風にも
わたしは心痛んだ。
星をうたう心で
生きとし生けるものをいとおしまねば
そしてわたしに与えられた道を
歩みゆかねば。

今宵も星が風に吹き晒(さら)される。

（伊吹　郷　訳）

第25課　지금 안 계세요.

今、いらっしゃいません。

🔊2-066

先生のお宅に電話をかける

우　현 : 여보세요. 저, 김우현입니다.
　　　　선생님 계세요?

사모님 : 지금 안 계세요.

우　현 : 언제쯤 댁에 돌아오세요?

사모님 : 글쎄요. 오늘은 늦게 돌아오세요.

우　현 : 선생님은 밤늦게 주무세요?

사모님 : 네, 보통 12 시까지는 안 주무세요.

第25課

《日本語訳》

우현　: もしもし、私、キム・ウヒョンです。先生いらっしゃいますか。
사모님 : 今、いらっしゃいません。
우현　: いつ頃、お宅にお帰りになりますか。
사모님 : そうですね。今日は遅く、帰ってこられます。
우현　: 先生は夜遅くお休みになりますか。
사모님 : はい、普段は12時までは起きています（お休みになりません）。

発音

늦게［늗께］、열두 시［열뚜시］

語句・表現

1. □여보세요 もしもし　□계세요? いらっしゃいますか☆계시다(いらっしゃる)
2. □사모님［師母-］（先生の）奥様　□지금［只今］今

3. □언제쯤 いつ頃　□댁［宅］お宅　□돌아오세요？ お帰りになりますか☆돌아오다（帰ってくる）

4. □글쎄요 そうですね　□늦게 遅く

5. □밤늦게 夜遅く　□주무세요？ お休みになりますか☆주무시다（お休みになる）

6. □보통［普通］、普段

ポイント解説

1　動詞の尊敬語

日本語に「言う」「寝る」の尊敬語「おっしゃる」「お休みになる」などがあるように、韓国語においても動詞や存在詞の中には対応する尊敬語を持つものがあります。

먹다→드시다 / 잡수시다
食べる　召し上がる　召し上がる

	尊敬動詞
먹다 食べる、마시다 飲む	드시다 召し上がる / 잡수시다 召し上がる
자다 寝る	주무시다 お休みになる
있다 いる	계시다 いらっしゃる

・좀 더 드세요．もう少し召し上がってください。

・안녕히 주무세요．（安寧に）お休みなさい。

《練習》次の文を韓国語に訳しなさい。

(1) 今、先生はいらっしゃいません。

(2) 何時にお休みになりますか。

2 「있으시다（おありだ）」と「계시다（いらっしゃる）」

「所有」や「存在」を表す「있다」（ある、いる）の尊敬表現には（1）「있으시다」（おありだ）と（2）「계시다」（いらっしゃる）の２通りがあります。（1）は尊敬対象の所有物や、またその人物と関係のある人（話し手より目下の人など）に対して使い、（2）は尊敬対象が主語として使われるとき使います。なお、（1）の否定形は「없으시다」（おありでない）、（2）の否定形は「안 계시다」（いらっしゃらない）となります。

	있다		없다	
日本語	ある	いる	ない	いない
尊敬表現	있으시다 おありだ	계시다 いらっしゃる	없으시다 おありでない	안 계시다 いらっしゃらない

第25課

《練習 1》例のように活用させてみましょう。

例：드시다 召し上がる	드세요
있으시다 おありだ	
없으시다 おありでない	
계시다 いらっしゃる	
안 계시다 いらっしゃらない	

・선생님 , 내일 시간 있으십니까？ 先生、明日お時間おありですか。
・선생님 , 내일 연구실에 계세요？ 先生、明日研究室にいらっしゃいますか。

《練習 2》次の文を韓国語に訳しなさい。

（1）ボールペンはおもち（←おあり）でないですか。

（2）お父様は今、いらっしゃいませんか。

3　相対敬語と絶対敬語

日本語では自分より目上であっても身内と目される人であればアウトグループの人に話すとき、敬語を使いませんが、韓国語は身内であろうがなかろうが、自分より目上の人に対しては聞き手がだれであれ、敬語を使います。たとえば、「父はいるか」と父の知り合いから電話がかかってきたとき、

日本語：今、父はおりません。
韓国語:지금 아버지는 안 계세요.（今、お父さんはいらっしゃいません）

という具合に答えるのがルールです。

つまり、日本語は誰に対して話すかによって決まる「**相対敬語**」、韓国語は話題の人物と話し手の上下関係によって決まる「**絶対敬語**」です。

4　안 자다　寝ていない＝起きている

日本語と韓国語は言い回しなどもとても似ていますが、中にはずれのあるものもあります。「起きている」という表現は「안 자다 寝ていない」という表現を使います。

・12 시까지는 안 자요.　　12時までは起きています。

2-067

力試し

1．次の文を音読し、日本語に訳してみましょう。

① 여보세요. 김철수 선생님 계세요?

② 매일 아침에 무엇을 드세요?

③ 오늘은 밤늦게 주무세요?

④ 백 원짜리 있으세요? (백 원짜리：百ウォン玉)

⑤ 보통 늦게까지 안 자요.

2. 次の文を韓国語に訳してみましょう。

① もしもし。高橋社長いらっしゃいますか。(社長：사장님)

② お弁当を召し上がりますか。(お弁当：도시락)

③ そうですね。今日は早く出勤されます。(出勤する：출근하다)

④ 普段、7時頃お帰りになります。

⑤ 今日は遅くまで起きています。

3. 次の質問に韓国語で答えましょう。

① 점심에는 뭘 드세요? (お昼には何を召し上がりますか。)

② 보통 몇 시에 주무세요? (普段、何時にお休みになりますか。)

第26課 한국어 공부를 하고 있어요.

韓国語の勉強をしています。

2-068

勉強の進み具合を話す

우현 : 유리 씨는 매일 한국어 공부를 하고 있어요?

유리 : 네, 매일 조금씩 문법하고 회화 공부를 해요.

우현 : 학원에도 다니고 있어요?

유리 : 요즘 일주일에 두 번씩 수업을 듣고 있어요.

우현 : 한국어 공부는 어때요?

유리 : 듣기하고 말하기가 좀 어렵지만 재미있어요.

《日本語訳》

우현 : ユリさんは毎日、韓国語の勉強をやっていますか。
유리 : はい、毎日少しずつ文法と会話の勉強をやっています。
우현 : 教室にも通っていますか。
유리 : この頃、一週間に二回ずつ授業を受けています。
우현 : 韓国語の勉強はいかがですか。
유리 : リスニングとスピーキングがちょっと難しいですが、面白いです。

発音

문법하고 [문뻐파고]、일주일에 [일쭈이레]、듣기 [듣끼]、말하기 [마라기]、어렵지만 [어렵찌만]

語句・表現

1. □매일 [毎日]　□하고 やって☆하다 (する)
2. □조금씩 少しずつ　□문법 [文法]　□회화 [会話]

3. □학원［学院］、塾、教室　□다니고 通って☆다니다（通う）
4. □일주일［一週日］一週間　□두 번씩 二回ずつ　□수업［授業］　□듣고 聞いて、受けて☆듣다（聞く、受ける）
5. 어때요？いかがですか
6. □듣기 リスニング、聞き取り　□말하기 スピーキング　□어렵지만難しいですが☆어렵다（難しい）　□재미있어요 面白いです☆재미있다（面白い）

ポイント解説

1　現在進行の表現

活用形Ⅰ ＋ **고 있다** ：～している［動作の継続・進行］

動詞の「活用形Ⅰ - 고 있다」は「～している」という意味で、動作が継続・進行している意味を表します。

보다（見る） —活Ⅰ＋現在進行／보＋고 있다→ 보고 있다（見ている）

基本形	語幹	活用形Ⅰ	現在進行
기다리다　待つ	기다리 -	기다리 -	기다리고 있어요　待っています
쓰다　書く	쓰 -	쓰 -	쓰고 있어요　書いています
알다　知る	알 -	알 -	알고 있어요　知っています
벗다　脱ぐ	벗 -	벗 -	벗고 있어요　脱いでいます
믿다　信じる	믿 -	믿 -	믿고 있어요　信じています
청소하다　掃除する	청소하 -	청소하 -	청소하고 있어요　掃除しています

《練習 1》次の語を例のように変えてみましょう。

例：먹다	먹고 있어요	먹고 있습니다
食べる	먹고 있어요？	먹고 있습니까？
보다		
見る		
읽다		
読む		
살다		
住む		
운동하다		
運動する		

・영어를 배우고 있어요．英語を習っています。

・비빔밥을 먹고 있어요．ビビンバを食べています。

《練習 2》次の文を韓国語に訳しなさい。

(1) 弟に手紙を書いています。

____

(2) 毎朝、公園を散歩しています。

____

2　用言の名詞形

一部の動詞や形容詞の語幹に接尾辞「기」をつければ名詞形になります。

듣다 ──活Ⅰ＋すること／듣＋기──→ 듣기

聞く　　　　　　　　聞くこと、聞き取り

例：듣다 聞く	듣기 聞くこと、聞き取り、リスニング
말하다 話す	말하기 話すこと、スピーチ、スピーキング
쓰다 書く	쓰기 書くこと、書き、ライティング
읽다 読む	읽기 読むこと、リーディング
크다 大きい	크기 大きさ
걷다 歩く	걷기 歩くこと、歩き、ウォーキング
달리다 走る	달리기 走ること、徒競走

・우리 반 애들은 달리기를 잘해요.

うちのクラスの子たちは徒競走が上手です。

・쓰기하고 읽기는 잘해요. 그러나 말하기, 듣기는 잘 못해요.

ライティングとリーディングは上手です。しかし、スピーキング、リスニングは下手です。

3　韓国の漢字・漢語〈2〉

〈1〉は第23課3にあるよ！

日本語と韓国語の漢字音はとても似ています。知らないことばも何とか見当がつけられる場合があります。というのは中国の漢字音から、韓国の漢字音へと、また、日本の漢字音へと流れてきたので一定の対応を成しています。まず、ハングルを声に出して読んでみると意外とわかる場合もあります。

가구 = ㄱ + ㅏ + ㄱ + ㅜ

[k]　[a]　[k/g]　[u]

→カグ［kagu］家具

(1) 母音

ハングル	ㅏ	ㅣ	ㅜ	ㅔ	ㅐ	ㅗ	ㅓ
日本の発音	ア	イ	ウ	エイ	アイ	オ	オ
例	안심 (安心)	이론 (異論)	우기 (雨期)	게시 (掲示)	애 (愛)	온도 (温度)	억 (億)

ㅑ	ㅕ	ㅠ	ㅛ	ㅘ
ヤ、ヨ	ヨ	ユ（ウ）	ヨ（ウ）	ワ
야당 （野党）	여분 （余分）	유명 （有名）	요구 （要求）	평화 （平和）

（2）初声の子音

ㄱ	ㄴ	ㄷ	ㄹ	ㅁ
カ行、ガ行	ナ行、タ行	タ行、ダ行	ラ行	マ行、バ行
가구(家具) 하기(下記)	남북(南北) 인내(忍耐)	도착(到着) 도덕(道徳)	도로(道路) 미래(未来)	무리(無理) 마차(馬車)

ㅂ	ㅅ	ㅇ	ㅈ	ㅊ
ハ行、バ行	サ行、ザ行	ガ行、ナ行、ヤ行	サ行、ザ行、タ行	サ行、タ行
부유(富裕) 십분(十分)	사기(詐欺) 사전(辞典)	오해(誤解) 이(二) 약(薬)	진주(真珠) 자막(字幕) 지구(地球)	차이(差異) 차(茶)

ㅋ	ㅌ	ㅍ	ㅎ
カ行	タ行、ダ行	ハ行、バ行	カ行、ガ行
쾌감(快感)	타파(打破)	모포(毛布)	한국(韓国)

（3）終声の子音（パッチム）

ㄱ	ㄴ	ㄹ	ㅁ	ㅇ
ーク、ーキ	ーン	ーツ、ーチ	ーン	ーウ、ーイ
각도(角度) 적도(赤道)	신용(信用) 시민(市民)	발달(発達) 일(一)	삼림(森林) 감사(感謝)	응용(応用) 생물(生物)

《練習》次の単語の意味は何でしょうか。

（1）무료　（2）민족　（3）일부
（4）배달　（5）혼란　（6）동양

力試し

1. 次の文を音読し、日本語に訳してみましょう。

① 요즘도 일요일에 골프를 치고 있어요?

② 매일 아침에 빵하고 우유를 먹고 있어요.

③ 한국어 학원에서 회화하고 문법 공부를 해요?

④ 한국어 숙제는 어때요?

⑤ 이 김치는 좀 맵지만 맛있어요.

2. 次の文を韓国語に訳してみましょう。

① この頃、毎日、英語の勉強をやっています。

② 韓国語教室にも通っています。(韓国語教室：한국어 학원)

③ 1週間に3回ずつ、テニスをやっています。(1週間：일주일)

④ 今日の天候はいかがですか。(天候：날씨)

⑤ 韓国語は面白いですが、ちょっと難しいです。

____

3. 次の質問に韓国語で答えましょう。 

① 지금 무엇을 하고 있어요？(今、何をしていますか。)

____

② 한국어 공부는 어때요？(韓国語の勉強はいかがですか。)

____

第27課 재미있는 이야기가 많이 실려 있어요.

面白い話がたくさん載っています。

2-070

本屋で昔話の本を選ぶ

우현 : 이 책엔 재미있는 옛날이야기가 많이 실려 있어요.

유리 : 정말이네요.「콩쥐와 팥쥐」는 유명한 이야기니까 저도 알아요.

우현 :「흥부와 놀부」란 이야기랑「해님과 달님」이란 이야기도 재미있어요.

유리 : 아,「혹부리 영감」이란 이야기도 나와 있네요.

우현 : 비슷한 이야기는 일본에도 있지요 !?

유리 : 그래요. ‘옜다 ! 이 혹도 돌려주지 !’

《日本語訳》

우현 : この本には面白い昔ばなしがたくさん載っています。
유리 : 本当ですね。「コンジとパッチ」は有名な話なので私も知っています。
우현 :「フンブとノルブ」という話や「お日様とお月様」という話も面白いです。
유리 : あ、「こぶとりじいさん」という話も出ていますね。
우현 : 似ている話は日本にもあるでしょう！？
유리 : そうです。「さあ！このこぶも返してやる！」

発音

재미있는 [재미인는]、옛날이야기 [옌나리야기]、많이 [마니]、있네요 [인네요]、비슷한 [비스탄]、있지요 [읻찌요]、옜다 [옏따]

語句・表現

1. □재미있는 面白い～ ☆재미있다 面白い □옛날이야기 昔話 □많이 たくさん □실려 載せて☆실리다 載せる
2. □정말 本当に □콩쥐와 팥쥐 コンジとパッチ☆昔話の題名 □유명한 有名な☆유명하다 有名だ
3. □흥부와 놀부 フンブとノルブ☆昔話の題名□ - 란 ～という □ - 랑 ～や、～と□해님 お日様 □달님 お月様
4. □혹부리 영감 こぶとりじいさん □나와 出て☆나오다 出る
5. □비슷한 似た～、似ている～ ☆비슷하다 似る、似ている
6. □그래요 そうです □옜다 さあ☆「여기 있다」の縮約形。「これを受け取れ」という意味。□혹 こぶ □돌려주지！返してやる！☆돌려주다 返してやる

ポイント解説

1 動作の結果状態

活用形Ⅲ ＋ 있어요 ：～しています［動作の結果の持続］

「活用形Ⅲ」に「있어요」をつけると、「～しています」という動作の結果が持続した状態を表します。「活用形Ⅲ＋있어요」は基本的に自動詞にしかつきません。

가다 —(活Ⅲ＋ている / 가＋있다)→ 가 있다 —(活Ⅲ＋丁寧形 / 가 있어＋요)→ 가 있어요

行く　　　行っている　　　行っています

基本形	語幹	活用形Ⅲ	해요体
가다 行く	가 -	가	가 있어요 行っています
서다 立つ	서 -	서	서 있어요 立っています
들다 入る	들 -	들어	들어 있어요 入っています

열리다 開く	열리 -	열려	열려 있어요 開いています
닫히다 閉まる	닫히 -	닫혀	닫혀 있어요 閉まっています
실리다 載る	실리 -	실려	실려 있어요 載っています

《練習 1》次の単語を例のように変えて言ってみましょう。

例：가다 行く	가 있어요	가 있습니다
오다 来る		
피다 咲く		
앉다 座る		
쓰이다 書かれる		
걸리다 かかる		

・지금 서울에 가 있어요.　いまソウルに行っています。

・장미가 많이 피어 있었어요.　バラがたくさん咲いていました。

《練習 2》次の文を韓国語に訳しなさい。

(1) 新聞に写真が載っています。

(2) 財布にお金が入っていました。

2 - 이니까 / 니까 ～なので、～だから［理由］

「- 이니까 / 니까」は名詞のあとについて、その理由を表します。*

＊活用形Ⅱ＋니까は第 30 課の 1 参照。

～なので	パッチムあり ＋	- 이니까	학생이니까 学生なので
	パッチムなし ＋	- 니까	가수니까 歌手なので

第27課

《練習 1》例のように直してみましょう。

例：김치 キムチ	김치니까
떡 おもち	
호텔 ホテル	
컴퓨터 パソコン	
가방 かばん	
주스 ジュース	
우유 牛乳	
비빔밥 ビビンバ	

・배우니까 연기를 잘해요. 俳優なので演技が上手です。

・오늘은 토요일이니까 수업이 없어요.

今日は土曜日なので、授業がありません。

《練習 2》次の文を韓国語に訳しなさい。

(1) 夏休みなので、忙しくありません。

(2) 明日は日曜日なので、教会に行きます。(教会：교회)

3 -이란 / 란 (1) ～という (2) ～とは

「-이란 / 란」は (1)「-이라고 하는 / 라고 하는」の縮約形で、あとの事実を規定する「～という」意味です。また、(2)「-이라고 하는 것은 / 라고 하는 것은」の縮約形で、指摘して強調する意「～とは、～というものは」という意味を表します。

～という	パッチムあり ＋	-이란	사랑이란 愛という
	パッチムなし ＋	-란	노래란 歌という

《練習 1》例のように直してみましょう。

例：김치 キムチ	김치란
볼펜 ボールペン	
닭갈비 タッカルビ	
족발 豚足	
안경 眼鏡	
핸드백 ハンドバッグ	

・김치란 음식은 몸에 좋아요. キムチという食べ物は体にいいです。

・탕수육이란 요리를 먹었어요. 酢豚という料理を食べました。

《練習 2》次の文を韓国語に訳しなさい。

(1)「子犬のうんち」という話はとても面白いです。

(子犬のうんち：강아지똥)

(2) カルビという食べ物はおいしいです。

第27課

力試し

1. 次の文を音読し、日本語に訳してみましょう。

① 이 식당에는 맛있는 음식이 많이 있어요.

② 이 피카소의 그림은 저도 잘 알아요.

③「너의 이름은」이란 애니메이션도 대히트했어요.

④ 안데르센의 「인어공주」란 이야기도 실려 있어요.

____

⑤ 그 가수는 원래 트로트 가수죠? (트로트：演歌)

____

2. 次の文を韓国語に訳してみましょう。

① ここには「ダイナマイト」という歌が入っています。
(ダイナマイト：다이너마이트)

____

② 本当ですね。窓が開いています。

____

③ 「愛の不時着」というドラマも大ヒットしました。
(愛の不時着：사랑의 불시착)

____

④ この本には「にわか雨」という小説も載っています。
(にわか雨：소나기、小説：소설)

____

⑤ その歌はもともとドラマの主題歌でしょう？ (主題歌：주제가)

____

3. 次の質問に韓国語で答えましょう。

① 지금 창문이 닫혀 있어요? (今、窓が閉まっていますか。)

____

② 가방 안에 무엇이 들어 있어요? (かばんの中に何が入っていますか。)

____

第28課 제 마음의 선물을 받아 주세요.

私の心からのプレゼントをもらってください。

2-072

誕生日を祝ってもらう

우현 : ♪생일 축하합니다. 생일 축하합니다.
유리 씨의 생일을 축하합니다. ♪♪
유리 씨, 생일 축하해요!

유리 : 감사합니다.

우현 : 제 마음의 선물을 받아 주세요.

유리 : 뭘 이런 걸 다…. 상자를 열어 봐도 돼요?

우현 : 그럼요, 열어 보세요.

유리 : 너무 멋있다! 여기에 기념으로 우현 씨
사인을 해 주세요.

第28課

《日本語訳》

우현：♪誕生日、おめでとうございます。誕生日、おめでとうございます。
ユリさんの誕生日をお祝いします。♪♪
ユリさん、お誕生日おめでとうございます！

유리：ありがとうございます。

우현：僕の心からのプレゼントをもらってください。

유리：別にいいのに…。箱を開けてみてもいいですか。

우현：もちろんです。開けてみてください。

유리：とても素敵！　ここに記念にウヒョンさんのサインをしてください。

発音

축하합니다 [추카함니다]、축하해요 [추카해요]、그럼요 [그럼뇨]、마음의 [마으메]、멋있다 [머싣따]

語句・表現

1. □생일［生日］誕生日　□축하합니다［祝賀 -］おめでとうございます ☆축하하다祝賀する　□축하해요 お祝いします
3. □마음 心　□선물［膳物］プレゼント、お土産 □받아 もらって☆받다（もらう）
4. □뭘 이런 걸 다 別にいいのに（←何をこんなものまで全部）☆プレゼントなどをもらったとき使うあいさつ　□상자［箱子］箱 □열어 봐도開けてみても ☆열어 보다 開けてみる　□돼요？いいですか☆되다（よい）
5. □그럼요 もちろんです　□열어 開けて☆열다（開ける）
6. □멋있다 素敵だ　□기념으로「記念－」記念に□사인 サイン

ポイント解説

1　活用形Ⅲ＋주다　～してくれる／～してあげる［やりもらい］

活用形Ⅲ ＋ 주다 ：～してくれる／～してあげる

「주다」は「あげる」「くれる」という意味ですが、「動詞の活用形Ⅲ＋주다」になると「～してくれる」「～してあげる」、「주세요」をつけると「～してください」「～してあげなさい」という意味になります。

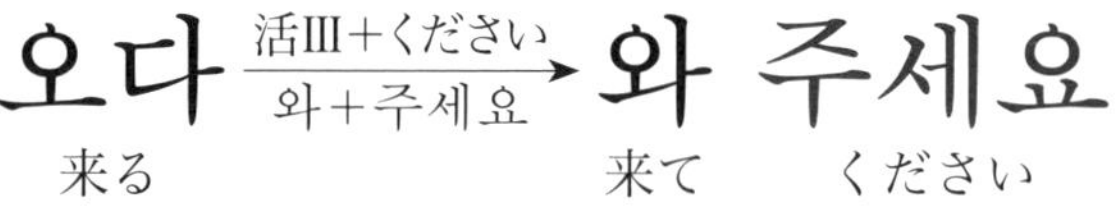

基本形	語幹	活用形Ⅲ	- 주세요
오다 来る	오 -	（오＋아→）와	와 주세요 来てください
세우다 とめる	세우 -	（세우＋어→）세워	세워 주세요 とめてください

밀다 押す	밀 -	밀어	밀어 주세요 押してください
내리다 降りる、降ろす	내리 -	(내리+어→) 내려	내려 주세요 降りてください
잊다 忘れる	잊 -	잊어	잊어 주세요 忘れてください
계산하다 計算する	계산하 -	계산해	계산해 주세요 計算してください

なお、名詞のあとに주세요を使うと、「～（を）ください」という意味です。

・비빔밥 주세요．　ビビンバください。
・물 주세요．　お水ください。

《練習 1》次の語を例のように変えてみましょう。

例：받다 もらう	받아 주세요
만나다 会う	
읽다 読む	
기다리다 待つ	
만들다 作る	
공부하다 勉強する	

第28課

・저기요！여기 계산해 주세요．　すみません。ここ、勘定してください。
・시청역에서 세워 주세요．　市庁駅で止めてください。

《練習 2》次の文を韓国語に訳しなさい。

(1) 12時まで待ってください。

(2) この昔話を読んでください。（昔話：옛날이야기）

2　活用形Ⅲ＋보다：～してみる［試み］

活用形Ⅲ ＋ 보다 ：～してみる

「보다」は「見る」という意味ですが、動詞の活用形Ⅲのあとに보세요をつけると「～してみてください」という誘いかけの意味になります。

오다 —活Ⅲ＋みてください／와＋보세요→ 와 보세요
来る　　　　　　　　　　　　　来て　みてください

基本形	語幹	活用形Ⅲ	-보세요
오다 来る	오-	와	와 보세요 来てみてください
웃다 笑う	웃-	웃어	웃어 보세요 笑ってみてください
찾다 探す	찾-	찾아	찾아 보세요 探してみてください
기다리다 待つ	기다리-	기다려	기다려 보세요 待ってみてください
믿다 信じる	믿-	믿어	믿어 보세요 信じてみてください
운동하다 運動する	운동하-	운동해	운동해 보세요 運動してみてください

なお、名詞のあとに보세요をつけると、「～（を）見てください」という意味です。

- 저걸 보세요.　　　あれを見てください。
- 이 영화를 보세요.　この映画を見てください。

《練習 1》次の語を例のように変えてみましょう。

例：받다 もらう	받아 보세요
가다 行く	
열다 開ける	
켜다 つける	
치다 弾く	
배우다 習う	
조사하다 調査する	

・피아노를 쳐 보세요.　ピアノを弾いてみてください。

・텔레비전을 켜 보세요.　テレビをつけてみてください

《練習 2》次の文を韓国語に訳しなさい。

(1) 写真を撮ってみてください。

(2) 窓を開けてみてください。(窓：창문)

3　活用形Ⅲ＋-도 되다：～してもいい［許可］

活用形Ⅲ ＋ 도 되다 ：～してもいい

「活用形Ⅲ＋도 되다」は「～してもいい」という表現です。

오다 —(活Ⅲ+てもいい / 와+도 되다)→ 와도 되다 —(活Ⅲ+丁寧形 / 와도 돼+요)→ 와도 돼요

来る　　来てもいい　　来てもいいです

第28課

基本形	語幹	活用形III	-도 돼요
오다 来る	오-	와	와도 돼요 来てもいいです
만나다 会う	만나-	만나	만나도 돼요 会ってもいいです
먹다 食べる	먹-	먹어	먹어도 돼요? 食べてもいいですか
기다리다 待つ	기다리-	기다려	기다려도 돼요 待ってもいいです
자다 寝る	자-	자	자도 돼요 寝てもいいです
자랑하다 自慢する	자랑하-	자랑해	자랑해도 돼요 自慢してもいいです

《練習 1》次の語を例のように変えてみましょう。

例：오다 来る	와도 돼요
돌아가다 帰っていく	
닫다 閉める	
입다 着る	
사다 買う	
놀다 遊ぶ	
외출하다 外出する	

- 기타를 쳐도 돼요? ギターを弾いてもいいですか。
- 지금 외출해도 됩니까? 今、外出してもいいですか。

《練習 2》次の文を韓国語に訳しなさい。

(1) 写真を撮ってもいいですか。

(2) 窓を開けてもいいですか。

4 形容詞の現在形

韓国語の形容詞の現在形は基本形がそのまま使われます。主に同等か目下の人に対して使ったり、自分に言い聞かせたりするときに使います。動詞の場合、現在形は基本形と違います（第 49 課 1 参照）。

- 저 꽃은 참 예쁘다！　あの花はとてもきれいだ。
- 이 불고기는 너무 맛있다.　この焼き肉はとてもおいしい。
- 이 방은 너무 덥다.　この部屋は暑すぎる。

2-073

力試し

1．次の文を音読し、日本語に訳してみましょう。

① 김지영 씨, 졸업을 축하해요！

② 이 책을 받아 주세요.

③ 좀 더 기다려 보세요.

④ 이 잡지를 봐도 돼요？

⑤ 이 김치는 너무 맵다！

第28課

2. 次の文を韓国語に訳してみましょう。

① 小泉さん、ご入学おめでとうございます。

② 私の心からのプレゼントをもらってください。

③ あの窓を開けてください。

④ この小説を読んでみてください。

⑤ 今日は寒すぎる！

3. 次の質問に韓国語で答えましょう。

① 제 마음의 선물을 받아 주세요！(私の心からのプレゼントをもらってください。)

② 선물을 열어 봐도 돼요？(お土産を開けてみてもいいですか。)

第29課 후지산에 오르고 싶어요.

富士山に登りたいです。

2-074

富士山に遊びに行く

유리 : 역시 후지산은 멋있죠? 자, 건배해요!

우현, 유리 : 위하여!

우현 : 후지산은 언제 봐도 마치 그림같이 멋져요.

유리 : 요즘 후지산 등산이 아주 인기가 좋대요.

우현 : 언젠가 후지산에 꼭 한 번 오르고 싶어요.

유리 : 좋아요. 다음에 후지산에 다시 와요.

우현 : 닛코라는 곳에도 가고 싶어요. 같이 가요.

《日本語訳》

유리：やはり富士山は素敵でしょう？さあ、乾杯しましょう！
우현, 유리：乾杯！
우현：富士山はいつ見てもまるで絵のように素敵です。
유리：最近、富士山登山がとても人気があるそうです。
우현：いつか富士山に必ず一回登りたいです。
유리：いいですね。今度、富士山にまた来ましょう。
우현：日光というところにも行ってみたいです。いっしょに行きましょう。

発音

멋있죠［머신쪼］、같이［가치］、멋져요［먿쩌요］、인기［인끼］、좋대요［조태요］

語句・表現

1. □역시［亦是］やはり　□후지산 富士山　□멋있죠？素敵でしょう☆멋있다（素敵だ）　□건배해요［乾杯-］乾杯しましょう☆건배하다乾杯する

第29課

2. □위하여［為－］！乾杯！☆위하다（～のためにする）

3. □언제 いつ　□봐도 見ても☆보아도 の縮約形　□마치 まるで　□그림같이 絵のように　□멋져요 素敵です☆멋지다素敵だ

4. □등산［登山］　□인기［人気］　□좋대요 よいそうです☆「- 대요」は「～だそうです」という伝聞

5. □언젠가 いつか　□오르고 싶어요 登りたいです☆오르다（登る）

6. 다음에 今度（←次に）

7. □닛코 日光　□곳 ところ

ポイント解説 

1　体言＋같이：～みたいに、～のように［様態］

「같이」が副詞として使われるときは「いっしょに」という意味ですが、体言のあとに助詞として「- 같이」がつけられると、「～みたいに」「～のように」という意味になります。ある物事の程度がそれくらいであることを表します。

・오늘은 겨울같이 수도가 얼었어요．

今日は冬のように水道が凍りました。

・후지타 씨는 미국 사람같이 영어를 잘해요．

藤田さんはアメリカ人のように英語が上手です。

2　活用形Ⅰ　- 고 싶다　～したい［願望］

活用形Ⅰ ＋ - 고 싶다　：～したい

活用形Ⅰに「- 고 싶어요」をつけると「～したいです」という、自分の願望を表す表現になります。

가다 —活Ⅰ＋～たい / 가＋고 싶다→ 가고 싶다 —活Ⅲ＋丁寧形 / 가고 싶어＋요→ 가고 싶어요

行く　　行きたい　　行きたいです

基本形	語幹	活用形 I	願望
만나다 会う	만나 -	만나 -	만나고 싶어요 会いたいです
쉬다 休む	쉬 -	쉬 -	쉬고 싶어요 休みたいです
받다 もらう	받 -	받 -	받고 싶어요 もらいたいです
읽다 読む	읽 -	읽 -	읽고 싶어요 読みたいです
찾다 探す	찾 -	찾 -	찾고 싶어요 探したいです
산책하다 散歩する	산책하 -	산책하 -	산책하고 싶어요 散歩したいです

《練習 1》次の語を例のように変えてみましょう。

例：가다 行く	가고 싶어요	가고 싶습니다
보다 見る		
듣다 聞く		
쓰다 書く		
알다 知る		
공부하다 勉強する		

・오늘은 집에서 푹 쉬고 싶어요.

今日は家でゆっくり休みたいです。

・집 근처의 공원을 산책하고 싶었어요.

家の近くの公園を散歩したかったです。

第29課

《練習 2》次の文を韓国語に訳しなさい。

(1) 韓国の小説を読みたかったです。

(2) 高校のときの友だちに会いたいです。

3　活用形Ⅰ＋-대요：～だそうです［伝聞］

活用形Ⅰ ＋ 대요 ：～だそうです

形容詞や存在詞の活用形Ⅰに「대요」をつけると「～だそうです」という、伝聞を表す表現になります。「대요」は「다고 해요」の縮約形で、おもに話し言葉で使われます。なお、疑問形はしり上がりの発音をすればいいです。

좋다 —活Ⅰ＋～だそうです／좋＋대요→ 좋대요 —疑問形／？→ 좋대요?
よい　　　　よいそうです　　　　よいそうですか

基本形	語幹	活用形Ⅰ	伝聞
빠르다 速い	빠르-	빠르-	빠르대요 速いそうです
늦다 遅い	늦-	늦-	늦대요 遅いそうです
바쁘다 忙しい	바쁘-	바쁘-	바쁘대요 忙しいそうです
달다 甘い	달-	달-	달대요 甘いそうです
조용하다 静かだ	조용하-	조용하-	조용하대요 静かだそうです

《練習 1》次の語を例のように変えてみましょう。

例：좋다 よい	좋대요	덥다 暑い	
높다 高い		춥다 寒い	
낮다 低い		예쁘다 かわいい	

비싸다 (値段が) 高い		시원하다 涼しい	
싸다 (値段が) 安い		있다 ある、いる	

・시장은 백화점보다 물건 값이 싸대요.
市場は百貨店より物の値段が安いそうです。

・선생님은 이번 주는 바쁘시대요. 先生は今週はお忙しいそうです。

《練習 2》次の文を韓国語に訳しなさい。

(1) 富士山は日本でいちばん高いそうです。

(2) 冬もそんなに寒くないそうです。

2-075

力試し

1. 次の文を音読し、日本語に訳してみましょう。

① 역시 막걸리는 맛있죠?

② 영화를 보고 바보같이 울었어요.

③ 요즘 일본에선 이 노래가 아주 인기가 좋대요.

④ 언젠가 이 소설을 꼭 한 번 읽고 싶어요.

⑤ 순대라는 음식도 먹고 싶어요.

____

2. 次の文を韓国語に訳してみましょう。

① やはりディズニーランドはいつ来ても素敵でしょう？

____

② 最近、韓国ではこの化粧がとても人気があるそうです。（化粧：화장）

____

③ この図書館は静かだそうです。

____

④ 東大寺というお寺にも行きたいです。（お寺：절）

____

⑤ いつかあの人に是非一度会いたいです。

____

3. 次の質問に韓国語で答えましょう。

① 요즘 뭐가 인기가 좋아요？（最近、何が人気がありますか。）

____

② 뭘 하고 싶어요？（何をしたいですか。）

____

第30課 그냥 좋아하니까 가요.

ただ好きですから行きます。

2-076

ユリさんがとうとう韓国留学へ

유리 : 내일 한국으로 출발하니까 가슴이 좀 두근거려요.

우현 : 유리 씨는 대단해요.
휴직하고 유학까지 가니까요.

유리 : 아니에요. 그냥 한국을 좋아하니까 가요.

우현 : 강릉에 가거든 민수도 만나 보세요.

유리 : 감사합니다. 그런데 공부가 걱정이 돼요.

우현 : 괜찮아요. 열심히 하면 되니까 걱정 없어요.

《日本語訳》

유리：明日、韓国へ出発するので、ちょっと胸がどきどきします。
우현：ユリさんはすごいです。休職して留学まで行くのですから。
유리：違います。ただ、韓国が好きだから行くのです。
우현：カンヌンに行ったらミンスにも会ってみてください。
유리：ありがとうございます。ところで、勉強が心配です。
우현：大丈夫です。一生懸命やれば良いのだから心配ありません。

第30課

発音

출발하니까 [출바라니까]、대단해요 [대다내요]、휴직하고 [휴지카고]
좋아하니까 [조아하니까]、강릉 [강능]、걱정 [걱쩡]、열심히 [열씨미]

語句・表現

1. □출발하니까 [出発 -] 出発するから☆출발하다出発する　□가슴 胸□두근거려요 どきどきします☆두근거리다（どきどきする）

2. □대단해요［大端 -］すごいです☆대단하다（すごい）　□휴직하다［休職 -］休職する　□유학［留学］　□가니까요 行くからです
3. □그냥 ただ　□좋아하니까 好きなので☆좋아하다（好きだ）
4. □강릉［江陵］☆韓国の地名　□가거든 行ったら☆가다（行く）
5. □걱정 心配
6. □열심히［熱心－］一生懸命　□되니까 良いのだから（←なるから）☆되다（なる）

1　活用形Ⅱ＋ - 니까：～から、～ので［理由・原因］

活用形Ⅱ ＋ 니까 ：～から、～ので

動詞や形容詞などの活用形Ⅱに「니까」がついて、「～から」「～ので」という理由や原因を表します。また、その後ろに요をつけると丁寧な表現になります。

가다 —活Ⅱ＋～から、ので／가＋니까→ 가니까 —丁寧形／요→ 가니까요
行く　　行くから、行くので　　行きますから(ね)

基本形	語幹	活用形Ⅱ	目的
쉬다 休む	쉬 -	쉬 -	쉬니까 休むから、休むので
받다 もらう	받 -	받으 -	받으니까 もらうから、もらうので
맛있다 おいしい	맛있 -	맛있으 -	맛있으니까 おいしいから、おいしいので
산책하다 散歩する	산책하 -	산책하 -	산책하니까 散歩するから、散歩するので
학생이다 学生だ	학생이 -	학생이 -	학생이니까 学生だから、学生なので

《練習 1》次の単語を例のように変えてみましょう。

例：오다 来る	오니까	왔으니까
사다 買う		
입다 着る		
있다 ある、いる		
비싸다 （値段が）高い		
좋다 よい		
목욕하다 お風呂に入る		
처음이다 初めてだ		

・비가 오니까 택시를 타요.　　雨が降るから、タクシーに乗りましょう。

・많이 쉬었으니까 다시 일해요. いっぱい休んだから、また、仕事しましょう。

《練習 2》次の文を韓国語に訳しなさい。

(1) このかばんは高いから、あれを買いましょう。

____

(2) 明日は休むから、徹夜しても大丈夫です。（徹夜する：밤샘하다）

____

2　活用形 I ＋ - 거든：～したら、～ならば［仮定］

活用形 I ＋ 거든 ：～したら、～ならば

動詞や形容詞の活用形Ｉに「거든」をつけると「〜したら」「〜ならば」という、仮定を表す表現になります。また、後続文には命令、誘いかけなどの表現が続きます。なお、終結語尾として使われる場合は、「〜だね」「〜だよ」という意味で、念を押したり、理由をただしたりするときに使います（第42課3参照）。

가다 —活Ｉ＋〜たら／가＋거든→ **가거든**
行く　　　行ったら

基本形	語幹	活用形Ｉ	仮定
만나다 会う	만나 -	만나 -	만나거든 会ったら
먹다 食べる	먹 -	먹 -	먹거든 食べたら
바쁘다 忙しい	바쁘 -	바쁘 -	바쁘거든 忙しかったら
주문하다 注文する	주문하 -	주문하 -	주문하거든 注文したら
조용하다 静かだ	조용하 -	조용하 -	조용하거든 静かだったら

《練習 1》次の語を例のように変えてみましょう。

例：가다　行く	가거든	비비다 混ぜる	
있다 ある、いる		잡다 握る	
벗다 脱ぐ		귀엽다 かわいい	
울다 泣く		이야기하다 話す	
싸다 （値段が）安い		따뜻하다 暖かい	

• 다른 약속이 있거든 다음에 만나요. 他の約束があったら今度会いましょう。

• 방이 덥거든 온도를 내리세요. 部屋が暑かったら温度を下げなさい。

《練習 2》次の文を韓国語に訳しなさい。

(1) 今日忙しかったら、明日、行ってください。

____

(2) 焼き肉をたくさん食べるなら、3人前注文してください。

____

2-077

発音規則：流音の鼻音化

終声がㄱ、ㅁ、ㅂ、ㅇで、それに続く初声の文字が流音のㄹのとき、そのㄹは鼻音のㄴに変わります。これを「流音の鼻音化」と言います。

강릉 [강능] 江陵
〈表記〉 〈発音〉

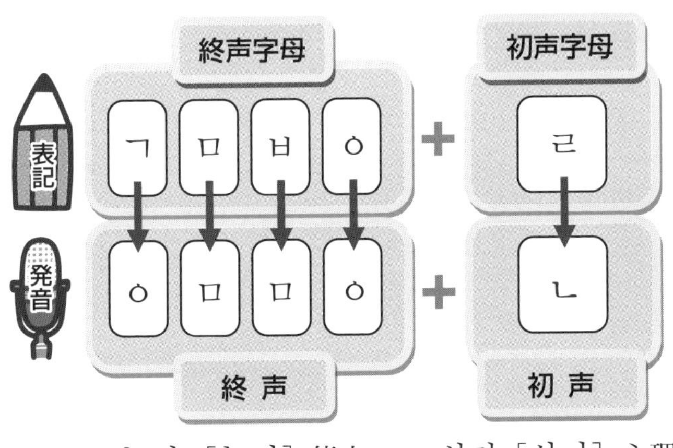

능력 [능녁] 能力　　심리 [심니] 心理

第30課

また、신라［실라］新羅、편리［펄리］便利などのようにㄴのあとでは、流音化が生じますが、複合語の場合は流音化せず、鼻音化が生じます。

등산로［등산노］登山路

なお、終声字母がㄱ、ㅂの場合、さらにㄱ、ㅂもㅇ、ㅁに鼻音化します。

국립→（국닙)→[궁닙］国立　　협력→(협녁）→［혐녁］協力

《練習》次の単語を発音どおり書いて、発音してみよう。

例：강릉　江陵	［강능］	금리　金利	
정리　整理		급료　給料	
왕래　往来		격려　激励	

2-078

力試し

1．次の文を音読し、日本語に訳してみましょう。

① 오늘은 비가 오니까 낚시하러 못 가요．

______

② 한국 음식은 그냥 좋아하니까 자주 먹어요．(그냥：ただ)

______

③ 부산에 가거든 통도사라는 절에도 가 보세요．(절：お寺)

______

④ 그런데 날씨가 좀 걱정이 돼요．

______

⑤ 열심히 연습하면 되니까 걱정 없어요．

______

2. 次の文を韓国語に訳してみましょう。

① 明日、彼女に会うので胸がどきどきします。
(彼女：여자 친구、胸：가슴、どきどきする：두근거리다)

② ビビンバが好きなので、よく食べます。

③ ソウルに行くなら、インサドンにも行ってみてください。
(インサドン：인사동)

④ ところで試験が心配になります。

⑤ 勉強をすれば大丈夫ですから、心配ありません。

3. 次の質問に韓国語で答えましょう。

① 왜 한국어를 공부하세요？(なぜ、韓国語を勉強されますか。)

② 요즘 뭐가 걱정이 돼요？(最近、何が心配ですか。)

第30課

第31課 교통이 편리해서 좋아요.

交通が便利なのでいいです。

2-079

スルギはソウル留学中のユリに再会

슬기 : 이화여대는 어때요?

유리 : 캠퍼스가 깨끗해서 마음에 들어요.

슬기 : 하숙집에서부터 다니기에는 괜찮아요?

유리 : 교통이 편리해서 좋아요.
삼십 분밖에 안 걸려요.

슬기 : 자, 이 팥빙수 더 드세요.

유리 : 너무 많이 먹어서 더 이상 못 먹어요.

《日本語訳》

슬기：梨花女子大学はいかがですか。
유리：キャンパスがきれいで、気に入っています。
슬기：下宿から通うのには大丈夫ですか。
유리：交通が便利なのでいいです。30 分しかかかりません。
슬기：さあ、このかき氷もっと召し上がってください。
유리：食べ過ぎてこれ以上食べられません。

発音

깨끗해서 [깨끄태서]、편리해서 [펼리해서]、팥빙수 [팓삥수]、많이 [마니]、못 먹어요 [몬머거요]

語句・表現

1. □이화여대 [梨花女大] 梨花女子大学
2. □캠퍼스 キャンパス □깨끗해서 きれいなので☆깨끗하다 (きれいだ)
□마음에 들어요 気に入っています☆마음에 들다 (気に入る)

3. □하숙집［下宿 -］下宿　□다니기　通うこと☆다니다（通う）
4. □교통［交通］　□편리해서［便利 -］便利なので☆편리하다（便利だ）
□밖에 しか　□걸려요 かかります☆걸리다（かかる）
5. □팥빙수［- 氷水］かき氷　□더 もっと　□드세요 召し上がってください☆드시다（召し上がる）
6. □많이 たくさん　□먹어서 食べたので☆먹다（食べる）　□더 もっと
□이상［以上］

1　- 서〈1〉～て、～ので、～から［理由・原因］

- 서〈2〉は32課にあるよ！

活用形Ⅲ ＋ 서 ：～て、～ので、～から

動詞や形容詞の「活用形Ⅲ」に「서」をつけると、「～て」「～ので」「～から」など、原因・理由の意味を表します。「活用形Ⅱ - 니까」とは異なり、過去形につけることはできません。

편리하다（便利だ）　—活Ⅲ＋～て、～ので／편리해＋서→　**편리해서**（便利なので）

また、一般的に「서」をつけず使うことも多いです。

・이 옷은 <u>작아서</u> 못 입어요．　この服は小さくて着られません。
・이 옷은 <u>작아</u> 못 입어요．　この服は小さくて着られません。

なお、「活用形Ⅲ＋서」の後ろに勧誘、命令、依頼、意志などの表現が来ることも通常ありません。

・다나카 씨，시간이 없으니까 택시를 타요！　（○）
田中さん、時間がないから、タクシーに乗りましょう。
・다나카 씨，시간이 <u>없어서</u> 택시를 타요！　（×）

基本形	語幹	活用形Ⅲ	原因・理由
편리하다 便利だ	편리하 -	편리해	편리해서　便利なので
이기다 勝つ	이기 -	이겨	이겨서　勝って
받다 もらう	받 -	받아	받아서　もらって
비싸다 (値段が)高い	비싸 -	비싸	비싸서　高くて
좋다 よい	좋 -	좋아	좋아서　よいので
운동하다 運動する	운동하 -	운동해	운동해서　運動するので
조용하다 静かだ	조용하 -	조용해	조용해서　静かなので
학생이다 学生だ	학생이 -	학생이어	학생이어서　学生なので

《練習 1》次の語を例のように変えてみましょう。

例：오다 来る	와서
만나다 会う	
지다 負ける	
읽다 読む	
입다 着る	
있다 いる、ある	
싸다 安い	
싫다 いやだ	
여행하다 旅行する	
피곤하다 疲れる	
산이다 山だ	

・길이 밀려서 예정 시간보다 늦게 도착했어요.

道が渋滞して予定時間より遅く到着しました。

・오늘은 비가 많이 와서 사진도 제대로 못 찍었어요.

今日は雨がたくさん降ったので、写真もちゃんと撮れませんでした。

《練習 2》次の文を韓国語に訳しなさい。

(1) 服が安くて、たくさん買いました。

(2) 昨日は宿題が多くて、遅く寝ました。

2 -기에（는）~するには［判断の根拠］

活用形Ⅰ ＋ 기에(는) ：～するには

「活用形Ⅰ」に「기에는」をつけると、そのような判断基準から「～するには」という意味になります。

보다 —活Ⅰ＋するには / 보＋기에(는)→ 보기에(는)
見る　　　見るには

基本形	語幹	活用形Ⅰ	判断の根拠
보다　見る	보 -	보 -	보기에는　見るには
쓰다　書く	쓰 -	쓰 -	쓰기에는　書くには
타다　乗る	타 -	타 -	타기에는　乗るには
입다　着る	입 -	입 -	입기에는　着るには
살다　暮らす、住む	살 -	살 -	살기에는　暮らすには、住むには
듣다　聞く	듣 -	듣 -	듣기에는　聞くには
일하다　働く	일하 -	일하 -	일하기에는　働くには

《練習 1》次の語を例のように変えてみましょう。

例：보다　見る	보기에는	먹다　食べる	
만나다　会う		깎다　値切る	
마시다　飲む		열다　開ける	
자다　寝る		연락하다　連絡する	
사다　買う		전화하다　電話する	

・이 방은 혼자서 살기에는 알맞아요.

この部屋は一人で暮らすには手頃です。

・그 옷은 내가 입기에는 너무 화려해요.

その服は私が着るには派手すぎます。

《練習 2》次の文を韓国語に訳しなさい。

(1) この図書館は勉強するには悪くありません。

____

(2) この車は僕が乗るにはちょっと小さいです。

____

3　-밖에　～しか［制限］

：～しか

体言や副詞などに「밖에」をつけると、「ただそれしか」という意味になります。日本語の「～しか」と同じく、下に常に打ち消しの語を伴い、特定の事柄・条件だけを取り上げて、それ以外のものをすべて否定する意を表します。

이것 → 이것밖에

これ　　これしか

・점심 시간이 이제 10 분밖에 안 남았어요.

お昼の時間があと10分しか残っていません。

・우리 과에는 여학생들밖에 없어요.

うちの学科には女子学生しかいません。

なお、「- 밖에」が使われる否定表現と「- 만」(13課の3) が使われる肯定表現は、意味は変わりありません。

・지갑에 만 원밖에 없어요.

財布に1万ウォンしかありません。

・지갑에 만 원만 있어요.

財布に1万ウォンだけあります。

《練習》次の文を韓国語に訳しなさい。

(1) 今日の会合には3名しか来ませんでした。(会合：모임)

____

(2) 荷物はスーツケース一つしかありません。(スーツケース：트렁크)

____

2-080

力試し

1. 次の文を音読し、日本語に訳してみましょう。

① 하숙집이 조용해서 마음에 들어요.

____

② 이 불고기는 안 비싸서 먹기는 좋아요.

____

③ 우리 회사는 일하기에는 좋은 직장이에요. (직장：職場)

____

④ 아직 자기에는 이른 시간이에요. (이르다：早い)

____

⑤ 오늘 숙제는 이것밖에 없어요.

____

2. 次の文を韓国語に訳してみましょう。

① 部屋が静かで気に入っています。(気に入る：마음에 들다)

____

② 学校から通うにはいいです。

____

③ 下宿から交通が便利でいいです。

____

④ 私が乗るにはちょっと大きい車です。(車：자동차)

____

⑤ 約束の時間があまり残っていません。(あまり：별로)

____

3. 次の質問に韓国語で答えましょう。

① 지금 동네는 무엇이 마음에 들어요? (今の街は何が気に入っていますか。)

____

② 요즘 건강은 어때요? (最近、健康はいかがですか。)

____

第32課 부산에 가서 친구들도 만나요.

釜山に行って友だちにも会います。

2-081

連休のスケジュールを答える

슬기 : 이번 연휴에는 뭐 해요?

유리 : 경주에 가서 구경도 하고, 부산에 가서 친구들도 만나요.

슬기 : 경주에는 불국사도 있고 석굴암도 있어요. 경주엔 KTX 를 타고 가요?

유리 : 아뇨, 고속버스터미널에서 버스를 타고 가요.

슬기 : 부산에 가서 싱싱한 회도 많이 먹고 나서 바다 구경도 실컷 하세요.

유리 : 친구들도 만나서 재미있게 놀고 싶어요.

《日本語訳》

슬기 : 今度の連休には何をしますか。
유리 : 慶州に行って見物もし、釜山に行って友だちにも会います。
슬기 : 慶州には仏国寺もあり、石窟庵もあります。慶州にはKTXに乗って行きますか。
유리 : いいえ、高速バスターミナルでバスに乗って行きます。
슬기 : 釜山に行って新鮮な刺身もいっぱい食べて、海も思う存分見物してください。
유리 : 友だちにも会って、楽しく遊びたいです。

発音

불국사 [불국싸]、석굴암 [석꾸람]、실컷 하세요 [실커타세요]

語句・表現

1. □연휴 [連休]

2. □경주［慶州］☆韓国の地名　□가서 行って☆가다（行く）　□구경 見物　□하고 して☆하다（する）　□부산［釜山］☆韓国の地名　□만나요 会います☆만나다（会う）

3. □불국사［仏国寺］☆寺院の名前　□있고 あって☆있다（ある）　□석굴암［石窟庵］☆寺院の名前　□타고 乗って☆타다（乗る）

4. □고속버스터미널 高速バスターミナル　□버스 バス

5. □싱싱한 新鮮な☆싱싱하다（新鮮だ）　□회［膾］さしみ　□먹고 食べて☆먹다（食べる）　□바다 海　□실컷 思いっきり、思う存分

6. □만나서 会って☆만나다（会う）　□재미있게 面白く☆재미있다（面白い）　□놀고 싶어요 遊びたいです☆놀고 싶다（遊びたい）

1　-고　～して、～くて［(1) 動作の先行　(2) 並列］

活用形Ⅰ ＋ 고　：～して（から）、～くて

動詞の「活用形Ⅰ」に連結語尾「고」をつけると、(1) 動作の先行（先行文の行動が、後続文の動作より時間的に先立つことを表す。前後の動作は関連性が弱い。）や (2) 並列（2 つ以上の対等な事実を並べる）を表します。なお、形容詞の「活用形Ⅰ」に「고」をつけると並列を表します。

보다 —活Ⅰ＋～して／보＋고→ 보고
見る　　　　　見て（から）

좋다 —活Ⅰ＋～くて／좋＋고→ 좋고
　　　　　　　よくて

第32課

基本形	語幹	活用形Ⅰ	(1) 動作の先行、(2) 並列
보다 見る	보 -	보 -	보고 見て(から)
쓰다 書く	쓰 -	쓰 -	쓰고 書いて(から)
타다 乗る	타 -	타 -	타고 乗って(から)
입다 着る	입 -	입 -	입고 着て(から)
살다 暮らす、住む	살 -	살 -	살고 暮らして(から)、住んで (から)
듣다 聞く	듣 -	듣 -	듣고 聞いて(から)
일하다 働く	일하 -	일하 -	일하고 働いて(から)
基本形	語幹	活用形Ⅰ	(2) 並列
좋다 よい	좋 -	좋 -	좋고 よくて
예쁘다 きれいだ	예쁘 -	예쁘 -	예쁘고 きれいで
안전하다 安全だ	안전하 -	안전하 -	안전하고 安全で

《練習 1》次の語を例のように変えてみましょう。

例：보다 見る	보고	먹다 食べる	
듣다 聞く		싫다 いやだ	
마시다 飲む		열다 開ける	
자다 寝る		연락하다 連絡する	
쓰다 書く		조용하다 静かだ	

- 세수를 하고 이를 닦아요.　顔を洗って（から）、歯を磨きます。
- 밥을 먹고 커피도 마셔요.　ご飯も食べて、コーヒーも飲みます。
- 목도 아프고 열도 나요.　喉も痛くて、熱も出ます。

《練習 2》次の文を韓国語に訳しなさい。

(1) 自転車に乗って学校へ行きます。

____

(2) 韓国語を書いて、読みます。

____

(3) このパンは安くておいしいです。

---

2 - 서〈2〉(1)~して(から)[動作の先行] (2)~したまま [動作の持続]

活用形Ⅲ ＋ 서 ：(1) ～して（から） (2) ～したまま

動詞の「活用形Ⅲ」に「서」をつけると、(1) ある物事が時間を追って起きていることを表したり、(2) 先行文の動作や状態が後続文まで続いていることを表したりします。先行文と後続文の主語が同じで、述語にはおもに動作動詞が使われます。

(1) 아침에 일어나서 이를 닦아요． 朝、起きて歯を磨きます。

(2) 자리에 앉아서 기다려 주세요． 席に座って(座ったまま)待ってください。

만나다 (会う) —活Ⅲ＋～して(から) / 만나＋서→ 만나서 (会って(から))

基本形	語幹	活用形Ⅲ	動作の先行・持続
만나다 会う	만나 -	만나	만나서 会って
가다 行く	가 -	가	가서 行って
일어나다 起きる	일어나 -	일어나	일어나서 起きて
나가다 出かける	나가 -	나가	나가서 出かけて
앉다 座る	앉 -	앉아	앉아서 座って

《練習 1》次の語を例のように変えてみましょう。

例：오다 来る	와서
삶다 ゆでる	
비비다 混ぜる	

읽다 読む	
잡다 取る	
계산하다 計算する	

《練習 2》次の文を韓国語に訳しなさい。

(1) 朝、早く起きて、会社に行きました。

(2) ビビンバを混ぜて、おいしく食べました。

3 -고 나서 〜してから［時間的な順序］

活用形Ⅰ ＋ 고 나서 ：〜してから

動詞の「活用形Ⅰ」に「고 나서」をつけると、「〜してから」という意味で、前の行為がはっきり終わったあと、次の動作に移ることを表します。

먹다 (食べる) —活Ⅰ＋してから / 먹＋고 나서→ 먹고 나서 (食べてから)

基本形	語幹	活用形Ⅰ	時間的な順序
먹다 食べる	먹 -	먹 -	먹고 나서 食べてから
입다 着る	입 -	입 -	입고 나서 着てから
듣다 聞く	듣 -	듣 -	듣고 나서 聞いてから
쓰다 かぶる	쓰 -	쓰 -	쓰고 나서 かぶってから
만나다 会う	만나 -	만나 -	만나고 나서 会ってから
공부하다 勉強する	공부하 -	공부하 -	공부하고 나서 勉強してから

《練習 1》次の語を例のように変えてみましょう。

例：먹다 食べる	먹고 나서	싣다 載せる	
끝나다 終わる		보다 見る	
마시다 飲む		넣다 入れる	
자다 寝る		끌다 引く	
신다 履く		숙제하다 宿題する	

- 아침을 먹고 나서 학교에 갔어요. 朝ご飯を食べてから学校に行きました。
- 회의가 끝나고 나서 파티가 있어요. 会議が終わってからパーティーがあります。

《練習 2》次の文を韓国語に訳しなさい。

(1) 服を着てから帽子をかぶりました。(かぶる：쓰다)

____

(2) 夕食を食べてから映画を見ました。

____

2-082

力試し

1. 次の文を音読し、日本語に訳してみましょう。

① 우리 집 가까이에는 슈퍼도 있고 병원도 있어요.

____

② 매일 아침 빵을 먹고 우유를 마셔요?

____

③ 노래방에서 노래도 부르고 춤도 추었어요.

____

④ 친구를 만나서 학교에 갔어요.

____

⑤ 숙제를 다 하고 나서 자요.

2. 次の文を韓国語に訳してみましょう。

① デパートに行って買い物もし、ミョンドンに行って見物もします。
(ミョンドン：명동、見物：구경)

② 友だちに会って勉強もし、宿題もします。

③ 食堂で焼き肉も食べ、マッコリも飲みます。

④ ソファに座ってテレビを見ました。(ソファ：소파)

⑤ 本を読んでから読書感想文を書きました。(読書感想文：독후감)

3. 次の質問に韓国語で答えましょう。

① 지난 일요일에는 뭐 했어요? (この前の日曜日には何をしましたか。)

② 친구들과 만나서 뭐 하고 싶어요? (友だちに会って何をしたいですか。)

第33課 한국 음식을 좋아하는 사람들이 많아요.

韓国料理が好きな人が多いです。

2-083

日韓の食べ物について話す

유리 : 일본에서는 한국 음식을 좋아하는 사람들이 많아요.

슬기 : 그래요? 요즘 한국에서도 일식이 인기가 있는 것 같아요.

유리 : 김치를 먹는 사람들도 많이 늘었어요.

슬기 : 청주를 마시는 사람들도 많아요.

유리 : 우리 동네에도 한국 식품점이 있기 때문에 아주 편리해요.

슬기 : 진짜 세상이 많이 달라졌는데요.

《日本語訳》

유리 : 日本では韓国料理が好きな人たちが多いです。
슬기 : そうですか。最近、韓国でも和食が人気があるようです。
유리 : キムチを食べる人（たち）もたくさん増えました。
슬기 : 日本酒を飲む人（たち）も多いです。
유리 : うちの近所にも韓国食品店があるので、とても便利です。
슬기 : 本当に世の中がだいぶ変わりましたね。

発音

한국 음식을[한구금시글]、좋아하는[조아하는]、많아요[마나요]、인기[인끼]、있는 [인는]、먹는 [멍는]、있기 [읻끼]、편리해요 [펼리해요]

語句・表現

1. □음식［飲食］食べ物、料理　□좋아하는 好きな☆좋아하다（好きだ）
2. □일식［日食、日式］和食　□인기［人気］
3. □먹는 食べる～☆먹다（食べる）　□늘었어요 増えました☆늘다（増える）
4. □청주［清酒］、日本酒☆　□마시는 飲む～☆마시다（飲む）
5. □동네 近所　□식품점［食品店］　□있기 때문에 あるから
6. □진짜 本当に　□세상［世上］世の中　□달라졌는데요 変わりましたね☆달라지다（変わる）　□-는데요 ～ますが、～ですが

ポイント解説

1　-는　～する～、～している～［動詞と存在詞の現在連体形（非過去連体形）］

活用形Ⅰ ＋ 는 ：～する～、～している～

動詞や存在詞（있다、없다など）の活用形Ⅰに「는」をつけると、「～する～、～している～」という意味で、(1) 現在進行（ある動作や状態が現在行われていること）や (2) 一般的な事柄や状態を表します。

(1) 잘 모르는 사람은 손을 드세요.
よくわからない人は手をあげてください。

(2) 아침을 안 먹는 것은 건강에 안 좋아요.
朝ご飯を食べないのは健康によくありません。

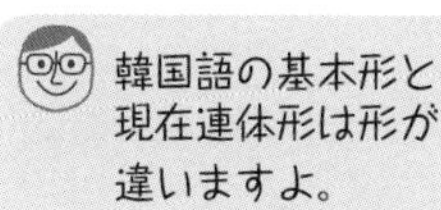

韓国語の基本形と
現在連体形は形が
違いますよ。

そうか！韓国語
は「-는」をつけ
るんだね！

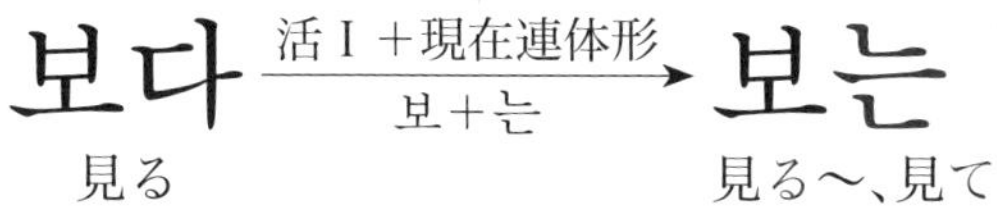

基本形	語幹	活用形Ⅰ	現在連体形
먹다 食べる	먹 -	먹 -	먹는 食べる～
쓰다 書く	쓰 -	쓰 -	쓰는 書く～
배우다 習う	배우 -	배우 -	배우는 習う～
받다 もらう	받 -	받 -	받는 もらう～
있다 ある、いる	있 -	있 -	있는 ある～、いる～
없다 ない、いない	없 -	없 -	없는 ない～、いない～
응원하다 応援する	응원하 -	응원하 -	응원하는 応援する～

《練習 1》次の語を例のように変えてみましょう。

例：보다 見る、 영화 映画	보는 영화	읽다 読む、 책 本	
부르다 歌う、 노래 歌		오다 来る、 친구 友だち	
마시다 飲む、 물 水		재미있다 面白い、 게임 ゲーム	
자다 寝る、 시간 時間		맛없다 まずい、 빵 パン	
닫다 閉じる、 문 門		좋아하다 好きだ、 사람 人	

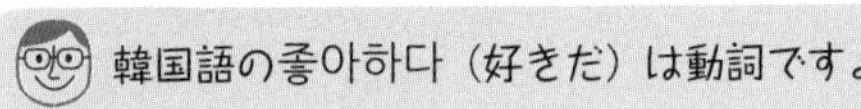

韓国語の좋아하다（好きだ）は動詞ですよ。

《練習 2》次の文を韓国語に訳しなさい。

(1) この歌は最近、よく聞く歌です。

(2) 韓国語を習う学生がたくさんいます。

2 -는 것 같다 ～ようだ［動詞・存在詞の不確かな推量］

活用形Ⅰ ＋ 는 것 같다 ：～ようだ

動詞・存在詞の活用形Ⅰに「는 것 같다」をつけると、「～のようだ」「～みたいだ」という現在の出来事の推量を表します。また、動詞の「活用形Ⅱ＋ㄴ 것 같다」（第35課3参照）は過去の出来事の推量、「活用形Ⅱ＋ㄹ 것 같다」「～しそうだ」（第44課3参照）は不確かな推量、「活用形Ⅲ＋ㅆ던 것 같다」「～したようだ」は不確かな回想に使われます。

보다 —活Ⅰ＋ようだ / 보＋는 것 같다→ 보는 것 같다
見る　　　見ているようだ

基本形	語幹	活用形Ⅰ	不確かな推量
먹다 食べる	먹 -	먹 -	먹는 것 같다 食べているようだ
가다 行く	가 -	가 -	가는 것 같다 行くようだ
맛있다 おいしい	맛있 -	맛있 -	맛있는 것 같다 おいしいようだ
재미없다 面白くない	재미없 -	재미없 -	재미없는 것 같다 面白くないようだ
공부하다 勉強する	공부하 -	공부하 -	공부하는 것 같다 勉強しているようだ

《練習 1》次の語を例のように変えてみましょう。

例：보다 見る	보는 것 같아요
노래하다 歌う	
기다리다 待つ	
읽다 読む	

오다 来る	
재미있다 面白い	
맛없다 まずい	
이해하다 理解する	

・밖에 비가 오는 것 같아요.　外に雨が降っているようです。
・늘 공부를 열심히 하는 것 같았어요.
いつも勉強を一生懸命やっているようでした。

《練習 2》次の文を韓国語に訳しなさい。

(1) この小説は面白いようです。

____

(2) 韓国をよく理解しているようでした。

____

3 -기 때문에　～から、～ので［理由・原因］

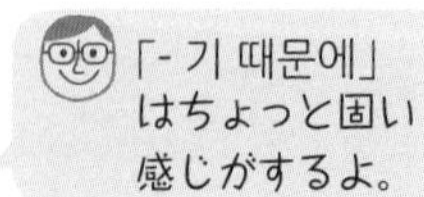

活用形 I ＋ 기 때문에 ：～から、～ので

動詞や形容詞などの「活用形 I 」に「기 때문에」をつけると、「～から」「～ので」という意味で、理由や原因を表します。なお、「서〈1〉」(第 31 課 1 参照) と同じく後続文に勧誘や命令の表現は使いません。

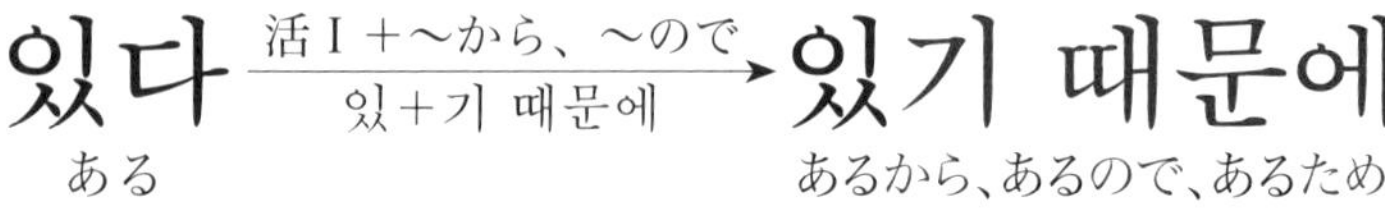

基本形	語幹	活用形I	理由・原因
타다　乗る	타 -	타 -	타기 때문에　乗るから
입다　着る	입 -	입 -	입기 때문에　着るから
빠르다　速い	빠르 -	빠르 -	빠르기 때문에　速いから
늦다　遅い	늦 -	늦 -	늦기 때문에　遅いから
공부하다　勉強する	공부하 -	공부하 -	공부하기 때문에 勉強するから
조용하다　静かだ	조용하 -	조용하 -	조용하기 때문에 静かなので
일요일이다 日曜日だ	일요일이 -	일요일이 -	일요일이기 때문에 日曜日なので

《練習 1》次の語を例のように変えてみましょう。

例：있다　ある、いる	있기 때문에	춥다　寒い	
보다　見る		덥다　暑い	
마시다　飲む		운동하다　運動する	
믿다　信じる		가난하다　貧しい	
알다　知る		부자이다　お金持ちだ	

・길을 잘 모르기 때문에 고생했어요.　道をよく知らないので苦労しました。
・뭐든지 잘 먹기 때문에 좋아요.　何でもよく食べるので、好きです。

《練習 2》次の文を韓国語に訳しなさい。

(1) 雨が降るので家にいました。

____

(2) 学生なので、あまりお金がありません。

____

4 -는데 ～が、～けれど、～のに［動詞・存在詞の婉曲法］

活用形Ⅰ ＋ 는데 ：～が、～けれど、～のに

動詞や存在詞（있다、없다など）の活用形Ⅰに「는데」をつけると、「～が、～けれど、～のに」という意味になり、遠回しに物事を言うときに使います。また、「는데」のあとに「요」をつけると、「～ますが」「～ます（よ）」などの丁寧な表現になります。なお、「는데」は過去・完了の語尾「ㅆ」や意志・推量婉曲の語尾「겠」のあとにもつけられます。

보다 —活Ⅰ＋～が／보＋는데→ 보는데 —丁寧形／요→ 보는데요

見る　　見るが、見るけど　　見ますが、見ます(よ)

基本形	語幹	活用形Ⅰ	婉曲法
먹다　食べる	먹 -	먹 -	먹는데　食べるが
웃다　笑う	웃 -	웃 -	웃는데　笑うが
묻다　尋ねる	묻 -	묻 -	묻는데　尋ねるが
기다리다　待つ	기다리 -	기다리 -	기다리는데　待つが
있다　ある、いる	있 -	있 -	있는데　あるが、いるが
없다　ない、いない	없 -	없 -	없는데　ないが、いないが
화장하다　化粧する	화장하 -	화장하 -	화장하는데　化粧するが

《練習 1》次の語を例のように変えてみましょう。

例：보다　見る	보는데요	읽다　読む	
노래하다　歌う		오다　来る	
마시다　飲む		재미있다　面白い	
자다　寝る		맛없다　まずい	
닫다　閉じる		청소하다　掃除する	

・친구 생일 선물을 사는데 어떤 게 좋아요?

友だちの誕生日プレゼントを買いますが、どんなものがいいですか。

・한 달에 한 번 대청소를 했는데요.

1か月に1度、大掃除をしました。

《練習 2》次の文を韓国語に訳しなさい。

(1) 今日は約束がありませんが、今晩会いましょう。(今晩：오늘 저녁)

____

(2) 私は毎朝、パンを食べますが。

____

第33課

2-084

力試し

1. 次の文を音読し、日本語に訳してみましょう。

① 공항에서 기다리는 팬들이 많아요. (팬：ファン)

____

② 한국어를 공부하는 사람들이 늘었어요.

____

③ 우리 회사에도 구내 식당이 있기 때문에 아주 편리해요.

____

④ 진짜 값이 많이 내렸는데요. (진짜：本当に、값：値段)

____

⑤ 지금 한국 신문을 보는 것 같아요.

____

2. 次の文を韓国語に訳してみましょう。

① 最近、韓国の歌が好きな人が多いです。

② ゴルフをする人が増えました。(増える：늘다)

③ お酒を飲まない人もいるようです。

④ 花屋とパン屋があるから便利です。

⑤ 冬は雪がたくさん降るから、とても不便です。

3. 次の質問に韓国語で答えましょう。

① 한국 음식을 좋아하는 사람들이 많아요?
(韓国料理が好きな人たちが多いですか。)

② 김치를 잘 먹는 편이에요? (キムチをよく食べる方ですか。)

第34課 좀 더 싼 것은 없어요?

もっと安いのはありませんか。

2-085

ジーパンを買いに行く

유리 : 청바지를 사고 싶은데요.
좋은 청바지 있어요?

점원 : 이 바지는 어때요?

유리 : 좀 큰 것 같아요.
조금 더 작은 것은 없어요?

점원 : 이 검은색 청바지도 좋은데요.
10 만 원이에요.

유리 : 좀 더 싼 것은 없어요?

점원 : 그냥 이거로 하세요. 8 만 원만 주세요.

《日本語訳》

유리：ジーパンを買いたいですが。いいジーパンありますか。
점원：このズボンはいかがですか。
유리：ちょっと大きいようです。もう少し小さいのはありませんか。
점원：この黒いジーパンもいいです。10万ウォンです。
유리：もう少し安いものはありませんか。
점원：じゃあこれをどうぞ。(←これにしなさい)。8万ウォンだけください。

発音

좋은 [조은]、큰 것 [큰 걷]、십만 원이에요 [심마눠니에요]

語句・表現

1. □청바지 [青―] ジーパン　□사고 싶은데요 買いたいんですが☆사고 싶다 (買いたい)

第34課

2. □점원（店員）、従業員　□바지 ズボン　□어때요 いかがですか
3. □큰 것 같아요 大きいようです☆큰 것 같다（大きいようだ）　□작은 小さい～☆작다（小さい）
4. □검은색 黒色
5. □좀 ちょっと　□더 もっと　□싼 安い～☆싸다（安い）
6. □그냥 ただ　□이거로 これで　□만 ～だけ

ポイント解説

1 -ㄴ　～い～、～な～、～の～［形容詞・指定詞の現在連体形（非過去連体形）］

活用形Ⅱ ＋ ㄴ ：～い、～な、～の

形容詞や指定詞の活用形Ⅱに「ㄴ」をつけると、「～い」「～な」「～の」という現在の状態を表します。

작다 ―活Ⅱ＋現在連体形 / 작으＋ㄴ→ 작은
小さい　　小さい～

基本形	語幹	活用形Ⅱ	現在連体形
크다 大きい	크 -	크 -	큰 大きい
작다 小さい	작 -	작으 -	작은 小さい
빠르다 速い	빠르 -	빠르 -	빠른 速い
늦다 遅い	늦 -	늦으 -	늦은 遅い
많다 多い	많 -	많으 -	많은 多い
적다 少ない	적 -	적으 -	적은 少ない
조용하다 静かだ	조용하 -	조용하 -	조용한 静かな
학생이다 学生だ	학생이 -	학생이 -	학생인 学生の

《練習 1》次の語を例のように変えてみましょう。

例：작다 小さい、 꽃 花	작은 꽃	짧다 短い、 시간 時間	
넓다 広い、 교실 教室		차다 冷たい、 물 水	
좁다 狭い、 집 家		따뜻하다 暖かい、 밥 ご飯	
좋다 よい、 책 本		시원하다 涼しい、 날씨 天気	
싫다 嫌いだ、 음식 料理		처음이다 初めてだ 사람 人	

・많은 사람들이 모였어요．　多くの人々が集まりました。

・조용한 방을 주세요．　　静かな部屋をください。

《練習 2》次の文を韓国語に訳しなさい。

(1) 小さい子犬がいます。

___

(2) 大きな海を見ました。

___

2 -ㄴ데　～が、～けれど、～のに［形容詞・指定詞の婉曲法］

活用形Ⅱ ＋ ㄴ데 ：～が、～けれど、～のに

形容詞・指定詞の活用形Ⅱに「ㄴ데」をつけると、「～が」「～けれども」「～のに」のように遠回しに物事を言うときに使います。なお、「요」をつけると丁寧な表現になり、「～ですが」「～ですね」の意味になります。

작다 —活II＋〜が／작으＋ㄴ데→ 작은데 —丁寧形／요→ 작은데요

小さい　　小さいが　　小さいですが、小さいですね

基本形	語幹	活用形II	婉曲法
크다　大きい	크 -	크 -	큰데　大きいが
빠르다　速い	빠르 -	빠른 -	빠른데　速いが
늦다　遅い	늦 -	늦으 -	늦은데　遅いが
많다　多い	많 -	많으 -	많은데　多いが
조용하다　静かだ	조용하 -	조용하 -	조용한데　静かだが
학생이다　学生だ	학생이 -	학생이 -	학생인데　学生だが

《練習 1》次の語を例のように変えてみましょう。

例：작다　小さい	작은데요	짧다　短い	
넓다　広い		차다　冷たい	
좁다　狭い		따뜻하다　暖かい	
좋다　よい		시원하다　涼しい	
싫다　嫌いだ		회사원이다 会社員だ	

・이 방은 아주 시원한데요.　この部屋はとても涼しいですね。

・택시는 편리한데 좀 비싸요. タクシーは便利ですが、ちょっと高いです。

《練習 2》次の文を韓国語に訳しなさい。

(1) 天気がとてもいいですね。

____

(2) この服はちょっと大きいですね。

____

3 ㄴ 것 같다　～ようだ［形容詞・指定詞の不確かな推量］

活用形Ⅱ ＋ ㄴ 것 같다 ：～ようだ

形容詞・指定詞の活用形Ⅱに「ㄴ 것 같다」をつけると、「～ようだ」という現在の出来事の推量を表します。

なお、「活用形Ⅱ」に「ㄹ 것 같다～そうだ」をつけると不確かな推量（第44課3参照）、「活用形Ⅲ」に「ㅆ던 것 같다～だったようだ」をつけると不確かな回想の意味になります。

第34課

작다 —活Ⅱ＋～のようだ / 작으＋ㄴ 것 같다→ 작은 것 같다
小さい　　小さいようだ

基本形	語幹	活用形Ⅱ	不確かな推量
작다　小さい	작 -	작으 -	작은 것 같다　小さいようだ
크다　大きい	크 -	크 -	큰 것 같다　大きいようだ
싫다　嫌いだ	싫 -	싫으 -	싫은 것 같다　嫌いなようだ
좁다　狭い	좁 -	좁으 -	좁은 것 같다　狭いようだ
경찰이다　警察だ	경찰이 -	경찰이 -	경찰인 것 같다　警察のようだ

《練習 1》次の語を例のように変えてみましょう。

例：작다　小さい	작은 것 같아요
넓다　広い	
좋다　よい	
차다　冷たい	
시원하다　涼しい	
회사원이다　会社員だ	

・이 치마는 좀 비싸지만 좋은 것 같아요.
　　このスカートはちょっと高いですが、よいようです。

・저 사람은 회사원인 것 같아요.　あの人は会社員のようです。

《練習 2》次の文を韓国語に訳しなさい。

(1) このビールは冷たいようです。

____

(2) このスカートはちょっと短いようです。

____

4　存在詞

日本語の「用言」には動詞、形容詞、形容動詞などがあります。さて、韓国語の「用言」といえば動詞と形容詞（形容動詞を含む）のほかに、存在詞と指定詞（-이다）というものがあります。まず、存在詞というものは、存在の意味を表す「있다（ある、いる）」「없다（ない、いない）」「계시다（いらっしゃる）」の３語だけです。なお、「맛있다（おいしい）」「맛없다（まずい）」や「재미있다（面白い）」「재미없다（面白くない）」などは、「있다」「없다」と同じく存在詞と同じ活用をします。

ただし、現在、韓国の学校文法では「있다」は形容詞と動詞、「계시다」は動詞、「없다」は形容詞扱いしています。

	動詞	形容詞	存在詞		
基本形	먹다	작다	있다	없다	계시다
叙述形	먹는다	작다	있다	없다	계신다
未来連体形	먹을	작을	있을	없을	계실
現在連体形	먹는	작은	있는	없는	계시는 / 계신
過去連体形	먹은	작던	있던	없던	계시던
命令形	먹어라	―	있어라	―	―

存在詞はときには動詞、ときには形容詞と同じ活用をするよ！

• 약속이 없는 사람들도 많았어요.　約束のない人たちも多かったです。

• 미국에 계시던 선생님이 오셨어요.

アメリカにいらっしゃった先生が来られました。

《練習》次の文を韓国語に訳しなさい。

(1) ソウルにあるホテルに泊まりました。

(2) 青森のりんごはおいしいようです。

第34課

2-086

力試し

1. 次の文を音読し、日本語に訳してみましょう。

① 맛있는 설렁탕을 먹고 싶은데요. (설렁탕：ソルロンタン)

② 어제는 회사에 좀 늦은 것 같아요.

③ 좀 더 빠른 표는 없어요?

④ 일본에서 가장 높은 산은 후지산이에요?

⑤ 이 바지는 좀 짧은 것 같아요.

2. 次の文を韓国語に訳してみましょう。

① 歯ブラシと歯磨き粉を買いたいんですが。(歯ブラシ：칫솔、歯磨き粉：치약)

② この靴はちょっと小さいようです。(靴：신발)

③ もうちょっと大きいのはありませんか。

④ 静かな部屋にしてください。(〜にして：- 으로)

⑤ きれいな花が咲いています。(咲く：피다)

3. 次の質問に韓国語で答えましょう。

① 좀 큰 가방이 좋아요? 작은 가방이 좋아요?
(ちょっと大きいかばんがいいですか。小さいかばんがいいですか。)

② 지금 방은 좁은 방이에요, 넓은 방이에요?
(今の部屋は狭い部屋ですか。広い部屋ですか。)

第35課 이게 어제 본 영화예요.

これが昨日見た映画です。

2-087

昨日の出来事を話す

슬기 : 이게 어제 본 영화예요?

유리 : 네, 아주 재미있었어요. 주인공도 멋졌어요.

슬기 : 영화 본 후에 뭘 했어요?

유리 : 저녁을 먹은 다음에 명동에서 쇼핑도 했어요.

슬기 : 이 목걸이는 어제 산 거 같네요.

유리 : 네, 색깔도 예쁘고 디자인도 귀엽죠?

第35課

《日本語訳》

슬기：これが、昨日見た映画ですか。
유리：はい、とても面白かったです。主人公も素敵でした。
슬기：映画を見たあと、何をしましたか。
유리：夕食を食べたあと、明洞で買い物もしました。
슬기：このネックレスは昨日買ったようですね。
유리：はい、色もきれいで、デザインもかわいいでしょう？

発音

멋졌어요［먿쪄써요］、목걸이［목꺼리］、같네요［간네요］、귀엽죠［귀엽쪼］

語句・表現

1. □본 見た～☆보다（見る）
2. □주인공［主人公］ □멋졌어요 素敵でした☆멋지다（素敵だ）
3. □후에［後 -］あとで
4. □먹은 食べた～☆먹다（食べる）

5. □목걸이 ネックレス　□산 買った～☆사다（買う）
6. □색깔 色　□예쁘고 きれいで☆예쁘다 きれいだ、かわいい　□디자인 デザイン　□귀엽죠？かわいいでしょう☆귀엽다かわいい

ポイント解説

1　-ㄴ　～した～［動詞の過去連体形］

活用形Ⅱ ＋ ㄴ ：～した～

動詞の活用形Ⅱに「ㄴ」をつけると「～した～」という意味で、過去の出来事を表します。

보다 ―活Ⅱ＋過去連体形／보＋ㄴ→ 본
見る　　　　　　　　　　見た～

基本形	語幹	活用形Ⅱ	過去連体形
먹다 食べる	먹 -	먹으 -	먹은 食べた～
기다리다 待つ	기다리 -	기다리 -	기다린 待った～
넣다 入れる	넣 -	넣으 -	넣은 入れた～
묵다 泊まる	묵 -	묵으 -	묵은 泊まった～
약속하다 約束する	약속하 -	약속하 -	약속한 約束した～

《練習 1》次の語を例のように変えてみましょう。

例：보다 見る、영화 映画	본 영화	입다 着る、옷 服	
닫다 閉める、창문 窓		신다 履く、구두 靴	
피다 咲く、꽃 花		삶다 ゆでる、계란 卵	
웃다 笑う、사람 人		확인하다 確認する、서류 書類	

・약속한 걸 잊어버렸어요.　約束したことを忘れてしまいました。
・삶은 계란을 먹었어요.　ゆでた卵を食べました。

《練習 2》次の文を韓国語に訳しなさい。

(1) 昨日見た映画は面白かったです。

____

(2) 先週会った友だちは、小学校の友だちです。

____

第35課

2 -ㄴ 다음에　～したあとで

活用形Ⅱ ＋ ㄴ 다음에 / ㄴ 후에 / ㄴ 뒤에 ：～したあとで

動詞の活用形Ⅱに「ㄴ 다음에」「ㄴ 후에」「ㄴ 뒤에」をつけると「～したあとで」という意味になります。反対語は「～する前に」という意味の活用形Ⅰ＋「기 전에」です。

보다 —活Ⅱ＋～したあとで / 보＋ㄴ 다음에→ 본 다음에
見る　見たあとで

《練習 1》次の語を例のように変えてみましょう。

例：보다 見る	본 다음에	입다 着る	
닫다 閉める		신다 履く	
타다 乗る		묵다 泊まる	
끝나다 終わる		만나다 会う	

・창문을 닫은 다음에 잤어요.　　窓を閉めたあとで、寝ました。
・서류를 찾은 후에 확인했어요.　書類を探したあとで、確認しました。

《練習 2》次の文を韓国語に訳しなさい。

(1) 試験が終わったあとで、笑いました。

____

(2) 服を着たあとで、靴を履きました。

____

3 -ㄴ 것 같다 ～したようだ [動詞の過去の推量]

活用形Ⅱ ＋ ㄴ 것 같다 ：～したようだ

動詞の活用形Ⅱに「ㄴ 것 같다」をつけると、「～したようだ」という過去の出来事の推量を表します。

보다 —活Ⅱ＋～したようだ / 보＋ㄴ 것같다→ 본 것 같다
見る　　　　　　　　　　　　　　見たようだ

基本形	語幹	活用形Ⅱ	過去の推量
오다 来る、降る	오 -	오 -	온 것 같다 来たようだ 降ったようだ
보다 見る	보 -	보 -	본 것 같다 見たようだ
먹다 食べる	먹 -	먹으 -	먹은 것 같다 食べたようだ
얻다 得る	얻 -	얻으 -	얻은 것 같다 得たようだ
하다 する	하 -	하 -	한 것 같다 したようだ

《練習 1》次の語を例のように変えてみましょう。

例：보다 見る	본 것 같아요
이기다 勝つ	
읽다 読む	
벗다 脱ぐ	
감다 （髪を）洗う	
취소하다 取り消す	

・서울에도 비가 온 것 같아요.　　ソウルにも雨が降ったようです。
・늘 공부를 열심히 한 것 같았어요. いつも一生懸命勉強をしたようです。

第35課

《練習 2》次の文を韓国語に訳しなさい。

(1) うちの学校が勝ったようです。

(2) 今朝も髪を洗ったようです。

2-088

力試し

1. 次の文を音読し、日本語に訳してみましょう。

① 그게 어제 본 비디오예요.

② 친구를 만난 후에 뭘 했어요?

③ 공부를 한 다음에 동생하고 같이 연극 보러 갔어요.

④ 이 안경은 남대문시장에서 산 거예요.

⑤ 지금 입은 옷은 한국에서 산 거 같아요.

2. 次の文を韓国語に訳してみましょう。

① この右の人が昨日会った若林さんです。

② 朝ご飯を食べたあと、会社に行きました。

③ コンサートが終わったあと、何をしましたか。

④ このハンカチとネクタイはデパートで買ったものです。

⑤ 今朝はパンを食べたようです。

3. 次の質問に韓国語で答えましょう。

① 지금 입은 옷은 어디서 샀어요? (今、着ている服はどこで買いましたか。)

② 오늘 공부를 한 다음에 뭐 해요? (今日、勉強をしたあと、何をしますか。)

第36課 홈스테이를 했던 적이 있어요.

ホームステイをしたことがあります。

2-089

ホームステイについて話す

유리 : 슬기 씨는 홋카이도에 간 적이 있어요?

슬기 : 고등학교 2 학년 때 삿포로에서 홈스테이를 했던 적이 있어요.

유리 : 홈스테이는 어땠어요?

슬기 : 설날에 먹었던 오세치 요리는 잊을 수 없어요.

유리 : 마침 설날이었었군요. 참 좋았겠어요.

슬기 : 그때 신세를 졌던 분들과는 요즘도 연락을 하고 있어요.

第36課

《日本語訳》

유리 : スルギさんは北海道に行ったことがありますか。
슬기 : 高校２年生のとき、札幌でホームステイをしたことがあります。
유리 : ホームステイはいかがでした？
슬기 : お正月に食べたお節料理は忘れられません。
유리 : たまたまお正月だったんですね。とてもよかったでしょうね。
슬기 : あのとき、お世話になった方（たち）とは、最近も連絡を取っています。

発音

2 학년 [이항년]、했던 [핻떤]、설날에 [설라레]、먹었던 [머걷떤]、설날이었었군요 [설라리언썯꾼뇨]、졌던 [젿떤]、연락을 [열라글]

語句・表現

1. □홋카이도 北海道☆「북해도」とも言う

2. □고등학교［高等学校］、高校　□학년［学年］、～年生　□삿포로 札幌　□홈스테이 ホームステイ　□했던 した～☆하다（する）

4. □설날 お正月　□먹었던 食べた～☆먹다（食べる）　□오세치 요리 お節（料理）

5. □마침 たまたま、ちょうど

6. □신세를 졌던 お世話になった～☆신세를 지다（お世話になる）　□연락［連絡］

ポイント解説

1 -던　～し(てい)た～、～だった～［用言の過去連体形(1)］

活用形Ⅰ ＋ 던 ：～し（てい）た～、～だった～

動詞や形容詞などの活用形Ⅰに「던」をつけると「～し（てい）た～」、「～だった～」という意味で、過去の回想や過去のある時点まで動作や状態が続いていたことを表します。

먹다 ―活Ⅰ＋過去連体形（먹＋던）→ 먹던
食べる　　食べていた～

基本形	語幹	活用形Ⅰ	過去連体形(1)
먹다　食べる	먹 -	먹 -	먹던　食べていた～
기다리다　待つ	기다리 -	기다리 -	기다리던　待っていた～
타다　乗る	타 -	타 -	타던　乗っていた～
달다　甘い	달 -	달 -	달던　甘かった～
좋다　よい	좋 -	좋 -	좋던　よかった～
묵다　泊まる	묵 -	묵 -	묵던　泊まっていた～
있다　ある、いる	있 -	있 -	있던　あった、いた～
약속하다　約束する	약속하 -	약속하 -	약속하던　約束していた～

조용하다 静かだ	조용하 -	조용하 -	조용하던 静かだった～
처음이다 初めてだ	처음이 -	처음이 -	처음이던 初めてだった～

《練習 1》次の語を例のように変えてみましょう。

例：보다 見る、 영화 映画	보던 영화	입다 着る、 옷 服	
믿다 信じる、 친구 友だち		신다 履く、 구두 靴	
피다 咲く、 꽃 花		좋다 よい、 사이 間柄	
읽다 読む、 책 本		밝다 明るい、 방 部屋	
울다 泣く、 아기 赤ちゃん		운동하다 運動する、 사람 人	
짜다 塩辛い、 김치 キムチ		싫어하다 嫌いだ、 음식 料理	
많다 多い、 돈 お金		마지막이다 最後だ、 날 日	

- 밝던 방이 어두워졌어요.　明るかった部屋が暗くなりました。
- 이 옷은 늘 입던 옷이에요.　この服はいつも着ていた服です。

《練習 2》次の文を韓国語に訳しなさい。

(1) 多かったお金が全部なくなりました。

(2) 昨年、咲いていた花が今年も咲きました。

2 -ㅆ던 ～し(てい)た～、～だった～［用言の過去連体形(2)］

活用形Ⅲ ＋ ㅆ던 ：～し(てい)た～、～だった～

動詞や形容詞などの活用形Ⅲに「ㅆ던」をつけると「～した～」「～していた～」「～だった～」という意味で、前から続いていた行動や状態が中断されることを表します。

먹다 ―活Ⅲ＋～していた～ / 먹어＋ㅆ던→ 먹었던
食べる　　　　　　　　　食べた～、食べていた～

基本形	語幹	活用形Ⅲ	過去連体形(2)
먹다 食べる	먹 -	먹어	먹었던 食べた～
기다리다 待つ	기다리 -	기다려	기다렸던 待った～
타다 乗る	타 -	타	탔던 乗った～
달다 甘い	달 -	달아	달았던 甘かった～
좋다 よい	좋 -	좋아	좋았던 よかった～
묵다 泊まる	묵 -	묵어	묵었던 泊まった～
있다 ある、いる	있 -	있어	있었던 あった～、いた～
약속하다 約束する	약속하 -	약속해	약속했던 約束した～
조용하다 静かだ	조용하 -	조용해	조용했던 静かだった～
처음이다 初めてだ	처음이 -	처음이어	처음이었던 初めてだった～

《練習 1》次の語を例のように変えてみましょう。

例：보다 見る、 영화 映画	보았던 영화	입다 着る、 옷 服	
믿다 信じる、 친구 友だち		신다 履く、 구두 靴	

피다 咲く、 꽃 花		좋다 よい、 사이 間柄	
읽다 読む、 책 本		밝다 明るい、 방 部屋	
울다 泣く、 아기 赤ちゃん		운동하다 運動する、 사람 人	
짜다 塩辛い、 김치 キムチ		싫어하다 嫌いだ、 음식 料理	
많다 多い、 돈 お金		마지막이다 最後だ、 날 日	

・싫어했던 오이를 이제 잘 먹게 됐어요.

嫌いだったきゅうりを今はよく食べられるようになりました。

・작년에 입었던 옷이 작아졌어요.

昨年、着ていた服が小さくなりました。

第36課

《練習 2》次の文を韓国語に訳しなさい。

(1) 多かったお金が全部なくなりました。

____

(2) 昨年咲いていた花が今年も咲きました。

____

3 -ㅆ었던 〜し(てい)た〜、〜だった〜[用言の過去連体形(3)]

活用形Ⅲ ＋ ㅆ었던 ：〜し(てい)た〜、〜だった〜

動詞や形容詞などの活用形Ⅲに「ㅆ었던」をつけると「～した～」「～していた～」「～だった～」という意味で、ある行動や事件が過去のある時点で完了したことや、過去のある時点で完了した行動や状態がある時点まで持続していたことなどを表したりします。

먹다 —活Ⅲ＋～していた / 먹어＋ㅆ었던→ 먹었었던
食べる　　食べた～、食べていた～

基本形	語幹	活用形Ⅲ	過去連体形(3)
먹다　食べる	먹 -	먹어	먹었었던　食べていた～
기다리다　待つ	기다리 -	기다려	기다렸었던　待っていた～
타다　乗る	타 -	타	탔었던　乗っていた～
달다　甘い	달 -	달아	달았었던　甘かった～
좋다　よい	좋 -	좋아	좋았었던　よかった～
묵다　泊まる	묵 -	묵어	묵었었던　泊まっていた～
있다　ある、いる	있 -	있어	있었었던　あった～、いた～
약속하다　約束する	약속하 -	약속해	약속했었던　約束していた～
조용하다　静かだ	조용하 -	조용해	조용했었던　静かだった～
처음이다　初めてだ	처음이 -	처음이어	처음이었었던　初めてだった～

《練習 1》次の語を例のように変えてみましょう。

例：보다 見る、영화 映画	보았었던 영화 見ていた映画	입다 着る、옷 服	
믿다 信じる、친구 友だち		신다 履く、구두 靴	
피다 咲く、꽃 花		좋다 よい、사이 間柄	
읽다 読む、책 本		밝다 明るい、방 部屋	

울다 泣く、 아기 赤ちゃん		운동하다 運動する、 사람 人	
짜다 塩辛い、 김치 キムチ		싫어하다 嫌いだ、 음식 料理	
많다 多い、 돈 お金		마지막이다 最後だ、 노래 歌	

- 밝았었던 방이 어두워졌어요.　明るかった部屋が暗くなりました。
- 이 옷은 늘 입었었던 옷이에요.　この服はいつも着ていた服です。

《練習 2》次の文を韓国語に訳しなさい。

(1) 多かったお金が全部なくなりました。

(2) 昨年咲いていた花が今年も咲きました。

2-090

力試し

1. 次の文を音読し、日本語に訳してみましょう。

① 작년에 보았던 영화는 잊을 수가 없어요.

② 몇 년 전에 서울에서 찜질방에 갔던 적이 있어요.
(찜질방：チムジルバン、蒸し風呂)

③ 중학교 때 영수 학원에 다녔던 적이 있어요?
(영수 학원［英数学院］：学習塾)

④ 이 문법은 지난번에 공부했던 내용이에요.

⑤ 재작년에 가방을 샀던 백화점이 없어졌어요. (재작년：一昨年)

2. 次の文を韓国語に訳してみましょう。

① 韓国の映画を見たことがありますか。

② ゴルフをやったことがあります。

③ この味は子どものとき、食べていたのり巻きの味と同じです。

④ 昨日会った友だちと、一緒に食事をしました。

⑤ 連絡をしたことがありますが、返事がありませんでした。

3. 次の質問に韓国語で答えましょう。

① 유명한 배우나 가수를 직접 만난 적이 있어요?
(有名な俳優や歌手に直接会ったことがありますか。)

② 외국에서 홈스테이를 했던 적이 있어요?
(外国でホームステイをしたことがありますか。)

第37課 1박2일로 부산에 갈 거예요.

1泊2日で釜山に行きます。

2-091

週末の予定について話す

유리：주말에 1박 2일로 부산에 갈 거예요.

슬기：그래요? 어디 어디 갈 거예요?

유리：통도사하고 해운대를 둘러볼 예정이에요.

슬기：부산에선 무엇을 먹을 예정이에요?

유리：호박막걸리하고 동래파전을 먹을까 해요.

슬기：저도 작년에 부산에 갔을 때 파전을 먹었어요.

第37課

《日本語訳》

유리：週末に１泊２日で釜山に行きます。
슬기：そうですか。どことどこへ行きますか。
유리：通度寺と海雲台を見てまわる予定です。
슬기：釜山では何を食べる予定ですか。
유리：カボチャマッコリとトンネパジョンを食べようと思います。
슬기：私も昨年、釜山に行ったとき、パジョンを食べました。

発音

갈 거예요［갈꺼에요］、호박막걸리［호방막껄리］、동래［동내］、작년에［장녀네］

語句・表現

1. □주말［週末］ □1박 2일［一泊二日］ □갈 거예요 行きます

3. □통도사［通度寺］☆寺院の名前　□해운대［海雲台］☆地名　□둘러볼 見てまわる～☆둘러보다（見てまわる）、□예정［予定］

5. □호박막걸리 カボチャマッコリ☆マッコリの種類　□먹을까 해요 食べようと思います～☆먹다（食べる）

6. □동래파전［東萊－煎］ネギチヂミの種類　□갔을 때 行ったとき

ポイント解説

1　-ㄹ　～する～、～だろう～［未来連体形］

活用形Ⅱ ＋ ㄹ ：～する～、～だろう～

未来連体形といっても、未来のことだけではないよ！

動詞や形容詞などの用言の活用形Ⅱに「ㄹ」をつけると「(これから) ～する～」という意味で、未来の出来事に対する（1）推量、(2) 予定、(3) 意志などを表す「未来連体形」になります。また、(4)「活用形Ⅲ＋ㅆ을」の形で、ある出来事が過去に実現されただろうと推量する意味もあります。その他、(5) 特に未来の時制とは関係なく、一般的な事柄を表したりします。

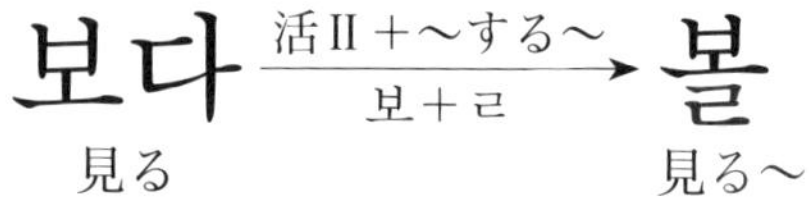

(1) 내일은 비가 올 것 같아요.　　明日は雨が降りそうです。〈推量〉

(2) 도착할 시간을 알려 주세요.　到着する時間を教えてください。〈予定〉

(3) 저는 내일 영화 보러 갈 거예요.
私は明日、映画を見に行きます。< 意志 >

(4) 어제 친구를 만났을 거예요.
昨日、友だちに会ったと思います。< 過去の推量 >

(5) 비가 올 때는 부침개가 먹고 싶어져요.
雨が降るときはチヂミが食べたくなります。< 一般的な事柄 >

基本形	語幹	活用形II	未来連体形
먹다 食べる	먹 -	먹으 -	먹을 食べる〜
기다리다 待つ	기다리 -	기다리 -	기다릴 待つ〜
타다 乗る	타 -	타 -	탈 乗る〜
잊다 忘れる	잊 -	잊으 -	잊을 忘れる〜
넣다 入れる	넣 -	넣으 -	넣을 入れる〜
빠르다 速い	빠르 -	빠르 -	빠를 速い〜
좋다 よい	좋 -	좋으 -	좋을 よい〜
있다 ある、いる	있 -	있으 -	있을 ある〜、いる〜
약속하다 約束する	약속하 -	약속하 -	약속할 約束する〜
조용하다 静かだ	조용하 -	조용하 -	조용할 静かな〜
처음이다 初めてだ	처음이 -	처음이 -	처음일 初めての〜

《練習 1》次の語を例のように変えてみましょう。

例：보다 見る、 영화 映画	볼 영화	바쁘다 忙しい、 때 とき	
닫다 閉める、 창문 窓		싫다 いやだ、 때 とき	
피다 咲く、 꽃 花		삶다 ゆでる、 계란 卵	
찾다 引き出す、 돈 お金		먹다 食べる、 고기 肉	
웃다 笑う、 사람 人		의논하다 相談する、 일 こと	
쉬다 休む、 시간 時間		좋아하다 好きだ、 차 お茶	
재미있다 面白い、 때 とき		학생이다 学生だ、 때 とき	

第37課

・앞으로도 한국어를 계속 공부할 생각이에요.

これからも引き続き韓国語を勉強するつもりです。

・공부할 때는 조용히 해 주세요.

勉強するときは静かにしてください。

《練習 2》次の文を韓国語に訳しなさい。

(1) 明日は友だちに会う予定です。

(2) このかばんはソウルに行ったとき、買いました。

2 -ㄹ 것이다 ～するつもりだ、～だろう［意志・推量］

活用形Ⅱ ＋ ㄹ 것이다 ：～するつもりだ、～だろう

動詞や形容詞などの用言の活用形Ⅱに「ㄹ 것이다」をつけると「(これから) ～するつもりだ／～だろう」という意味で、話し手の (1) 意志や (2) 推量を表します。「ㄹ 것이다」は話し言葉では「ㄹ 거다」、その丁寧形は「ㄹ 거예요」です。

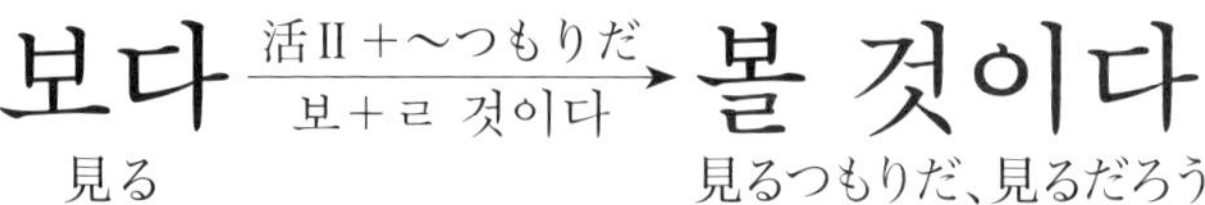

(1) 나는 내일 영화 보러 갈 것이에요.〈意志〉
　僕は明日、映画を見に行くつもりです。

(2) 내일은 눈이 올 거예요.〈推量〉
　明日は雪が降るでしょう。

基本形	語幹	活用形II	未来の意志・推量
보다 見る	보 -	보 -	볼 것이다 見るだろう
타다 乗る	타 -	타 -	탈 것이다 乗るだろう
먹다 食べる	먹 -	먹으 -	먹을 것이다 食べるだろう
잊다 忘れる	잊 -	잊으 -	잊을 것이다 忘れるだろう
약속하다 約束する	약속하 -	약속하 -	약속할 것이다 約束するだろう

《練習 1》次の語を例のように変えてみましょう。

例：보다 見る	볼 거예요
먹다 食べる	
넣다 入れる	
빠르다 速い	
좋다 よい	
조용하다 静かだ	
처음이다 初めてだ	

・전 오늘 점심은 비빔밥을 먹을 거예요.

私は今日のお昼はビビンバを食べます。

・설날이어서 거리는 조용할 거예요.

お正月なので、街は静かだろうと思います。

《練習 2》次の文を韓国語に訳しなさい。

(1) 私はソウル駅まではタクシーに乗るつもりです。

(2) 明日は天気がよいだろうと思います。

3 -ㄹ까 하다 (1) ～するつもりだ、～と思う［未来の願望］(2) ～よう(か)と思う［推量］

活用形Ⅱ ＋ ㄹ까 하다 ：～するつもりだ、～と思う、～よう（か）と思う

動詞や形容詞などの用言の活用形Ⅱに「ㄹ까 하다」をつけると (1)「～つもりだ、～と思う」という意味で、話し手の願望や (2)「(これから) ～よう（か）と思う」という意味で推量を表します。「ㄹ까 하다」の丁寧形は「ㄹ까 해요」です。

보다 —活Ⅱ＋～するつもりだ / 보＋ㄹ까 하다→ 볼까 하다
見る　　　見るつもりだ

(1) 점심은 삼겹살을 먹을까 해요.〈願望〉
お昼はサムギョプサルを食べるつもりです。

(2) 오늘은 비가 올까 해서 우산을 들고 왔어요.〈推量〉
今日は雨が降るだろうと思って、傘を持ってきました。

基本形	語幹	活用形Ⅱ	願望・推量
보다 見る	보 -	보 -	볼까 하다 見るつもりだ
넣다 入れる	넣 -	넣 -	넣을까 하다 入れるつもりだ
잊다 忘れる	잊 -	잊으 -	잊을까 하다 忘れるつもりだ
빠르다 速い	빠르 -	빠르 -	빠를까 하다 速いと思う
조용하다 静かだ	조용하 -	조용하 -	조용할까 하다 静かだと思う

《練習 1》次の語を例のように変えてみましょう。

例：보다 見る	볼까 해요
먹다 食べる	
타다 乗る	
좋다 よい	
있다 ある、いる	
약속하다 約束する	
조용하다 静かだ	
처음이다 初めてだ	

・오늘 저녁엔 친구들을 만날까 해요.

今晩、友だちに会おうかと思います。

・내일 그 모임에 안 가는 게 좋을까 해요.

明日、その集まりに行かない方がいいだろうと思います。

《練習 2》次の文を韓国語に訳しなさい。

(1) 来年、アメリカに留学に行こうかと思います。

(2) 今回は行かない方がいいかと思います。

2-092

力試し

1. 次の文を音読し、日本語に訳してみましょう。

① 내년에 4 박 5 일로 중국에 갈 예정이에요.

② 인사동에서 고등학교 때 친구들을 만날 거예요.

第37課

③ 앞으로도 열심히 운동할 것이에요.

④ 서울에 갔을 때 뮤지컬을 봤어요.

⑤ 오늘은 좀 피로해서 마사지를 받을까 해요.

2. 次の文を韓国語に訳してみましょう。

① 今週の週末に2泊3日で、日本に行く予定です。

② 夕食はサムゲタンを食べようかと思います。

③ 珍島と木浦へ行こうかと思います。(珍島：진도、木浦：목포)

④ お金がないだろうと思い、お小遣いをあげました。(小遣い：용돈)

⑤ 私もその小説を読もうかと思います。(小説：소설)

3. 次の質問に韓国語で答えましょう。

① 이번 주말에 뭐 할 거예요? (今度の週末に、何をしますか。)

② 내일 아침엔 뭘 먹을 예정이에요? (明日の朝、何を食べる予定ですか。)

第38課 한글 문자 보낼 수 있어요?

ハングルメールを送ることができますか。

2-093

携帯電話でメールのやり方を説明する

하나 : 다로 씨 휴대폰으로 한글 문자 보낼 수 있어요?

다로 : 네, 제 휴대폰도 한글이 될 텐데 잘 몰라요.

하나 : 한글 문자는 아주 편리해요. 이렇게 하면 돼요.

다로 : 정말이네요. 그런데 아직 전 한글을 잘 쓸 수 없어요.

하나 : 한글은 금방 배울 수 있어요.

다로 : 그래요? 저도 앞으로 한글로 문자 메시지 보낼게요.

《日本語訳》

하나：太郎さんの携帯電話でハングルメールを送ることができますか。
다로：はい、私の携帯電話もハングルができるはずなのに、よくわかりません。
하나：ハングルメールはとても便利です。このようにすればいいです。
다로：本当ですね。ところで、まだ、私はハングルをうまく使うことができません。
하나：ハングルはすぐ覚えることができます。
다로：そうですか。私もこれからはハングルで携帯メールを送りますね。

発音

문자 [문짜]、보낼 수 [보낼 쑤]、편리해요 [펼리해요]、이렇게 [이러케]、쓸 수 [쓸 쑤]、배울 수 [배울 쑤]

第38課

語句・表現

1. □휴대폰［携帯-］携帯電話　□한글 ハングル　□문자［文字］☆携帯電話のメールのこと　□보낼 送る〜☆보내다（送る）の連体形　□수 こと
2. □제 私(の)　□될 텐데 できるはずなのに
3. □이렇게 このように
4. □전 私は☆저는(私は)の縮約形　□쓸 使う〜☆쓰다(使う)の連体形
5. □금방［今方］今すぐ　□배울 習う〜☆배우다（習う）の連体形
6. □앞으로 これから　□문자 메시지（文字メッセージ）携帯メール　□보낼게요 送ります☆보내다（送る）の意志形

ポイント解説

1　-ㄹ 수 있다 / 없다　〜することができる / できない［可能 / 不可能］

活用形Ⅱ ＋ ㄹ 수 있다 / 없다 ：〜することができる / できない

動詞の活用形Ⅱに「ㄹ 수 있다 / 없다」をつけると「〜することができる／できない」という意味で、可能や不可能を表します。なお、丁寧な表現は「ㄹ 수 있어요 / 없어요」です。また、「ㄹ 수가 있어요 / 없어요」「ㄹ 수는 있어요 / 없어요」という具合に助詞「가」や「는」をつけ加えることもあります。

가다 ―活Ⅱ＋可能 / 不可能（가＋ㄹ 수 있다 / 없다）→ 갈 수 있다 / 없다

行く　　行くことができる　できない

基本形	語幹	活用形II	可能・不可能
가다 行く	가 -	가 -	갈 수 있다 行くことができる
보다 見る	보 -	보 -	볼 수 있다 見ることができる
신다 履く	신 -	신으 -	신을 수 있다 履くことができる
묵다 泊まる	묵 -	묵으 -	묵을 수 없다 泊まることができない
산책하다 散歩する	산책하 -	산책하 -	산책할 수 없다 散歩することができない

《練習 1》次の語を例のように変えてみましょう。

基本形	可能	不可能
例：가다 行く	갈 수 있어요	갈 수 없어요
먹다 食べる		
사다 買う		
잊다 忘れる		
깎다 値切る		
조사하다 調査する		

- 저는 한국말로 말할 수 있어요. 私は韓国語で話すことができます。
- 여권이 없어서 외국에 갈 수가 없어요.

  パスポートがなくて外国に行くことができません。

第38課

《練習 2》次の文を韓国語に訳しなさい。

(1) まだ、チケットを予約することができます。(チケット：티켓)

____

(2) 今日は時間がなくて、会うことができません。

____

2 -ㄹ 텐데 ～だろうに、～はずなのに［推測］

活用形Ⅱ ＋ ㄹ 텐데 ：～だろうに、～はずなのに

動詞や形容詞などの用言の活用形Ⅱに「ㄹ 텐데」をつけると「～だろうに」「～はずなのに」という意味で、推測を表します。「ㄹ 텐데」は「ㄹ 터인데」の縮約形です。なお、丁寧な表現は「ㄹ 텐데요」です。

보다 —活Ⅱ＋推測表現 / 보＋ㄹ 텐데→ 볼 텐데

見る　　　　見るだろうに、見るはずなのに

基本形	語幹	活用形Ⅱ	推測
보다 見る	보 -	보 -	볼 텐데 見るだろうに
타다 乗る	타 -	타 -	탈 텐데 乗るだろうに
넣다 入れる	넣 -	넣으 -	넣을 텐데 入れるだろうに
예쁘다 かわいい	예쁘 -	예쁘 -	예쁠 텐데 かわいいだろうに
약속하다 約束する	약속하 -	약속하 -	약속할 텐데 約束するだろうに

《練習 1》次の語を例のように変えてみましょう。

基本形	推測
例：보다 見る	볼 텐데요
먹다 食べる	
바쁘다 忙しい	
좋다 よい	
있다 ある、いる	
조용하다 静かだ	
처음이다 初めてだ	

• 아마도 아직 밥을 안 먹었을 텐데요.

たぶん、まだご飯を食べていないでしょう。

• 바쁘실 텐데 안 오셔도 괜찮아요.

お忙しいでしょうに、いらっしゃらなくてもかまいません。

《練習 2》次の文を韓国語に訳しなさい。

(1) 初めてだろうに、歌がうまいですね。

____

(2) 今行くと、遅いはずですよ。

____

3 -ㄹ게요 ～します［意志］

活用形Ⅱ ＋ ㄹ게요 ：～します

가다 —活Ⅱ＋意志表現 / 가＋ㄹ게요→ 갈게요

行く　　　　　　　　　行きます

動詞の活用形Ⅱに「ㄹ게요」をつけると「(私が) ～します」という意味で、意志を表します。これは一人称の主語、話し言葉、叙述文だけに使われます。なお、発音は［ㄹ께요］になります。

基本形	語幹	活用形Ⅱ	意志
가다 行く	가 -	가 -	갈게요 行きます
쓰다 書く	쓰 -	쓰 -	쓸게요 書きます
읽다 読む	읽 -	읽으 -	읽을게요 読みます
받다 もらう	받 -	받으 -	받을게요 もらいます
전화하다 電話する	전화하 -	전화하 -	전화할게요 電話します

第38課

《練習 1》次の語を例のように変えてみましょう。

例：가다 行く	갈게요	믿다 信じる	
먹다 食べる		다녀오다 行って来る	
기다리다 待つ		전화하다 電話する	

・오늘 술값은 제가 낼게요．　今日の飲み代は私がお持ちします。
・두 시까지 기다릴게요．　2時までお待ちします。

《練習 2》次の文を韓国語に訳しなさい。

(1) あのスカートとこのパンツを買います。(パンツ：바지)

(2) トイレにちょっと行って来ます。(ちょっと：잠깐)

2-094

力試し

1．次の文を音読し、日本語に訳してみましょう。

① 내일 음악회에 갈 수 있어요？

② 전화를 할 수 없어요．(インターネット：인터넷)

③ 아직도 그녀를 잊을 수 없어요．

④ 이 김치를 한번 먹어 볼게요．

⑤ 지금 가면 좀 늦을 텐데요.

2. 次の文を韓国語に訳してみましょう。

① お客さん、これ以上、まけることができません。(まける：깎다)

② インターネットで映画のチケットを買うことができます。
(インターネット：인터넷)

③ 韓国の歌を歌うことができません。

④ 私が田村さんに連絡します。

⑤ ここではタクシーに乗ることができないはずですよ。

3. 次の質問に韓国語で答えましょう。

① 자동차를 운전할 수 있어요?(自動車を運転することができますか。)

② 낫토를 먹을 수 있어요?(納豆が食べられますか。)

第39課 진짜 맛있겠어요.

本当においしそうですね。

2-095

食堂で冷麺を注文する

슬기：유리 씨 뭘 드시겠어요?

유리：전 비빔냉면으로 하겠어요.

슬기：난 물냉면을 먹겠어요.

유리：빈대떡은 어때요? 빈대떡도 하나 시켜요.

슬기：좋아요.
저기요! 비빔냉면 하나, 물냉면 하나,
그리고 빈대떡도 한 장 주세요.

유리：이 비빔냉면은 진짜 맛있겠어요.

《日本語訳》

슬기：ユリさん、何を召し上がりますか。
유리：私はビビン冷麺にします。
슬기：私はムル冷麺を食べます。
유리：ビンデットクはいかがですか。ビンデットクも1つ注文しましょう。
슬기：いいです。
すみません！ビビン冷麺1つ、ムル冷麺1つ、そしてビンデットクも1枚ください。
유리：このビビン冷麺は本当においしそうですね。

発音

물냉면을 [물랭며늘]、먹겠어요 [먹껟써요]、맛있겠어요 [마싣껟써요]

語句・表現

1. □드시겠어요？召し上がりますか☆드시다召し上がる
2. □비빔냉면［－冷麵］ビビン冷麵☆料理の名前　□으로 ～に　□하겠어요 します☆하다（する）
3. □난 私は、ぼくは☆나는の縮約形　□물냉면［－冷麵］ムル冷麵☆料理の名前　□먹겠어요 食べます☆먹다（食べる）
4. □빈대떡 ビンデトック☆料理の名前　□시켜요 注文します☆시키다（注文する）
5. □저기요 すみません☆お店などで従業員を呼ぶときに使う
6. □맛있겠어요 おいしそうです☆맛있다（おいしい）

ポイント解説 

1　-겠다　(1) ～する［意志］　(2) ～しそうだ［推量］

活用形Ⅰ ＋ 겠다 ：(1) ～する　(2) ～しそうだ、～そうだ

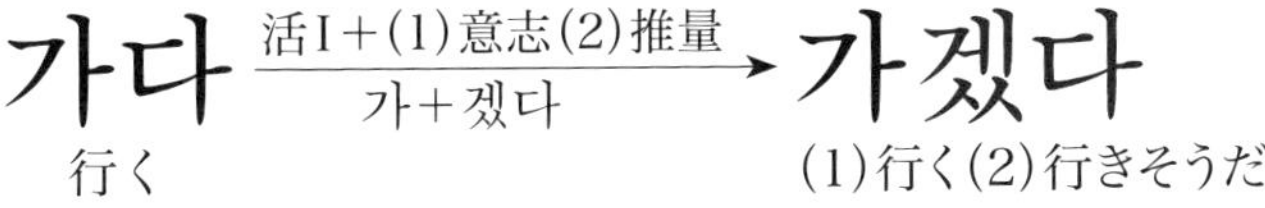

動詞や形容詞などの活用形Ⅰに「겠」をつけると（1）「（私が）～する」という意味で、話し手の意志を表したり、(2)「～しそうだ」「～そうだ」という意味で、話し手の推量を表したりします。また、(3) 近い未来のことを表したりします。

なお、「해요体」は「겠어요」、「합니다体」は「겠습니다」です。

(1)　저는 오후에 영화 보러 가겠어요．
　　私は午後、映画を見に行きます。〈意志〉

(2)　빨리 가요！전철을 놓치겠어요．
　　早く行きましょう。電車に乗り遅れそうです。〈推量〉

(3)　잠시 후에 3 시가 되겠습니다．　間もなく、3時になります。〈未来〉

また、「- 겠다」は推量の意味で、未来だけでなく、現在や過去の出来事を表すときも使います。

a. 내일 서울에도 비가 오겠다．　明日、ソウルにも雨が降るだろう。〈未来〉
b. 지금 서울에도 비가 오겠다．
今、ソウルにも雨が降っているだろう。〈現在〉
c. 어제 서울에도 비가 왔겠다．　昨日、ソウルにも雨が降っただろう。〈過去〉

《練習 1》次の語を例のように変えてみましょう。

基本形	語幹	活用形Ⅰ	意志・推量	
例：가다　行く	가 -	가 -	가겠어요	가겠습니다
먹다　食べる				
쉬다　休む				
열다　開ける				
모이다　集まる				
조용하다　静かだ				

・박물관은 제가 안내하겠습니다．　博物館は私がご案内します。
・지금쯤 후지산에도 눈이 많이 오겠어요．
今頃、富士山にも雪がたくさん降っているでしょう。

《練習 2》次の文を韓国語に訳しなさい。

(1) 今日は私は行きません。

____

(2) 人々がたくさん集まりそうです。

____

2　慣用的な「- 겠 -」

「겠」は時制とは関係なく、慣用的な表現としてもよく使われます。

(1) あいさつのような慣用表現に使われる。

- 처음 뵙겠습니다. 初めまして。(←初めてお目にかかります)
- 잘 먹겠습니다. いただきます。(←よく食べます)
- 학교 다녀오겠습니다. 学校に行ってきます。
- 실례지만 길 좀 묻겠습니다. 失礼ですが、道をちょっとお尋ねします。

(2) 疑問文で相手の同意を求める。

- 이번 크리스마스에 눈이 오면 좋겠지? 今度のクリスマスに雪が降ったらいいだろうね?
- 그 사람이 제일 부자가 아니겠어요? 彼がいちばんお金持ちではありませんか。

(3) 活用形Ⅲ+(서)といっしょに、そういった状態になりそうなことを表す。

- 아, 배고파(서) 죽겠다! あ、お腹がすいて死にそうだ。
- 오늘은 더워서 미치겠어요! 今日は暑くて狂いそうです。

(4)「알겠다」「모르겠다」の形で婉曲な表現。

- 네가 하는 말을 알겠어. 君の言っていることがわかるよ。
- 휴대폰이 어디 있는지 잘 모르겠어요. 携帯がどこにあるか、よくわかりません。

2-096

力試し

第39課

1. 次の文を音読し、日本語に訳してみましょう。

① 손님, 뭘 드시겠어요?

____

② 오늘은 제가 방 청소를 하겠어요.

____

③ 전 이따가 가겠어요. (이따가：あとで)

____

④ 많이 아프겠어요.

⑤ 학교에 다녀오겠습니다.

2. 次の文を韓国語に訳してみましょう。

① 明日は何時頃、おいでになりますか。

② 私はビールにします。

③ 今日は雨が降りそうです。

④ この頃は本当に忙しそうですね。

⑤ 昨日、鈴木さんも来たでしょう。

3. 次の質問に韓国語で答えましょう。

① 한국 식당에서 뭘 드시겠어요?(韓国の食堂で何を召し上がりますか。)

② 시간과 돈이 많이 있으면 뭘 하겠어요?
(時間とお金がいっぱいあれば何をしますか。)

第40課 이 그룹 아세요?

このグループご存じですか。

🔊2-097

友だちのことを話す

슬기 : 유리 씨, 이 그룹 아세요?

유리 : 물론 잘 알아요. 너무 유명하잖아요.

슬기 : 이 얼굴이 예쁘고, 머리가 긴 친구가 중학교 때 짝꿍이에요.

유리 : 그래요? 노래도 잘하고, 춤도 잘 추잖아요.

슬기 : 얘는 지금도 같은 동네에 살고 있어요.

유리 : 한번 만나 보고 싶어요!

《日本語訳》

슬기：ユリさん、このグループご存じですか。
유리：もちろんよく知っています。あまりにも有名じゃありませんか。
슬기：この顔がきれいで、髪が長い人が中学校のときの大の親友です。
유리：そうですか。歌もうまくて、ダンスもうまいでしょう。
슬기：この子は今も同じ町に住んでいます。
유리：一度会ってみたいです！

発音

하잖아요［하자나요］、잘하고［자라고］、추잖아요［추자나요］

語句・表現

1. □그룹 グループ　□아세요 ご存じですか☆알다（わかる、知る）
2. □물론［勿論］　□알아요 知っています☆알다（知る、わかる）
   □유명하잖아요［有名 -］有名ではありませんか☆유명하다（有名だ）

第40課

3. □얼굴 顔　□머리 髪　□긴 長い〜☆길다（長い）　□중학교［中学校］
□짝꿍 大の仲良し

4. □춤 踊り、ダンス　□추잖아요 踊るではありませんか☆추다（踊る）

5. □애 この子☆이 아이の縮約形　□살고 住んで☆살다（住む）

ポイント解説

1　ㄹ語幹用言（動詞）

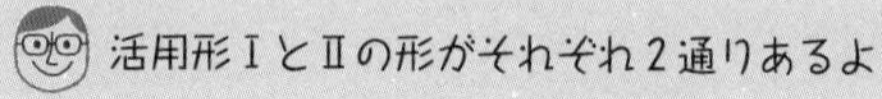

活用形Ⅰと Ⅱの形がそれぞれ2通りあるよ！

ㄹ語幹用言（動詞）

「살다」「얼다」「놀다」などの用言の語幹がㄹで終わる「ㄹ語幹用言」は活用のとき、「活用形Ⅰ」「活用形Ⅱ」は他の子音語幹とは異なり、母音語幹の用言と同じ場合もあります。

しかし、「活用形Ⅰ」や「活用形Ⅱ」はいずれも、語幹末の終声 ㄹ が脱落しない形と脱落する形の２種類があります。「活用形Ⅲ」は一般の用言と同じく、陽母音語幹には「아」、陰母音語幹には「어」をつけます。

알다→알면〈活Ⅱ〉/아세요？〈活Ⅱ〉
わかる　わかったら　おわかりですか

語幹	母音	基本形	活用形Ⅰ	活用形Ⅱ	活用形Ⅲ
子音語幹	陽	받다 もらう	받고　받는	받으면　받으세요	받아
	陰	잊다 忘れる	잊고　잊는	잊으면　잊으세요	잊어
母音語幹	陽	가다 行く	가고　가는	가면　가세요	가
	陰	쉬다 休む	쉬고　쉬는	쉬면　쉬세요	쉬어
ㄹ語幹	陽	살다 住む	살고　사는	살면　사세요	살아
	陰	울다 泣く	울고　우는	울면　우세요	울어

以上のとおり、「子音語幹」の場合、「活用形Ⅰ」「活用形Ⅱ」は形が違いますが、「ㄹ語幹」の場合は母音語幹と同じく「活用形Ⅰ」と「活用形Ⅱ」の形は同じです。ただし、「ㄹ語幹」の場合は語幹の後ろにつく語尾の発音によって、パッチムの「ㄹ」が脱落したり、しなかったりします。

	ㄹが脱落しない場合	ㄹが脱落する場合
続く語尾	ㄱ、ㄷ、ㄹ、ㅁ、아/어、ㅈ	ㄴ、ㄹ（終声）、ㅂ、ㅅ、오
用例	살고、살던、살러、 살면、살아、살지	사는、사니까、살(←사+-ㄹ)、삽니다 (←사+-ㅂ니다)、사세요、사오

そうそう！ㄹは後ろにs(ㅅ)p(ㅂ)o(오)
r[ㄹ]n(ㄴ)などが続くとスポンと抜けるよ。
spornと抜けるね！

〈ㄹが脱落しない場合〉

지금 도쿄에 살고 있어요.　今、東京に住んでいます。
여기는 내가 살던 곳이에요.　ここは私が住んでいたところです。
미국에 살러 갔어요.　アメリカに生活しに行きました。
여기서 살면 돼요.　ここに住めばいいです。
서울에서 살았어요.　ソウルに住んでいました。
서울에서 살지 않았어요.　ソウルに住んでいませんでした。

〈ㄹが脱落する場合〉

도시에 사는 사람들이 많아요.　都市に暮らす人々が多いです。
한국에서 사니까 한국어를 잘해요.　韓国に住んでいるから韓国語が上手です。
중국에서 살 거예요.　中国で暮らします。
지금 서울에서 삽니다.　今、ソウルに住んでいます。
어디서 사세요?　どこに住んでいらっしゃいますか。
서울에서 사오.　ソウルに住んでいます。

第40課

《練習 1》次の語を例のように変えてみましょう。

基本形	語幹	活用形Ⅰ		活用形Ⅱ		活用形Ⅲ
例：살다 暮らす	살-	살고	사는	살면	사세요	살아
놀다 遊ぶ						
걸다 かける						
열다 開ける						
알다 わかる						
불다 吹く						
돌다 回る						

・지금 어디서 사세요? 今、どこに住んでいらっしゃいますか。

・다나카 씨는 지리를 잘 아니까 괜찮아요.

田中さんは地理がよくわかるので大丈夫です。

《練習 2》次の文を韓国語に訳しなさい。

(1) 図書館が開く時間を教えてください。

____

(2) 公園で遊んでいる子どもたちが多かったです。

____

2　ㄹ語幹用言（形容詞）

語幹のパッチムㄹが活用のとき、ついたり、つかなかったなり！

ㄹ語幹用言（形容詞）

「달다」「길다」などのように語幹がㄹで終わる「ㄹ語幹形容詞」も、「ㄹ語幹動詞」と同じく、「活用形Ⅰ」「活用形Ⅱ」は他の子音語幹とは活用が異なり、母音語幹の用言と同じ場合もあります。

また、「活用形Ⅰ」や「活用形Ⅱ」はいずれも、語幹末の終声 ㄹ が脱落しない形と脱落する形の２種類があり、「活用形Ⅲ」は一般の形容詞と同じく、陽母音語幹には「아」、陰母音語幹には「어」をつけます。

달다 → 달면〈活Ⅱ〉／ **다세요？**〈活Ⅱ〉
甘い　甘かったら　お甘いですか

語幹	母音	基本形	活用形Ⅰ	活用形Ⅱ	活用形Ⅲ
子音語幹	陽	좋다 よい	좋고 좋습니다	좋으면 좋으세요	좋아
	陰	늦다 遅い	늦고 늦습니다	늦으면 늦으세요	늦어
母音語幹	陽	싸다 安い	싸고 쌉니다	싸면 싸세요	싸
	陰	세다 強い	세고 셉니다	세면 세세요	세
ㄹ語幹	陽	달다 甘い	달고 답니다	달면 다세요	달아
	陰	길다 長い	길고 깁니다	길면 기세요	길어

上のとおり、「子音語幹」の場合、「活用形Ⅰ」「活用形Ⅱ」は形が違いますが、「ㄹ語幹」の場合は母音語幹と同じく「活用形Ⅰ」と「活用形Ⅱ」の形が同じです。ただし、「ㄹ語幹」の場合は語幹の後ろにつく語尾の発音によってパッチムの「ㄹ」が脱落したり、しなかったりします。

	ㄹが脱落しない場合	ㄹが脱落する場合
続く語尾	ㄱ、ㄷ、ㅁ、아/어、ㅈ	ㄴ、ㄹ（終声）、ㅂ、ㅅ、오
用例	달고、달도록、달던、달면、달아、달지	다니까、달（←다＋-ㄹ）、답니다（←다＋-ㅂ니다）、다세요、다오

《練習 1》次の語を例のように変えてみましょう。

基本形	語幹	活用形Ⅰ		活用形Ⅱ		活用形Ⅲ
例：달다 甘い	달-	달고	답니다	달면	다세요	달아
길다 長い						
잘다 細かい						
멀다 遠い						

第40課

・단 과자를 좋아해요?　　甘いお菓子が好きですか。
・멀면 안 가도 돼요.　　遠かったら行かなくてもいいです。

《練習 2》次の文を韓国語に訳しなさい。

(1) これは長い小説です。

＿＿＿＿＿＿＿＿＿＿＿＿＿＿＿＿＿＿＿＿

(2) 家から学校までは遠いですか。(합니다体で)

＿＿＿＿＿＿＿＿＿＿＿＿＿＿＿＿＿＿＿＿

3 -잖아요 ～じゃないですか [確認]

活用形Ⅰ ＋ 잖아요 ：～じゃないですか

動詞や形容詞などの活用形Ⅰに「-잖아요」が続くと「～じゃないですか」、「～くはありませんか」という意味で、相手に確認したり、間違いを正してもらったりするときに使います。「잖아요」は「지 않아요」の縮約形です。

오다 (来る) —活Ⅰ＋んじゃないですか / 오＋잖아요→ 오잖아요 (来るんじゃないですか)

基本形	語幹	活用形Ⅱ	意志
오다 来る	오 -	오 -	오잖아요 来るんじゃないですか
알다 知る	알 -	알 -	알잖아요 知ってるんじゃないですか
모르다 知らない	모르 -	모르 -	모르잖아요 知らないんじゃないですか
재미있다 面白い	재미있 -	재미있 -	재미있잖아요 面白いんじゃないですか
싫어하다 嫌う	싫어하 -	싫어하 -	싫어하잖아요 嫌ってるんじゃないですか

《練習 1》次の語を例のように変えてみましょう。

例：오다 来る	오잖아요	있다 ある、いる	
사다 買う		비싸다 (値段が) 高い	
기다리다 待つ		빠르다 速い	
읽다 読む		좋아하다 好きだ	
입다 着る		처음이다 初めてだ	

・그 사람은 한국 영화를 좋아하잖아요.

彼は韓国映画が好きじゃありませんか。

・요즘은 늘 늦게 자잖아요.

最近は、いつも遅く寝ているじゃないですか。

《練習 2》次の文を韓国語に訳しなさい。

(1) この背広は高いじゃないですか。(背広：양복)

(2) ハワイ旅行は初めてじゃありませんか。

2-098

力試し

第 40 課

1. 次の文を音読し、日本語に訳してみましょう。

① 좀 더 잘 알고 싶어요.

② 일본에는 아는 친구들이 많아요.

③ 전화를 거는 사람이 누구예요?

④ 단 음식은 안 좋아해요.

⑤ 이 김치는 좀 맵잖아요.

2. 次の文を韓国語に訳してみましょう。

① 今、どこにお住まいですか。

② これはとても甘いリンゴです。

③ 今日の試験はわかる問題が多かったです。

④ 風が強く吹いています。

⑤ このビビンバはおいしくありませんか。

3. 次の質問に韓国語で答えましょう。

① 한국의 스포츠 선수를 아세요?(韓国のスポーツ選手を知っていますか。)

② 단 음식을 좋아하세요?(甘いものが好きですか。)

第41課 겨울에는 별로 안 추워요.

冬はあまり寒くありません。

2-099

東京とソウルの天候を話す

슬기 : 도쿄의 날씨는 어때요?

유리 : 여름에는 덥지만 겨울에는 별로 안 추워요.
서울의 날씨는 어때요?

슬기 : 겨울에는 아주 춥고 여름은 더워요.

유리 : 봄과 가을엔 지내기 좋아요?

슬기 : 물론이죠. 봄과 가을은 좀 짧지만, 특히
가을엔 하늘이 높고 단풍도 아름다워요.

유리 : 도쿄의 가을은 길어요. 1 년 중 제일
살기 좋은 계절인 것 같아요.

《日本語訳》

슬기：東京の天気はいかがですか。
유리：夏は暑いですが、冬はあまり寒くありません。ソウルの天気はいかがですか。
슬기：冬はとても寒く、夏は暑いです。
유리：春と秋は過ごしやすいですか。
슬기：もちろんです。春と秋はちょっと短いですが、特に秋は空も高く、紅葉もきれいです。
슬기：東京の秋は長いです。一年の中でいちばん暮らしやすい季節だと思います。

発音

덥지만 [덥찌만]、춥고 [춥꼬]、짧지만 [짤찌만]、높고 [놉꼬]

語句・表現

1. □날씨 天気、天候

2. □여름 夏　□덥지만 暑いですが☆덥다（暑い）　□추워요 寒いです☆춥다（寒い）

3. □춥고 寒くて　□더워요 暑いです☆덥다（暑い）

4. □지내기 좋아요？過ごしやすいですか☆지내기 좋다（過ごしやすい）

5. □짧지만 短いですが☆짧다（短い）　□특히［特-］特に　□하늘 空　□높고 高く☆높다（高い）　□단풍［丹楓］もみじ、紅葉　□아름다워요 美しいです☆아름답다（美しい）

6. □길어요 長いです☆길다（長い）　□중［中］中で　□제일［第一］一番　□살기 좋은 暮らしやすい〜☆살기 좋다（暮らしやすい）　□계절［季節］　□인 것 같아요 〜のようです☆인 것 같다（〜のようだ）

ポイント解説

1　ㅂ変則用言

語幹のパッチムㅂが活用のとき、우になったり、워になったりか！

ㅂ変則用言

「고맙다ありがたい」「덥다暑い」「어렵다難しい」などの形容詞、「눕다横になる」「돕다手伝う」などの動詞のように用言の語幹末にㅂがついているもののうち、変則活用をするものがあります。それを「ㅂ変則用言」と言います。「ㅂ変則用言」の「고맙다」や「춥다」は「活用形Ⅱ」では、「고마우」や「더우」に、「活用形Ⅲ」では「고마워」や「추워」に変わります。

ただし、「돕다手伝う」や「곱다きれいだ」の「活用形Ⅲ」は「도와」や「고와」になります。なお、語幹のパッチムがㅂでも、「좁다狭い」「입다着る」「뽑다抜く」などは正則です。

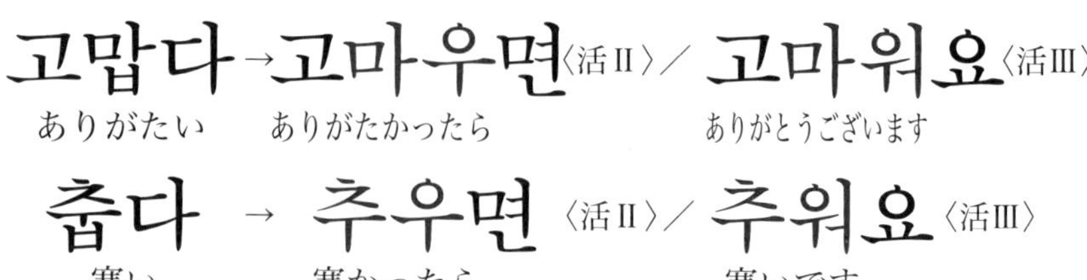

似て非なるㅂ変則と正則

〈ㅂ変則の用言〉

a. 動詞：눕다横になる、굽다焼く、줍다拾う

b. 形容詞：춥다寒い、덥다暑い、어렵다難しい、쉽다易しい、무겁다重い、가볍다軽い、어둡다暗い、맵다辛い、아름답다美しい、가깝다近い、고맙다ありがたい、아깝다もったいない、시끄럽다うるさい、더럽다汚い、밉다憎い

〈ㅂ正則の用言〉

a. 動詞：굽다曲がる、뽑다選ぶ、抜く、씹다噛む、입다着る、업다背負う、잡다つかむ、집다つまむ、접다折る

b. 形容詞：좁다狭い

以上のとおり、語幹のパッチムがㅂの場合、ほとんどの形容詞は「ㅂ変則」です。また、「굽다」などは同じ字面の単語でも「굽다焼く」は変則、「굽다曲がっている、曲がる」は正則です。

	基本形	活用形Ⅰ	活用形Ⅱ	活用形Ⅲ
正則	좋다 よい	좋 -	좋으 -	좋아
ㅂ 変則	고맙다 ありがたい	고맙 -	고마우 -	고마워
	춥다 寒い	춥 -	추우 -	추워
	쉽다 易しい	쉽 -	쉬우 -	쉬워
	돕다 手伝う	돕 -	도우 -	도와
	곱다 きれいだ	곱 -	고우 -	고와
ㅂ 正則	좁다 狭い	좁 -	좁으 -	좁아
	입다 着る	입 -	입으 -	입어

《練習 1》次の語を例のように変えてみましょう。

基本形	活用形Ⅰ	活用形Ⅱ	活用形Ⅲ
例：맵다 辛い	맵 -	매우 -	매워
例：입다 着る	입 -	입으 -	입어

가깝다 近い			
눕다 横になる			
좁다 狭い			
어렵다 難しい			
돕다 手伝う			
굽다 焼く			

・이번 시험문제는 어려워요？　今回の試験問題は難しいですか。

・선생님은 정말 고마운 분이세요．　先生は本当にありがたい方です。

《練習 2》次の文を韓国語に訳しなさい。

(1) 今年は寒い日が多いです。

____

(2) このバラはとても美しいです。

____

2　ㅂ変則用言の活用

これまで習った各種の語尾を活かして「ㅂ変則用言」の活用をしてみましょう。

〈ㅂ変則用言につながるもの〉

活用形	活用形Ⅰ	活用形Ⅱ	活用形Ⅲ
つながる語尾	-고(-고 있다)、-거든요、-겠-、-기(-기 좋다)、-던、-잖아요、-지(-지 말다、-지 못하다、-지 않다)、-습니다/ㅂ니다　など	-ㄴ(-ㄴ것 같다、-ㄴ데요)、-ㄹ(-ㄹ 거 같다、-ㄹ 거예요、-ㄹ게요、-ㄹ래요、-ㄹ 수 있다、-ㄹ 텐데)、-니까、-면、-면서、-ㅂ시다、-시-(-세요)　など	-도(-도 돼요)、-요、-서、-야(-야 돼요)、-ㅆ-(-ㅆ던)　など

＊一部は未学習です。

《練習》次の用言を例のように直してください。

例：이 꽃은 아름답다 (＋요) →　이 꽃은 아름다워요.

(1) 이 김치는 맵다 (＋습니다).

(2) 어렵다 (＋ㄴ) 시험이었어요.

(3) 어머니를＋ 돕다 (＋고) ＋ 있어요

(4) 이 꽃은 아름답다 (＋잖아요).

(5) 가난한 사람을 돕다 (＋ㄹ 수) 있어요.

(6) 쉽다 (＋ㄴ) 문제는 없었어요.

(7) 춥다 (＋니까) 창문을 닫으세요.

力試し

2-100

1. 次の文を音読し、日本語に訳してみましょう。

① 이 매운탕은 맛은 좋지만 좀 매워요.

② 밤에는 조용하지만 좀 어두웠어요.

③ 이 근처는 좀 시끄러워요?

④ 어려운 문제는 풀기 힘들어요.

⑤ 봄엔 따뜻하고 개나리 진달래가 아름다워요.

2. 次の文を韓国語に訳してみましょう。

① 冬は寒いですが、夏はあまり暑くありません。

② このバラはとても美しいです。

③ このキムチはおいしいですが、ちょっと辛いです。

④ 宿題はちょっと多いですが、勉強は楽しいです。

⑤ 紅葉もきれいで、空も高いです。

3. 次の質問に韓国語で答えましょう。

① 지금 살고 있는 곳의 여름과 겨울 날씨는 어때요?
(今、住んでいるところの夏と冬の天候はいかがですか。)

② 한국어는 무엇이 가장 어려워요? (韓国語は何がいちばん難しいですか。)

第42課 이 노래 잘 들어 보세요.

この歌、よく聞いてみてください。

第42課

2-101

カフェで音楽を聞く

슬기 : 이 노래 잘 들어 보세요.

유리 : 참 좋네요. 누구 노래예요?

슬기 : 잘 모르겠어요. 제목을 깜빡 잊어버렸어요.

유리 : 저도 한번 들은 적이 있거든요.
저분한테 물어보죠.

슬기 : 저기요. 지금 이 노래 제목이 뭐예요?

점원 : 아, 네. BTS(ビーティーエス)의「피 땀 눈물」이에요.

《日本語訳》

슬기：この歌、よく聞いてみてください。
유리：とてもいいですね。誰の歌ですか。
슬기：よくわかりません。題名をうっかり忘れてしまいました。
유리：私も一度聞いたことがあります。あの方に聞いてみましょう。
슬기：すみません。今のこの歌、題名は何ですか。
점원：あ、はい。BTSの「血、汗、涙」です。

発音

좋네요 [존네요]、있거든요 [읻꺼든뇨]

語句・表現

1. □들어 聞いて☆듣다（聞く）
2. □좋네요 いいですね☆좋다（よい）

3. □제목［題目］☆題名　□깜빡 うっかり　□잊어버렸어요 忘れてしまいました☆잊어버리다（忘れてしまう）

4. □한번（一番）一度　□들은　聞いた〜☆듣다（聞く）　□적 こと　□있거든요 ありますよ☆있다（ある）　□저분 あの方　□물어보죠 聞いてみましょう☆물어보다（聞いてみる）

5. □저기요 すみません

6. □ BTS（グループ名）　□피 땀 눈물 血、汗、涙

ポイント解説

1　ㄷ変則用言

「듣다聞く」「깨닫다気づく」「싣다載せる」など動詞の語幹末にㄷがついているもののうち、変則活用をするものがあります。それを「ㄷ変則用言」と言います。「ㄷ変則用言」の「듣다」や「깨닫다」は「活用形Ⅱ」では、「들으」や「깨달으」に、「活用形Ⅲ」では「들어」や「깨달아」に変わります。

ただし、語幹末のパッチムがㄷでも、「받다もらう」「닫다閉じる」「믿다信じる」などは正則です。なお、「ㄷ変則用言」は動詞だけで、形容詞はありません。つまり、語幹がㄷで終わるすべての形容詞は正則活用です。

듣다 → 들으면〈活Ⅱ〉／ 들어요〈活Ⅲ〉
聞く　　聞けば　　　　聞きます

似て非なるㄷ変則と正則

〈ㄷ変則の用言〉

a. 動詞：걷다歩く、묻다尋ねる、듣다聞く、알아듣다聞き取る、싣다載せる、깨닫다気づく

b. 形容詞：なし

〈ㄷ正則の用言〉

a. 動詞：받다受ける、닫다閉める、묻다埋める、믿다信じる、얻다得る、쏟다こぼす、굳다固まる、뜯다剥がす

b. 形容詞：굳다固い、곧다まっすぐだ

	基本形	活用形Ⅰ	活用形Ⅱ	活用形Ⅲ
正則	먹다　食べる	먹 -	먹으 -	먹어
ㄷ 変則	싣다　載せる	싣 -	실으 -	실어
	걷다　歩く	걷 -	걸으 -	걸어
	깨닫다　気づく	깨닫 -	깨달으 -	깨달아
	묻다　尋ねる	묻 -	물으 -	물어
ㄷ 正則	받다　もらう	받 -	받으 -	받아
	믿다　信じる	믿 -	믿으 -	믿어

《練習 1》次の語を例のように変えてみましょう。

基本形	活用形Ⅰ	活用形Ⅱ	活用形Ⅲ
例：듣다　聞く	듣 -	들으 -	들어
例：얻다　得る	얻 -	얻으 -	얻어
닫다　閉める			
알아듣다　聞き取る			

・그 이야기를 들은 적이 있어요.　　その話を聞いたことがあります。

・모르는 것이 있으면 물어보세요.

知らないことがあったら尋ねてみてください。

《練習 2》次の文を韓国語に訳しなさい。

(1) 荷物をタクシーに載せました。

____

(2) 車の中でラジオを聞きました。

____

2　ㄷ変則用言の活用

これまで習った各種の語尾を活かして「ㄷ変則用言」の活用をしてみましょう。

〈ㄷ変則用言につながるもの〉

活用形	活用形Ⅰ	活用形Ⅱ	活用形Ⅲ
つながる語尾	-습니다/ㅂ니다、-거든요、-기(-기 좋다)、-고(-고 있다)、-던、-잖아요、-지(-지 말다、-지 못하다、-지 않다)、-겠-　など	-ㄴ(-ㄴ 것 같다、-ㄴ데요)、-ㄹ(-ㄹ 거 같다、-ㄹ 거예요、-ㄹ게요、-ㄹ래요、-ㄹ 수 있다、-ㄹ 텐데)、-니까、-면、-면서、-ㅂ시다、-시-(-세요)	-도(-도 돼요)、-요、-서、-야(-야 돼요)、-ㅆ-(-ㅆ던)　など

＊一部は未学習のものです。

《練習》次の文を例のように直してください。

例：이 시디 듣다 (＋요) →　이 시디 들어요.

(1) 지금 라디오를 듣다 (＋고) 있어요.→

(2) 모르는 것이 있으면 묻다 (＋어) 봐도 돼요?→

(3) 그 사람 말은 믿다 (＋지) 못해요.→

(4) 학교에서 집까지 걷다 (＋ㅆ어요).→

(5) 회사에 걷다 (＋서) 갔어요.→

(6) 비행기에 짐을 싣다 (＋ㅆ어요.) →

(7) 자동차에 짐을 싣다 (＋고) 갔어요.→

3 -거든요　～ますから（ね）、～ですから（ね）［根拠］

活用形Ⅰ ＋ 거든요 ：～ますから(ね)、～ですから(ね)

仮定を表す「活用形Ⅰ＋거든」は第30課（257頁）で勉強しましたね。

ここでは、動詞や形容詞などの活用形Ⅰに「거든요」をつける表現を勉強します。この表現は「～するんですよ」「～するからです」という意味で、聞き手が知らない事柄について教えてあげたり、根拠を表したりするときに使います。「거든요」はよく話し言葉で使います。

보다（見る） —活Ⅰ＋～ますから(ね)／보＋거든요→ 보거든요（見ますから(ね)）

基本形	語幹	活用形Ⅰ	根拠
보다 見る	보 -	보 -	보거든요 見ますから（ね）
빠르다 速い	빠르 -	빠르 -	빠르거든요 速いですから（ね）
입다 着る	입 -	입 -	입거든요 着ますから（ね）
살다 暮らす、住む	살 -	살 -	살거든요 暮らしますから(ね)、住みますから(ね)
듣다 聞く	듣 -	듣 -	듣거든요 聞きますから（ね）
좋다 よい	좋 -	좋 -	좋거든요 よいですから（ね）
청소하다 掃除する	청소하 -	청소하 -	청소하거든요 掃除しますから（ね）
처음이다 初めてだ	처음이 -	처음이 -	처음이거든요 初めてですから（ね）

《練習 1》次の語を例のように変えてみましょう。

例：보다　見る	보거든요	먹다 食べる	
만나다 会う		늦다 遅い	
마시다 飲む		열다 開ける	
자다 寝る		사과하다 謝る	
예쁘다 かわいい		조용하다 静かだ	
있다 ある、いる		돈이다 お金だ	

・어제는 밤늦게 잤거든요.　　昨晩は遅く寝たんですからね。
・우선 필요한 것은 돈이거든요.　まず、必要なものはお金ですからね。

《練習 2》次の文を韓国語に訳しなさい。

(1) 夏は雨がたくさん降りますからね。

____

(2) 毎朝、パンと牛乳を食べますからね。

____

4 - 버리다 ～してしまう［決行］

活用形Ⅲ ＋ 버리다 ：～してしまう

動詞などの活用形Ⅲに「버리다」をつけると、「～してしまう」という意味で、その行動が行われることによって起きる残念な気持ちなどを表します。もともと「버리다」は「捨てる」という意味です。

먹다 —活Ⅲ＋してしまう／먹어＋버리다→ 먹어 버리다
食べる　　　　　　　　　　　　食べてしまう

基本形	語幹	活用形Ⅲ	決行
보다 見る	보 -	봐	봐 버리다 見てしまう
입다 着る	입 -	입어	입어 버리다 着てしまう
듣다 聞く	듣 -	들어	들어 버리다 聞いてしまう
줍다 拾う	줍 -	주워	주워 버리다 拾ってしまう
대답하다 答える	대답하 -	대답해	대답해 버리다 答えてしまう

《練習 1》次の語を例のように変えてみましょう。

例：보다 見る	봐 버렸어요	먹다 食べる	
만나다 会う		눕다 横になる	
마시다 飲む		싣다 載せる	
자다 寝る		잃다 なくす	
잠들다 寝入る		말하다 話す、言う	

- 아침에 늦잠을 자 버렸어요.　朝、朝寝坊をしてしまいました。
- 저녁을 너무 많이 먹어 버렸어요.　夕食を食べすぎてしまいました。

《練習 2》次の文を韓国語に訳しなさい。

(1) お酒を飲んでしまいました。

(2) 秘密を話してしまいました。

力試し

2-102

1. 次の文を音読し、日本語に訳してみましょう。

① 저도 그 음악을 한 번 들어 본 적이 있거든요.

② 어려운 내용은 친구한테 물어봤어요.

③ 자동차에 짐은 다 실었어요?

④ 오늘은 학교까지 걸어서 갔어요.

⑤ 어젯밤에는 일찍 잠들어 버렸어요. (어젯밤：昨晩)

2. 次の文を韓国語に訳してみましょう。

① 本の題名をうっかり忘れてしまいました。(題名：제목、うっかり：깜빡)

② この歌、聞いたことがあるんです。

③ 夕食を先に食べてしまいました。

④ あのトランクを車に載せてください。(トランク：트렁크)

⑤ その話を聞いてみました。

3. 次の質問に韓国語で答えましょう。

① 요즘 자주 듣는 노래가 뭐예요?(最近、よく聞く歌は何ですか。)

② 약속을 잊어버렸어요. 어떻게 해요?
(約束を忘れてしまいました。どうしますか。)

第43課 잘 몰라서 못 봤어요.

よくわからなくて、うまくできませんでした。

2-103

試験について話す

슬기 : 오늘 시험 잘 봤어요?

유리 : 모르는 문제가 많았어요.

슬기 : 지난번 시험과는 어땠어요?

유리 : 문제가 많이 달라서 좀 어려웠어요.
더구나 알면서 틀린 문제도 있어요.

슬기 : 유리 씨는 잘 쳤어요?

유리 : 저도 잘 몰라서 지난번보다 잘 못 봤어요.

《日本語訳》

슬기 : 今日、試験うまくできましたか。
유리 : わからない問題が多かったです。
슬기 : この前の試験と（比べて）いかがでしたか。
유리 : 問題がかなり違ったので、ちょっと難しかったです。
しかも、わかっていながら間違えた問題もありました。
슬기 : ユリさんはうまくできましたか。
유리 : 私もよくわからなくて、この前よりうまくできませんでした。

発音

못 봤어요 [몯빠써요]

語句・表現

1. □시험 [試験]　□봤어요 見ました、受けました☆보다（見る、受ける）
2. □모르는 わからない～、知らない～☆모르다（わからない、知らない）
□문제 [問題]

3. □지난번［－番］この間、この前　□어땠어요？　いかがでしたか
4. □달라서 違って☆다르다（違う）　□더구나 しかも　□알면서 知っていながら☆알다（知る、わかる）　□틀린 間違った～☆틀리다（間違う）
5. □쳤어요？受けましたか☆치다（受ける）
6. □몰라서 わからなくて　□보다 より

ポイント解説

1　르変則用言

「모르다わからない」「빠르다速い」「부르다呼ぶ」などの動詞や形容詞の語幹が르で終わるもののうち、変則活用をするものがあります。それを「르変則用言」と言います。「르変則用言」の「모르다」や「부르다」は「活用形Ⅲ」では「몰라」や「불러」に変わります。

ただし、語幹が르で終わっても、「들르다寄る」「따르다従う、注ぐ」「치르다払う」などは「으変則用言」（第46課1参照）で活用の形が違います。

모르다 → 모르면〈活Ⅱ〉／몰라요〈活Ⅲ〉
知らない　知らなければ　知りません

似て非なる르変則と으変則

〈르変則の用言〉

a.動詞：바르다 塗る、부르다 呼ぶ、歌う、（おなかが）いっぱいだ、고르다 選ぶ、자르다 切る、서두르다 急ぐ、기르다 飼う、오르다 上がる、흐르다 流れる、누르다 押す、모르다 知らない、わからない

b.形容詞：빠르다 速い、바르다 正しい、이르다 早い、다르다 違う、異なる

〈으変則の用言〉

a.動詞：들르다 寄る、따르다 従う、注ぐ、치르다 払う

b.形容詞：なし

	基本形	活用形Ⅰ	活用形Ⅱ	活用形Ⅲ
正則	먹다 食べる	먹 -	먹으 -	먹어 -
르 変則	모르다 わからない	모르 -		몰라
	부르다 呼ぶ、歌う	부르 -		불러
	빠르다 速い	빠르 -		빨라
	기르다 飼う	기르 -		길러
으 変則	치르다 払う	치르 -		치러
	따르다 従う	따르 -		따라

《練習 1》次の語を例のように変えてみましょう。

基本形	活用形Ⅰ	活用形Ⅱ	活用形Ⅲ
例：모르다 わからない	모르 -	모르 -	몰라
다르다 違う			
자르다 切る			
누르다 押す			

・어제 노래방에서 한국 노래를 불렀어요.

昨日、カラオケで韓国の歌を歌いました。

・그 사람 이름을 잘 몰랐어요. 彼の名前をよく知りませんでした。

《練習 2》次の文を韓国語に訳しなさい。

(1) KTX はとても速かったです。

____

(2) スイカを切りました。

____

2　르変則用言の活用

これまで習った各種の語尾を活かして「르変則用言」の活用をしてみましょう。

〈르変則用言につながるもの〉

活用形	活用形Ⅰ	活用形Ⅱ	活用形Ⅲ
つながる語尾	- 습니다 / ㅂ니다、- 거든요、- 기 (- 기 좋다)、- 고 (- 고 있다)、- 던、- 잖아요、- 지 (- 지 말다、- 지 못하다、- 지 않다)、- 겠 -　など	- ㄴ(- ㄴ 것 같다、- ㄴ데요)、- ㄹ(- ㄹ 거 같다、- ㄹ 거예요、- ㄹ게요、- ㄹ래요、- ㄹ 수 있다、- ㄹ 텐데)、- 니까、- 면、- 면서、- ㅂ시다、- 시 -(- 세요)　など	- 도 (- 도 돼요)、- 요、- 서、- 야 (- 야 돼요)、- ㅆ -(- ㅆ던)　など

＊一部は未学習のものです。

《練習》次の用言を例のように直してください。

例：그 노래는 잘 모르다 (＋요) →　그 노래는 잘 몰라요.

(1) 고양이를 기르다 (＋고) 있어요.→

(2) 잘 모르다 (＋서) 물어봤어요.→

(3) 리듬이 별로 다르다 (＋지) 않아요.→

(4) 그 사람은 잘 모르다 (＋ㅆ어요).→

(5) 회사에 이르다 (＋ㄴ) 시간에 갔어요.→

(6) 다 같이 노래를 부르다 (＋ㅆ어요).→

(7) 이 사과를 자르다 (＋아) 주세요.→

3 -면서　～ながら、～のに、～と同時に［並行］

活用形Ⅱ ＋ 면서 ：～ながら、～のに、～と同時に

動詞や形容詞などの活用形Ⅱに「면서」をつけると、「～ながら」「～のに」「～と同時に」という意味で、(1)（動作動詞といっしょに使われ）２つの動作が同時に行われていることを表したり、(2)（形容詞といっしょに使われ）２つ以上の事実や状態が同時に現れていることを表したりします。また、(2) の場合、「면서ながら」の次に「도も」をつけた「면서도」の形で、その意味を強調したりもします。

보다（見る） —活Ⅱ＋～ながら／보＋면서→ 보면서（見ながら）

基本形	語幹	活用形Ⅱ	並行
보다 見る	보 -	보 -	보면서 見ながら
빠르다 速い	빠르 -	빠르 -	빠르면서 速くて
입다 着る	입 -	입으 -	입으면서 着ながら
살다 暮らす、住む	살 -	살 -	살면서 暮らしながら、住みながら
듣다 聞く	듣 -	들으 -	들으면서 聞きながら
모르다 わからない	모르 -	모르 -	모르면서 わからないのに
좋다 よい	좋 -	좋으 -	좋으면서 よくて
청소하다 掃除する	청소하 -	청소하 -	청소하면서 掃除しながら

조용하다 静かだ	조용하 -	조용하 -	조용하면서 静かで
처음이다 初めてだ	처음이 -	처음이 -	처음이면서 初めてで

《練習 1》次の語を例のように変えてみましょう。

例：보다　見る	보면서	먹다　食べる	
만나다　会う		늦다　遅い	
마시다　飲む		열다　開ける	
자다　寝る		연락하다　連絡する	
예쁘다　かわいい		얌전하다　おとなしい	
있다　ある、いる		의사이다　医者だ	

- 술을 마시면서 이야기를 했어요.　お酒を飲みながら、話をしました。
- 이 가방은 멋있으면서도 질겨요.　このかばんは素敵で丈夫です。

《練習 2》次の文を韓国語に訳しなさい。

(1) ご飯を食べながら、テレビを見ます。

______

(2) 医者であると同時に、詩人です。

______

4　体言＋보다　～より［比較］

体言のあと、「보다」がつくと「～より」という意味で、比較を表す助詞です。よく、「보다」のあとに、「더もっと」「더욱もっと」「훨씬ずっと」などの副詞が用いられます。また、取り立てて比較するときは、「보다는より は」が使われます。

• 오늘은 어제보다 훨씬 따뜻해요.　今日は昨日よりずっと暖かいです。
• 동생이 형보다 운동을 더 잘해요.　弟が兄よりスポーツがもっと上手です。

2-104

力試し

1. 次の文を音読し、日本語に訳してみましょう。

① 오늘 시험은 어려웠어요?

② 지난번 시험보다 좀 쉬웠어요.

③ 다 같이 한국 노래를 불렀어요?

④ 인천공항에서 탄 전철은 참 빨랐어요.

⑤ 잘 모르면서 노래를 불렀어요.

2. 次の文を韓国語に訳してみましょう。

① 電話番号が違って、連絡が取れませんでした。

② テレビを見ながら、ご飯を食べました。

③ バスより速くてよかったです。

④ 住所がよくわからなくて、送ることができませんでした。

⑤ 韓国の歌を歌ってみてください。

3. 次の質問に韓国語で答えましょう。

① 가족들을 부를 때 어떻게 불러요?
(家族を呼ぶとき、どのように呼びますか。)

② 한자를 잘 알아요? (漢字をよく知っていますか。)

第44課 감기 몸살 다 나았어요？

風邪とモムサルはすっかり治りましたか。

2-105

スルギさんから風邪薬をもらう

슬기：감기 몸살 다 나았어요？

유리：아직 다 안 나았어요.

슬기：그럼 이 한방약을 드셔 보세요.
금방 나을 거예요.

유리：고마워요. 어떻게 먹어요？

슬기：이 가루약에 더운물을 붓고 잘 저어서
드세요.

유리：정말 금방 나을 것 같아요.

《日本語訳》

슬기：風邪とモムサルはすっかり治りましたか。
유리：まだ、全部治っていません。
슬기：では、この漢方薬を召し上がってみてください。すぐ治るでしょう。
유리：ありがとうございます。どのように飲みますか。
슬기：この粉薬にお湯を入れて、よく混ぜてお飲みください。
유리：本当にすぐ治りそうです。

発音

몸살 [몸쌀]、한방약 [한방냑]、어떻게 [어떠케]、붓고 [붇꼬]、나을 것 [나을 껃]

語句・表現

1. □감기［感気］風邪　□몸살 モムサル☆疲れによって体がだるい症状
□나았어요？ 治りましたか☆낫다（治る）

2. □다 全部、すっかり

3. □그럼 では　□한방약［韓方薬］漢方薬　□드셔 召し上がって☆드시다（召し上がる）　□금방［今方］すぐ　□나을 거예요 治るでしょう☆낫다（治る）、거（것（の）の縮約形）

4. □고마워요 ありがとうございます☆고맙다（ありがたい）　□어떻게 どうやって　□먹어요？呑みますか☆呑む（먹다）

5. □가루약［一薬］粉薬　□더운 温かい〜☆덥다（温かい）　□붓고 注いで☆붓다（注ぐ）　□저어서 混ぜて☆젓다（混ぜる）

6. □정말 本当に　□금방（今方）すぐ　□나을 거 같아요 治りそうです☆같아요（〜みたいです、〜ようです）

第44課

ポイント解説

1　ㅅ変則用言

ㅅ変則用言

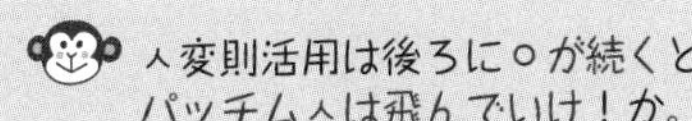

ㅅ変則活用は後ろにㅇが続くと
パッチムㅅは飛んでいけ！か。

「낫다治る」「짓다作る」「잇다つなぐ」など、動詞の語幹末に「ㅅ」がついているもののうち、変則活用をするものがあります。それを「ㅅ変則用言」と言います。「ㅅ変則用言」の「낫다」や「짓다」は「活用形Ⅱ」では、「나으」や「지으」に、「活用形Ⅲ」では「나아」や「지어」に変わります。

ただし、語幹末のパッチムが「ㅅ」でも、「웃다笑う」「벗다脱ぐ」「씻다洗う」などは正則です。

なお、「ㅅ変則用言」は動詞が大半で、形容詞は「낫다ましだ」一語しかありません。

낫다 → 나으면〈活Ⅱ〉／나아요〈活Ⅲ〉
治る　治れば　治ります

짓다 → 지으면〈活Ⅱ〉／지어요〈活Ⅲ〉
作る　作れば　作ります

似て非なるㅅ変則と正則

〈ㅅ変則用言〉

a.動詞:낫다治る、짓다作る、建てる、잇다つなぐ、긋다（線を）引く、붓다注（そそ）ぐ、はれる

b.形容詞：낫다ましだ

〈ㅅ正則用言〉

a.動詞：웃다笑う、씻다洗う、벗다脱ぐ、빗다髪をとかす、빼앗다奪う

b.形容詞：なし

	基本形	活用形Ⅰ	活用形Ⅱ	活用形Ⅲ
正則	먹다 食べる	먹 -	먹으 -	먹어
ㅅ 変則	낫다 治る	낫 -	나으 -	나아
	잇다 つなぐ	잇 -	이으 -	이어
	짓다 作る	짓 -	지으 -	지어
	붓다 注ぐ	붓 -	부으 -	부어
ㅅ 正則	웃다 笑う	웃 -	웃으 -	웃어
	씻다 洗う	씻 -	씻으 -	씻어

《練習》次の語を例のように変えてみましょう。

基本形	活用形Ⅰ	活用形Ⅱ	活用形Ⅲ
例：낫다 治る	낫 -	나으 -	나아
例：웃다 笑う	웃 -	웃으 -	웃어
긋다 線を引く			
빗다 髪をとかす			
벗다 脱ぐ			

- 막걸리는 잘 저어서 드세요.　マッコリはよく混ぜてお飲みください。
- 두 점을 선으로 이으세요.　2つの点を線で結びなさい。

《練習 2》次の文を韓国語に訳しなさい。

(1) 新羅時代に建てたお寺です。(新羅時代：신라시대)

(2) やっと風邪が治りました。(やっと：겨우)

2　ㅅ変則用言の活用

これまで習った各種の語尾を活かして「ㅅ変則用言」の活用をしてみましょう。

第44課

〈ㅅ変則用言につながるもの〉

活用形	活用形Ⅰ	活用形Ⅱ	活用形Ⅲ
つながる語尾	-습니다 / ㅂ니다、-거든요、-기(-기 좋다)、-고(-고 있다)、-던、-잖아요、-지(-지 말다、-지 못하다、-지 않다)、-겠- など	-ㄴ(-ㄴ 것 같다、-ㄴ데요)、-ㄹ(-ㄹ 거 같다、-ㄹ 거예요、-ㄹ게요、-ㄹ래요、-ㄹ 수 있다、-ㄹ 텐데)、-니까、-면、-면서、-ㅂ시다、-시-(-세요) など	-도(-도 돼요)、-요、-서、-야(-야 돼요)、-ㅆ-(-ㅆ던) など

＊一部は未学習です。

《練習》次の用言を例のように直してください。

例：두 점을 선으로 잇다 (＋ㅆ어요) →　두 점을 선으로 이었어요.

(1) 집을 짓다 (＋고) 있어요.→

(2) 이제 감기가 다 낫다 (＋ㅆ어요).→

(3) 두통이 다 낫다 (＋ㄴ) 것 같아요.→

(4) 밥을 맛있게 짓다 (＋서) 먹었어요.→

(5) 손발을 깨끗하게 씻다 (+써어요). →
(6) 냄비에 물을 붓다 (+고) 라면을 끓였어요. →
(7) 그것보다 이게 더 낫다 (+요). →

3 -ㄹ 것 같다 ~しそうだ、~のようだ [推量]

活用形Ⅱ + ㄹ 것 같다 :~しそうだ、~のようだ

動詞や形容詞などの活用形Ⅱに「ㄹ 것 같다」をつけると、「~しそうだ」「~のようだ」という意味で、話し手の推量を表します。話し言葉では「ㄹ 거 같다」もよく使います。

보다 (見る) —活Ⅱ+~しそうだ / 보+ㄹ 것 같다→ 볼 것 같다 (見そうだ)

基本形	語幹	活用形Ⅱ	推量
보다 見る	보-	보-	볼 것 같다 見そうだ
입다 着る	입-	입으-	입을 것 같다 着そうだ
살다 暮らす、住む	살-	사-	살 것 같다 暮らしそうだ
듣다 聞く	듣-	들으-	들을 것 같다 聞きそうだ
모르다 わからない	모르-	모르-	모를 것 같다 わからなそうだ
낫다 治る	낫-	나으-	나을 것 같다 治りそうだ
좋다 よい	좋-	좋으-	좋을 것 같다 よさそうだ
지각하다 遅刻する	지각하	지각하-	지각할 것 같다 遅刻しそうだ
조용하다 静かだ	조용하	조용하-	조용할 것 같다 静かそうだ
처음이다 初めてだ	처음이	처음이-	처음일 것 같다 初めてのようだ

《練習 1》次の語を例のように変えてみましょう。

例：보다　見る	볼 것 같아요	먹다 食べる	
만나다　会う		늦다 遅い	
마시다　飲む		열다 開ける	
자다　寝る		연락하다 連絡する	
예쁘다　かわいい		얌전하다 おとなしい	
있다　ある、いる		의사이다 医者だ	

• 이 뮤지컬은 아주 재미있을 것 같아요.

このミュージカルはとても面白そうです。

• 이번 여름방학엔 미국에 어학 연수를 갈 것 같아요.

今度の夏休みはアメリカに語学研修に行くようです。

《練習 2》次の文を韓国語に訳しなさい。

(1) 道路が渋滞して今日は遅刻しそうです。(道路：길、渋滞する：밀리다)

____

(2) 明日は雨が降りそうです。

____

🔊2-106

力試し

1. 次の文を音読し、日本語に訳してみましょう。

① 두통은 아직 다 안 나았어요.

____

② 내일쯤 갈 것 같아요.

③ 이 생강차는 뜨거울 때 잘 저으세요.

④ 더운물을 부으세요.

⑤ 그 백화점은 지은 지 50 년이 지났어요.

2. 次の文を韓国語に訳してみましょう。

① まだ、風邪は治っていませんか。

② この人参茶はお湯を注いで、よく混ぜて召し上がってください。

③ この薬を飲むと、すぐモムサルが治りそうです。(モムサル：몸살)

④ 2つの点をつなぎなさい。(点：점)

⑤ 新しく大きい家を建てるようです。

3. 次の質問に韓国語で答えましょう。

① 감기가 잘 안 나을 때 어떻게 해요? (風邪がよく治らないとき、どうしますか。)

② 지금 사는 집은 지은 지 몇 년 됐어요?
(今、住んでいる家は建ててから何年経ちましたか。)

第45課 빨주노초파남보! 어때요!?

ッパㇽジュノチョパナンボ！ どうですか!?

2-107

韓国の虹の色の名前の覚え方

슬기：유리 씨, 무지개 색깔을 한번 말해 볼래요?

유리：아카는 빨강이고, 다음은… 뭐더라? 잘 모르겠어요.

슬기：빨강, 주황, 노랑, 초록, 파랑, 남색, 보라죠. 어때요!?

유리：어떻게 그렇게 잘 외워요?

슬기：한국에서는 빨주노초파남보! 이렇게 외우면 돼요.

유리：일본에는 그런 방법이 없어요.

《日本語訳》

슬기：ユリさん、ちょっと虹の色を言ってみませんか。
유리：アカは赤で、次は…何だったけ？　よくわかりません。
슬기：赤、橙、黄、緑、青、藍、紫でしょう。どうですか!?
유리：どうやってそんなによく覚えられますか。
슬기：韓国ではパルジュノチョパナンボ！このように覚えればいいです。
유리：日本にはそういった方法がありません。

発音

그렇게 [그러케]、이렇게 [이러케]

第45課

語句・表現

1. □무지개 虹　□색깔 色　□말해 볼래요? 言ってみますか☆말해 보다（言ってみる）
2. □빨강 赤　□뭐 何☆무엇の縮約形　□더라 ～だっけ☆過去の回想を表す　□모르겠어요 わかりません☆모르다（わからない）
3. □주황［朱黄］☆橙色　□노랑 黄色　□초록［草緑］、緑　□파랑 青　□남색［藍色］　□보라 紫
4. □그렇게 そのように　□외워요 覚えます☆외우다（覚える）
5. □빨주노초파남보 赤、橙、黄、緑、青、藍、紫☆虹の色の頭文字　□외우면 覚えれば　□돼요 いいですよ☆되다（なる）
6. □그런 そのような　□방법［方法］

1　ㅎ変則用言

「그렇다そうだ」「빨갛다赤い」「커다랗다大きい」など、形容詞語幹の末尾にㅎがついているもののうち、変則活用をするものがあります。それを「ㅎ変則用言」と言います。「ㅎ変則用言」の「그렇다」や「빨갛다」は「活用形Ⅱ」では、「그러」と「빨가」に、また、「活用形Ⅲ」では、「그래」と「빨개」に変わります。

なお、「하얗다白い」の場合、「活用形Ⅱ」では「하야」、「活用形Ⅲ」では「하얘」になります。

なお、「ㅎ変則用言」は形容詞だけで、正則活用の形容詞は「좋다」だけです。

그렇다 → 그러면〈活Ⅱ〉/ 그래요〈活Ⅲ〉
そうだ　そうだったら　そうです

빨갛다 → 빨가면〈活Ⅱ〉/ 빨개요〈活Ⅲ〉
赤い　赤かったら

似て非なるㅎ変則と正則

〈ㅎ変則用言〉

a.動詞：なし

b.形容詞：이렇다こうだ、그렇다そうだ、저렇다ああだ、어떻다どうだ、하얗다白い、까맣다黒い、빨갛다赤い、파랗다青い、노랗다黄色い、커다랗다とても大きい

〈正則用言〉

a.動詞：놓다置く、넣다入れる、낳다産む、닿다届く、찧다搗く

b.形容詞：좋다よい

第45課

	基本形	活用形Ⅰ	活用形Ⅱ	活用形Ⅲ
正則	작다　小さい	작 -	작으 -	작아
ㅎ　変則	그렇다　そうだ	그렇 -	그러 -	그래
	빨갛다　赤い	빨갛 -	빨가 -	빨개
	커다랗다　大きい	커다랗 -	커다라 -	커다래
	하얗다　白い	하얗 -	하야 -	하얘
ㅎ　正則	좋다　よい	좋 -	좋으 -	좋아

《練習 1》次の語を例のように変えてみましょう。

基本形	活用形Ⅰ	活用形Ⅱ	活用形Ⅲ
例：그렇다　そうだ	그렇 -	그러 -	그래 -
노랗다　黄色い			
이렇다　こうだ			
까맣다　黒い			

- 이런 보자기도 마음에 들어요.　こんなふろしきも気に入ります。
- 눈이 와서 산이 하얬어요.　雪が降って山が白かったです。

《練習 2》次の文を韓国語に訳しなさい。

(1) 黄色いハンカチを振りました。(ハンカチ：손수건、振る：흔들다)

______

(2) ウサギの目は赤かったです。(ウサギ：토끼)

______

2 ㅎ変則用言の活用

これまで習った各種の語尾を活かして「ㅎ変則用言」の活用をしてみましょう。

〈ㅎ変則用言につながるもの〉

活用形	活用形 I	活用形 II	活用形 III
つながる語尾	- 습니다 / ㅂ니다、- 거든요、- 기 (- 기 좋다)、- 고 (- 고 있다)、- 던、- 잖아요、- 지 (- 지 말다、- 지 못하다、- 지 않다)、- 겠 -　など	- ㄴ(- ㄴ 것 같다、- ㄴ데요)、- ㄹ (- ㄹ 거 같다、- ㄹ 거예요、- ㄹ게요、- ㄹ래요、- ㄹ 수 있다、- ㄹ 텐데)、- 니까、- 면、- 면서、- ㅂ시다、- 시 (- 세요)　など	- 도 (- 도 돼요)、- 요、- 서、- 야 (- 야 돼요)、- ㅆ -(- ㅆ던) など

＊一部は未学習です。

《練習》次の形容詞を例のように直してください。

例：그 사람은 늘 그렇다 (＋ㅆ어요) →　그 사람은 늘 그랬어요.

(1) 빨갛다 (＋ㄴ) 원피스를 입고 있어요.→

(2) 오늘은 하늘이 파랗다 (＋ㅆ어요).→

(3) 요즘도 이렇다 (＋ㄴ) 넥타이가 유행해요.→

(4) 집이 늘 이렇다 (＋요).→

(5) 하늘도 파랗다 (＋고), 바다도 파랗다 (＋요).→

(6) 그렇다 (＋ㄴ) 영화보다 이렇다 (＋ㄴ) 영화가 더 재미있어요.→

(7) 이 사과는 빨갛다 (＋요).→

3 -ㄹ래요? ～しますか、～しましょうか［意志］

活用形Ⅱ ＋ ㄹ래요？ ：～しますか、～しましょうか

動詞の活用形Ⅱに「ㄹ래요？」をつけると、「～しますか」「～しましょうか」という意味で、相手の意志を尋ねる表現になります。また、「ㄹ래요」の形で「～します」という自分の意志を表すときも使います。

보다 —活Ⅱ＋～ますか／보＋ㄹ래요？→ 볼래요?
見る　　　　　　　　　　　　見ますか、見ましょうか

基本形	語幹	活用形Ⅱ	意志
보다 見る	보 -	보 -	볼래요？ 見ますか
입다 着る	입 -	입으 -	입을래요？ 着ますか
살다 暮らす、住む	살 -	사 -	살래요？ 暮らしますか
듣다 聞く	듣 -	들으 -	들을래요？ 聞きますか
짓다 建てる	짓 -	지으 -	지을래요？ 建てますか

《練習 1》次の語を例のように変えてみましょう。

例：보다 見る	볼래요？	먹다 食べる	
만나다 会う		잊다 忘れる	
마시다 飲む		열다 開ける	
자다 寝る		연락하다 連絡する	
있다 いる		생각하다 考える	

・좀 더우니까 창문을 열래요？　ちょっと暑いから窓を開けますか。
・저는 저녁은 천천히 먹을래요．　私は夕食はゆっくり食べます。

《練習 2》次の文を韓国語に訳しなさい。

(1) もう少し待ちましょうか。

____

(2) いつ映画を見に行きましょうか。

____

4 -면 되다 ~すればよい［限定］

活用形Ⅱ ＋ 면 되다 ：～すればよい、～ければよい

動詞や形容詞などの活用形Ⅱに「면 되다」をつけると、「～すればよい」「～ければよい」という意味で、他のことはさておき、とりあえずそれだけが満たされればいいということを表します。

보다 —活Ⅱ＋～すればよい / 보＋면 되다→ 보면 되다

見る　　　　見ればいい

基本形	語幹	活用形Ⅱ	限定
보다 見る	보	보 -	보면 되다 見ればいい
입다 着る	입	입으 -	입으면 되다 着ればいい
살다 暮らす、住む	살	살 -	살면 되다 暮らせばいい
듣다 聞く	듣	들으 -	들으면 되다 聞けばいい
짓다 建てる	짓	지으 -	지으면 되다 建てればいい
빨갛다 赤い	빨갛	빨가 -	빨가면 되다 赤ければいい
학생이다 学生だ	학생이	학생이 -	학생이면 되다 学生であればいい

《練習 1》次の語を例のように変えてみましょう。

例：보다 見る	보면 돼요	먹다 食べる	
만나다 会う		잊다 忘れる	
마시다 飲む		걷다 歩く	
자다 寝る		달콤하다 甘い	
있다 ある、いる		사랑하다 愛する	
크다 大きい		어린아이다 子どもだ	

第45課

・서로 사랑하면 돼요.　あ互いに愛すれば（愛しあえば）いいです。
・돈이 있으면 될 텐데.　お金があればいいだろうに。

《練習 2》次の文を韓国語に訳しなさい。

(1) もう少し赤ければいいだろうに。

____

(2) 毎日、歩けばいいです。

____

5　疑問詞＋더라？　～だったっけ［推測］

「누구」「언제」「무엇」「어디」などの疑問詞のあとに「더라」がつくと「～だったっけ」という意味で、過去の記憶を思い出しながら、自分に言い聞かせる表現になります。

なお、動詞や形容詞などのあとにつけるときは、活用形Ⅰ＋더라の形で、新しく知った事実を伝えるときに使います。

・그 사람이 누구더라? 생각이 잘 안 나네요.
彼が誰だったっけ？よく思い出せませんね。

・영희의 생일이 언제더라?　ヨンイの誕生日はいつだったっけ？

・날씨가 좀 춥더라.　天気がちょっと寒かったよ。

力試し

2-108

1. 次の文を音読し、日本語に訳してみましょう。

① 오늘 서울의 날씨는 어때요?

② 노란 튤립이 많이 피어 있어요. (튤립：チューリップ)

③ 날씨가 좋아서 하늘이 파래요.

④ 겨울에는 검은색 옷을 입어요?

⑤ 그 배우는 얼굴이 하얬어요.

2. 次の文を韓国語に訳してみましょう。

① 空の色が青いです。

② 赤いバラの花を買いました。

③ 秋の空がとても青かったです。

④　この韓定食はいかがですか。(韓定食：한정식)

⑤　白い雪がたくさん降りました。(雪：눈)

3. 次の質問に韓国語で答えましょう。 

①　무지개 색깔을 말해 보세요. (虹の色を言ってみてください。)

②　지금 하늘이 파래요? (今、空が青いですか。)

第45課

第46課 요즘 귀국 준비로 바빠요.

最近、帰国の準備で忙しいです。

2-109

ハングルのメールを送る

민수 씨에게

잘 지내고 있겠죠? 저는 요즘 귀국 준비로 바빠요.

일주일 뒤에 일본으로 돌아가요.

오늘은 민수 씨한테 처음으로 한국어로
메일을 써요.

한국말은 아직 잘 못 하지만 그런대로 실력이
많이 는 것 같아 기뻐요. 앞으로도 한눈팔지
말고 더욱 열심히 공부할 거예요

일본에 가서도 또 메일 할게요.

안녕히 계세요.

유리가

《日本語訳》

ミンスさんに

元気で過ごしているでしょうね。私はこの頃帰国の準備で忙しいです。

1週間後に日本に帰ります。

今日は初めてミンスさんに韓国語でメールを書きます。

韓国語はまだ、よくできませんが、それなりに実力がいっぱい伸びたようでうれしいです。これからもよそ見しないで、もっと熱心に勉強します。

日本に行ってからも、また、メールします。

さようなら。

ユリより

発音

있겠죠［읻껟쪼］、일주일［일쭈일］、잘 못 하지만［잘모타지만］、열심히［열씨미］、공부할 거예요［공부할 꺼에요］、할게요［할께요］、안녕히［안녕이］

語句・表現

1. □에게 ～に
2. □지내고 過ごして☆지내다過ごす □있겠죠？ いるでしょうね □귀국［帰国］ □준비［準備］ □바빠요 忙しいです☆바쁘다忙しい
3. □뒤에 後で □돌아가요 帰っていきます☆돌아가다帰っていく
4. □처음으로 初めて □메일 メール □써요 書きます☆쓰다（書く）
5. □그런대로 それなりに □실력［実力］ □는 것 같아 伸びたようで☆는 것 같다伸びたようだ、늘다（伸びる） □앞으로도 これからも □한눈팔지 말고 よそ見しないで☆한눈팔다よそ見をする、-지 말다 ～しない □더욱 もっと
6. □가서도 行ってからも
8. □가 より☆「가」はもともと助詞の「～が」ですが、手紙などで「○○が書く」という意味で使われます。

第46課

ポイント解説

1 으変則用言

「쓰다書く」「바쁘다忙しい」「예쁘다きれいだ」など、動詞や形容詞の語幹が母音「ㅡ」で終わるもののうち、変則活用をするものがあります。それを「으変則用言」と言います。「으 変則用言」の「쓰다」や「바쁘다」は「活用形Ⅲ」では「써」や「바빠」に変わります。「바쁘다」「예쁘다」のように「ㅡ」の前にもう一文字以上ある場合は、「바쁘다」のように直前の文字が陽母音（ㅏ、ㅗ、ㅑ）のときは「陽母音＋ㅡ」で「ㅏ」に、「예쁘다」のように直前の文字が陰母音（ㅏ、ㅗ、ㅑ以外）のときは「陰母音＋ㅡ」は「ㅓ」に変わり、「바빠」「예뻐」になります。

ただし、「다르다」「바르다」などのように語幹が「르」で終わるものはほとんど「으変則」ではなく、「르変則」です。（르変則用言は第43課1参照）

쓰다 → 쓰면〈活Ⅱ〉／써요〈活Ⅲ〉
書く　書けば　書きます

바쁘다 → 바쁘면〈活Ⅱ〉／바빠요〈活Ⅲ〉
忙しい　忙しければ　忙しいです

似て非なる으変則と르変則

〈으変則用言〉

a. 動詞：모으다 集める、쓰다書く、담그다 漬ける、끄다（火を）消す、뜨다 浮かぶ、들르다 寄る、따르다 従う、注ぐ、치르다 払う

b. 形容詞：아프다 痛い、기쁘다 うれしい、슬프다 悲しい、바쁘다 忙しい、예쁘다 かわいい、쓰다 苦い、크다 大きい

〈으変則でないもの〉

〈르変則〉

다르다違う、異なる、바르다塗る、부르다呼ぶ、歌う、빠르다速い、이르다早い、모르다知らない、わからない、바르다正しい

	基本形	活用形Ⅰ	活用形Ⅱ	活用形Ⅲ
正則	주다　あげる	주-	주-	줘
으 変則	바쁘다　忙しい	바쁘-		바빠
	아프다　痛い	아프-		아파
	예쁘다　かわいい	예쁘-		예뻐
	쓰다　書く	쓰-		써
	모으다　集める	모으-		모아
르 変則	모르다　わからない	모르-		몰라
	기르다　飼う	기르-		길러

《練習 1》次の語を例のように変えてみましょう。

基本形	活用形Ⅰ	活用形Ⅱ	活用形Ⅲ
例：바쁘다 忙しい	바쁘 -	바쁘 -	바빠
쓰다 書く			
기쁘다 うれしい			
슬프다 悲しい			
담그다 漬ける			
배고프다 お腹がすく			

・바쁜 사람도 많았어요.忙しい人も多かったです。

・친구들을 만나서 아주 기뻤어요.

友だちに会って、とてもうれしかったです。

《練習 2》次の文を韓国語に訳しなさい。

(1) その映画はとても悲しかったです。

____

(2) 今日は忙しくて行けませんでした。

____

2 으変則用言の活用

これまで習った各種の語尾を活かして「으変則用言」の活用をしてみましょう。

〈 으 変則の用言につながるもの〉

活用形	活用形Ⅰ	活用形Ⅱ	活用形Ⅲ
つながる語尾	- 습니다 / ㅂ니다、- 거든요、- 기 (- 기 좋다)、- 고 (- 고 있다)、- 던、- 잖아요、- 지 (- 지 말다、- 지 못하다、- 지 않다)、- 겠 -　など	- ㄴ (- ㄴ것 같다、- ㄴ데요)、- ㄹ (- ㄹ 거 같다)、- ㄹ (거예요、- ㄹ게요、- ㄹ래요、- ㄹ 수 있다、- ㄹ 텐데)、- 니까、- 면、- 면서、- ㅂ시다、- 시 -(- 세요)	- 도 (- 도 돼요)、- 요、- 서、- 야 (- 야 돼요)、- ㅆ -(- ㅆ던) など

＊一部は未学習です。

《練習》次の用言を例のように直してください。

例：오늘은 정말 바쁘다 (+요) →　오늘은 정말 바빠요.

(1) 나쁘다 (+ㄴ) 사람들은 없었어요.→

(2) 회비를 모으다 (+서) 보냈어요.→

(3) 아주 기쁘다 (+ㄴ) 소식이 있어요.→

(4) 부모님께 편지를 쓰다 (+요).→

(5) 소설도 슬프다 (+고), 영화도 슬프다 (+요).→

(6) 오늘은 바쁘다 (+서) 모임에 못 갔어요.→

(7) 처음으로 혼자서 김치를 담그다 (+아) 봤어요.→

3 - 지 말다　～しない [禁止]

活用形Ⅰ + 지 말다 ：～しない

動詞の活用形Ⅰに「지 말다」をつけると、「～しない」という意味で、禁止を表します。おもに命令や勧誘の表現に使われますが、願望を表す場合は叙述や疑問の表現にも使います。また、「지 마세요」は「～しないでください」の意味になります。さらに、「지」のあとに「도も」「는は」などがつくと強調表現になります。

보다 $\xrightarrow[\text{보+지 말다}]{\text{活I+〜しない}}$ 보지 말다

見る　　　　　　　　見ない

基本形	語幹	活用形I	禁止
보다　見る	보 -	보 -	보지 말다　見ない
입다　着る	입 -	입 -	입지 말다　着ない
살다　暮らす、住む	살 -	살 -	살지 말다　暮らさない
듣다　聞く	듣 -	듣 -	듣지 말다　聞かない
짓다　建てる	짓 -	짓 -	짓지 말다　建てない
쓰다　書く	쓰 -	쓰 -	쓰지 말다　書かない
모으다　集める	모으 -	모으 -	모으지 말다　集めない

《練習 1》次の語を例のように変えてみましょう。

例：보다 見る	보지 마세요	먹다 食べる	
만나다 会う		잊다 忘れる	
마시다 飲む		걷다 歩く	
자다 寝る		찾다 探す	
깎다 値切る		사랑하다 愛する	

• 편지를 쓰지 말고 메일로 보내세요.

手紙を書かずにメールで送ってください。

• 손님, 값을 깎지 마세요.

お客さん、値切らないでください。

《練習 2》次の文を韓国語に訳しなさい。

(1) 約束を忘れないでください。

(2) お酒を飲みすぎないでください。

2-110

力試し

1. 次の文を音読し、日本語に訳してみましょう。

① 요즘은 매일 일기를 써요. (일기：日記)

② 초등학교 때 친구를 만날 수 있어서 기뻐요. (초등학교：小学校)

③ 어제는 너무 바빠서 못 갔어요.

④ 상을 받아서 기쁜 얼굴을 했어요. (상：賞)

⑤ 크기는 컸지만 맛이 별로 없었어요.

2. 次の文を韓国語に訳してみましょう。

① 一生懸命勉強したので、お腹がすきました。

② ふるさとにいる両親に手紙を書きます。(ふるさと：고향)

③ 合格できてとてもうれしいです。(合格：합격)

____

④ かわいい切手を集めました。(切手：우표)

____

⑤ 今日は旅行の準備で忙しいです。(準備：준비)

____

3. 次の質問に韓国語で答えましょう。 

① 요즘 바빠요？(最近、忙しいですか。)

____

② 친구한테「-하지 마세요」라고 말해 보세요.

(友だちに「〜しないでください」と言ってみてください。)

____

第46課

第47課 늦기 전에 빨리 가야 돼요.

遅くなる前に早く行かなければなりません。

2-111

サムルノリを見に行く

슬기 : 사물놀이 보러 가요.
늦기 전에 빨리 가야 돼요.

유리 : 잠깐만요. 미안하지만 이 숙제만 마친 후에 가요.

슬기 : 그래요. 아직 괜찮아요.
시작 10 분 전까지 가도 돼요.

유리 : 대학로까지 1 시간 만에 갈 수 있어요?

슬기 : 아마 괜찮을 거예요.
ATM 에서 돈도 좀 찾아야 해요.

유리 : 그럼 지금 나가야겠어요.

《日本語訳》

슬기：サムルノリを見にいきましょう。遅くなる前に早く行かなければなりません。.
유리：ちょっと待ってください。すみませんが、この宿題だけ終えてから行きましょう。
슬기：そうですか。まだ、大丈夫です。始まる10分前までに行けばいいです。
유리：大学路まで1時間ほどで行くことができますか。
슬기：多分、大丈夫でしょう。ATMでちょっとお金もおろさなければなりません。
유리：では、今、出かけなければなりません。

発音

사물놀이 [사물로리]、늦기 [늗끼]、잠깐만요 [잠깐만뇨]、10 분 [십뿐]、대학로 [대항노]、갈 수 [갈쑤]、괜찮을 거예요 [괜차늘꺼에요]

語句・表現

1. □사물놀이［四物 -］サムルノリ☆４つの伝統楽器による演奏　□늦기 전에 遅くなる前に☆늦다（遅い）　□전［前］　□가야 돼요 行かなければなりません
2. □잠깐만요 ちょっと待ってください　□숙제［宿題］　□마친 終えた～☆마치다 終える　□후［後］
3. □시작［始作］始め、開始　□가도 行っても☆가다（行く）
4. □대학로［大学路］☆ソウル市内の街の名前　□만 ぐらい、ほど
5. □아마 たぶん　□돈 お金　□찾아야 해요（お金を）おろさなければなりません☆찾다（おろす、引き出す、探す）
6. □나가야겠어요 出かけなければなりません☆나가다（出かける）

ポイント解説

1　-야 되다　～しなければならない、～すべきである［当為］

活用形Ⅲ ＋ 야 되다 ：～しなければならない、～すべきである

動詞や形容詞などの活用形Ⅲに「야 되다」をつけると、「～しなければならない」「～すべきである」という意味で、その対象や行動が必要であることを表します。「야 되다」の代わりに「야 하다」もよく使いますが、「야 되다」はおもに話し言葉、「야 하다」は書き言葉でよく使われます。

가다（行く）　—活Ⅲ＋しなければならない／가＋야 되다→　가야 되다（行かなければならない）

좋다（よく）　—活Ⅲ＋なければならない／좋아 ＋야 되다→　좋아야되다（よくなければならない）

基本形	語幹	活用形Ⅲ	当為
가다 行く	가 -	가	가야 되다 行かなければならない
입다 着る	입 -	입어	입어야 되다 着なければならない
살다 暮らす、住む	살 -	살아	살아야 되다 暮らさなければならない
듣다 聞く	듣 -	들어	들어야 되다 聞かなければならない
짓다 建てる	짓 -	지어	지어야 되다 建てなければならない
쓰다 書く	쓰 -	써	써야 되다 書かなければならない
예쁘다 きれいだ	예쁘 -	예뻐	예뻐야 되다 きれいでなければならない
쉽다 易しい	쉽 -	쉬워	쉬워야 되다 易しくなければならない
좋다 よい	좋 -	좋아	좋아야 되다 よくなければならない
공부하다 勉強する	공부하 -	공부해	공부해야 되다 勉強しなければならない
볼펜이다 ボールペンだ	볼펜이 -	볼펜이	볼펜이어야 되다 ボールペンでなければならない

《練習 1》次の語を例のように変えてみましょう。

例：가다 行く	가야 돼요	낫다 治る	
만나다 会う		빨갛다 赤い	
마시다 飲む		걷다 歩く	
자다 寝る		찾다 探す	

깎다 値切る		사랑하다 愛する	
맵다 辛い		택시이다 タクシーだ	

・사과는 빨개야 돼요.　　　りんごは赤くなければなりません。
・매일 6 시간 이상 자야 돼요.　毎日、6時間以上、寝なければなりません。

《練習 2》次の文を韓国語に訳しなさい。

(1) 友だちに会わなければなりません。

____

(2) 冬は寒くなければなりません。

____

2　-기 전에　～する前に［先行］

活用形Ⅰ ＋ 기 전에 ：～する前に

活用形Ⅰのあとに「기 전에」をつけると「～する前に」という意味で、ある行動や状態が先行文の内容に先立つことを表しています。

가다 —活Ⅰ＋する前に／가＋기전에→ 가기 전에
行く　　　　　　　　　　　　行く前に

먹다 —活Ⅰ＋する前に／먹＋기 전에→ 먹기 전에
食べる　　　　　　　　　　　食べる前に

第47課

《練習 1》次の語を例のように変えてみましょう。

例：보다 見る	보기 전에	입다 着る	
닫다 閉める		신다 履く	
타다 乗る		묵다 泊まる	
닦다 磨く		굽다 焼く	
넣다 入れる		지각하다 遅刻する	

・비가 오기 전에 빨래를 걷으세요.

雨が降る前に洗濯物を取り込んでください。

・약을 먹기 전에 밥을 제대로 먹어야 해요.

薬を飲む前にご飯をしっかり食べなければなりません。

また、「전에」の前に名詞が使われることもあります。

・출근 전에 신문을 봤어요.　出勤前に新聞を読みました。

《練習 2》次の文を韓国語に訳しなさい。

(1) 朝ご飯を食べる前に歯を磨きます。

(2) 寝る前にテレビを見ます。

2-112

力試し

1. 次の文を音読し、日本語に訳してみましょう。

① 졸업하기 전에 취직해야 돼요.

② 이 영화를 본 후에 가요.

③ 여기서 좀 더 기다려도 돼요?

④ 밤에는 일찍 자야 돼요.

⑤ 다 같이 사이좋게 먹어야 돼요.

2. 次の文を韓国語で訳してみましょう。

① 雨が降る前に早く行かなければなりません。

② ご飯を食べたあと、行きましょう。

③ 映画は明日、見てもいいです。

④ 毎日、朝ご飯をちゃんと食べなければなりません。(ちゃんと：제대로)

⑤ レポートは明日までに出さなければなりませんか。(レポート：리포트)

3. 次の質問に韓国語で答えましょう。

① 내일까지 뭘 해야 돼요? (明日までに何をしなければなりませんか。)

② 오늘 회사 안 가도 돼요? (今日、会社に行かなくてもいいですか。)

第47課

第48課 이렇게 시간이 빨리 갈 줄 몰랐어요.

こんなに時間が速く経つとは思いませんでした。

2-113

スルギと別れのあいさつをする

슬기 : 유리 씨 벌써 내일 귀국이네요.

유리 : 서울에 온 지 벌써 3 개월이나 지났어요. 이렇게 시간이 빨리 갈 줄 몰랐어요.

슬기 : 석 달이 눈 깜짝할 사이죠? 그래도 유리 씨 한국어 실력도 많이 늘었잖아요.

유리 : 이제 겨우 필요한 회화를 할 줄 알게 됐어요.

슬기 : 앞으로도 서로 연락해요.

유리 : 슬기 씨도 꼭 일본에 놀러 오세요.

《日本語訳》

슬기 : ユリさん、もう明日、帰国ですね。
유리 : ソウルに来てから、もう３か月も過ぎましたね。こんなに時間が速く経つとは思いませんでした。
슬기 : ３か月があっという間でしょう？でも、ユリさんの韓国語の実力もたくさん伸びたでしょう。
유리 : 今、やっと必要な会話ができるようになりました。
슬기 : これからもお互いに連絡しましょう。
유리 : スルギさんもぜひ日本に遊びに来てください。

発音

이렇게 [이러케]、갈 줄 [갈쭐]、석 달이 [석따리]、깜짝할 [깜짜칼]、실력도 [실력또]、늘었잖아요 [느럳짜나요]、할 줄 [할쭐]、연락해요 [열라캐요]

語句・表現

1. □벌써 もう　□귀국［帰国］
2. □온 지 来てから☆오다（来る）　□개월［個月］～か月□이나 ～も □지났어요 過ぎました☆지나다（過ぎる）　□이렇게 こんなに　□갈 줄 몰랐어요 行くとは思いませんでした
3. □석 달 3か月　□눈 깜짝할 사이 あっという間（←目をまたたく間）　□실력［実力］　□늘었잖아요 伸びたではありませんか☆늘다（伸びる）
4. □이제 今になって　□겨우 やっと　□필요한 必要な☆필요하다（必要だ）　□회화［会話］　□할 줄 알게 됐어요 することができるようになりました
5. □앞으로도 これからも　□서로 お互いに　□연락해요 連絡しましょう☆연락하다（連絡する）
6. □꼭 必ず、ぜひとも　□놀러 遊びに☆놀다（遊ぶ）

ポイント解説

1　-ㄴ 지　～してから［時間の経過］

活用形Ⅱ ＋ ㄴ 지 ：～してから

動詞の活用形Ⅱのあとに「ㄴ 지」をつけると「～してから」という意味で、ある行動をしたあと、時間がどれくらい経っているかを表します。「ㄴ 지」と同じく、「ㄴ 후에」「ㄴ 다음에」「ㄴ 뒤에」も「～したあとで」という意味ですが、これらが時間の前後関係だけを表しているのに対し、「ㄴ 지」だけは後続文に必ず「時間の経過」を表す表現が来ます。

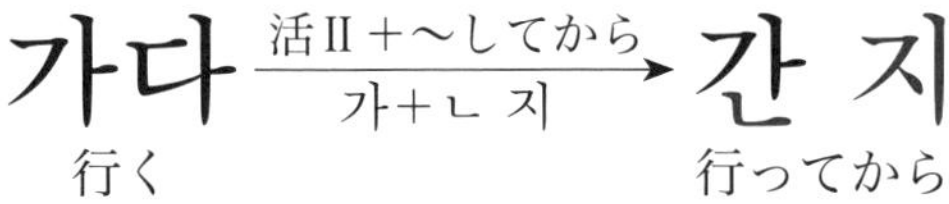

《練習 1》次の語を例のように変えてみましょう。

例：가다 行く	간 지	입다 着る	
닫다 閉める		신다 履く	
잊다 忘れる		묵다 泊まる	
피우다 吸う		가르치다 教える	
끊다 止める		공부하다 勉強する	

・한국에 온 지 1 년이 지났어요.　　韓国に来てから、1 年が経ちました。

・친구를 만난 지 오래됐어요.　友だちに会ってから、だいぶ経ちました。

한국에 온 지 한국어 공부를 했어요. (×)

친구를 만난 지 도서관에 갔어요,　　(×)

《練習 2》次の文を韓国語に訳しなさい。

(1) たばこをやめてから 1 年が経ちました。(たばこ：담배、やめる：끊다)

____

(2) このホテルに泊まってから 3 日目です。(3 日目：사흘째、삼일째)

____

2　活用形Ⅱ＋-ㄹ 줄 알다 / 모르다
(1) ～することができる / できない［能力の可否］
(2) ～と思う / 思わない［状態の判断］

動詞や形容詞などの活用形Ⅱのあとに「-ㄹ 줄 알다 / 모르다」をつけると、(1)「～することができる / できない」という意味で、能力の可否や(2)「～と思う / 思わない」という意味で、状態を判断することを表します。

운전하다 (運転する) —活II＋〜ことができる / 운전하+ㄹ 줄 알다→ 운전할 줄 알다 (運転できる)

基本形	語幹	活用形II	能力の可否・状態の判断
가다 行く	가 -	가 -	갈 줄 알다 行くことができる
쓰다 書く	쓰 -	쓰 -	쓸 줄 알다 書くことができる
읽다 読む	읽 -	읽으 -	읽을 줄 모르다 読むことができる
덥다 暑い	덥 -	더우 -	더울 줄 알다 暑いと思う
적다 少ない	적 -	적으 -	적을 줄 모르다 少ないかも知れない

《練習 1》次の語を例のように変えてみましょう。

例：보다 見る	볼 줄 알아요	입다 着る	
닫다 閉める		신다 履く	
타다 乗る		많다 多い	
닦다 磨く		춥다 寒い	
넣다 入れる		조용하다 静かだ	

・제 친구는 운전할 줄 알아요． 私の友だちは運転できます。

・그 사람이 그렇게 돈이 많을 줄은 몰랐어요．
　あの人があんなにお金が多いとは思いませんでした。

《練習2》次の文を韓国語に訳しなさい。

(1) 弟は自転車に乗ることができます。

(2) あのかばんがあんなに高いとは思いませんでした。

3 -게 되다 ～するようになる、～くなる［成り行き］

活用形Ⅰ ＋ 게 되다 ：～するようになる、～くなる

動詞や形容詞の活用形Ⅰのあとに「게 되다」をつけると「～するようになる」「～くなる」という意味で、外部の影響である状況に至ったことを表します。

만나다 —活Ⅰ＋～するようになる / 만나＋게 되다→ 만나게 되다
会う　　　　会うようになる

基本形	語幹	活用形Ⅰ	成り行き
만나다 会う	만나 -	만나 -	만나게 되다 会うようになる
살다 住む	살 -	살 -	살게 되다 住むようになる
밝다 明るい	밝 -	밝 -	밝게 되다 明るくなる
맛있다 おいしい	맛있 -	맛있 -	맛있게 되다 おいしくなる
운동하다 運動する	운동하 -	운동하 -	운동하게 되다 運動するようになる

《練習 1》次の語を例のように変えてみましょう。

例：보다 見る	보게 돼요	입다 着る	
만나다 会う		신다 履く	
잊다 忘れる		묵다 泊まる	
예쁘다 かわいい		깨끗하다 きれいだ	
좋다 よい		공부하다 勉強する	

・내년에 호주에 유학을 가게 됐어요.
来年、オーストラリアに留学に行くことになりました。

・청소를 하니까 방이 깨끗하게 됐어요.
掃除をしたから、部屋がきれいになりました。

《練習 2》次の文を韓国語に訳しなさい。

(1) 明日、友だちに会うようになりました。

(2) ソウルで暮らすようになりました。

4 -나 / 이나　~も［強調］

体言 ＋ 나 / 이나 ：～も

数量を表す名詞のあとに「나 / 이나」をつけると「～も」という意味で、数量が予想を超えたり、多いことを表します。

- 비행기를 탄 지 벌써 3 시간이나 지났어요.
  飛行機に乗ってから 3 時間も過ぎました。
- 일본 영화를 다섯 편이나 봤어요.
  日本の映画を 5 本も見ました。

第48課

2-114

力試し

1. 次の文を音読し、日本語に訳してみましょう。

① 비빔밥이 이렇게 맛있을 줄 몰랐어요.

② 운전을 배운 지 2 주일이나 지났어요.

③ 요즘 테니스 실력이 많이 늘었어요.

④ 이제 겨우 비빔밥을 만들 줄 알게 됐어요.

⑤ 매일 아침에 일찍 일어나게 됐어요.

2. 次の文を韓国語に訳してみましょう。

① 韓国語を習い始めてもう 4 か月も過ぎました。

② テニスの実力も伸びるようになりました。

③ 車の運転もできるようになりました。

④ こんなにハンドバッグが高いとは思いませんでした。
(ハンドバッグ：핸드백)

⑤ あんなに富士山が高いとは思いませんでした。

3. 次の質問に韓国語で答えましょう。

① 필요한 회화를 할 줄 알아요？(必要な会話をすることができますか。)

② 한국어를 배운 지 얼마나 됐어요？
(韓国語を習ってからどれくらい経っていますか。)

第49課 내일 일본으로 돌아간다.

明日、日本へ帰る。

2-115

ハングルで日記を書く

2024 년 9 월 16 일 월요일 흐림

오늘 수업을 마친 후에 동대문시장에 갔다.

아버지, 어머니하고 친구들의 선물을 많이 샀다. 핸드폰줄은 참 예쁘다.

나는 드디어 내일 일본으로 돌아간다. 짧다면 짧고, 길다면 긴 석 달이었다. 그동안 한국과 한국어에 대해 많은 것을 배우고 익힐 수 있었다.

앞으로도 잘할 수 있을지 모르겠지만, 힘이 들더라도 '늘 처음처럼'이란 마음가짐으로 한국어를 열심히 공부해야겠다.

《日本語訳》

２０２４年9月16日　月曜日　曇り

今日、授業が終わったあと、東大門市場に行った。

父、母と友だちのお土産をたくさん買った。携帯電話のストラップはとてもかわいい。

私はとうとう明日、日本へ帰る。短いといえば短く、長いといえば長い３か月だった。その間、韓国と韓国語について多くを習い、覚えることができた。

これからもうまくできるかわからないが、大変でも「いつも初めてのように」という心構えで韓国語を一生懸命勉強しなければと思う。

発音

16 일 [심뉴길]、갔다 [갇따]、친구들의 [친구드레]、짧다면 [짤따면]、석달이었다 [석따리얻따]、많은 [마는]、익힐 수 [이킬 쑤]、있었다 [이썯따]、있을지 [이쓸찌]、모르겠지만 [모르겓찌만]、열심히 [열씨미]、공부해야겠다 [공부해야겓따]

語句・表現

1. □흐림 曇り☆흐리다曇る
2. □마친 終えた〜☆마치다（終える） □동대문시장［東大門市場］
3. □핸드폰줄 携帯電話のストラップ □참 とても
4. □드디어 とうとう □돌아간다 帰っていく☆돌아가다（帰っていく） □짧다면 短いといえば☆「짧다고 하면」の縮約形 □길다면 長いといえば☆「길다고 하면」の縮約形 □석 달 3か月 □그동안 その間 □배우고 習って☆배우다（習う）□익힐 수 있었다 覚えることができた☆익히다（覚える）
5. □앞으로도 これからも □잘 할 수 있을지 よくできるのか □모르겠지만 わからないが □힘이 들더라도 大変でも☆힘이 들다（大変だ←力が要る）、-더라도（〜でも） □처음처럼 最初のように □-이란 〜という □마음가짐 心持ち、心構え

ポイント解説

1 한다体

한다体

「해요体」と「합니다体」を勉強してきましたが、今回は「한다体」というものです。「한다体」は下称とも言われるもので、日本語の「だ・である体」に当たるものです。書き言葉としては主に書物や新聞・雑誌の記事などで、話し言葉としては同輩や目下に対して用いられます。

動詞は「活用形Ⅰ＋는다／ㄴ다」、存在詞・形容詞・指定詞は「活用形Ⅰ-다」となります。また、過去・完了の接辞「ㅆ」や意志・推量・婉曲の接辞「겠」のあとは「다」がつきます。

品詞	基本形	해요 体	합니다 体	한다 体
動詞の現在形	가다 行く	가요	갑니다	간다 行く
	먹다 食べる	먹어요	먹습니다	먹는다 食べる

形容詞	빠르다　速い	빨라요	빠릅니다	빠르다　速い
	좋다　よい	좋아요	좋습니다	좋다　よい
存在詞	있다　ある、いる	있어요	있습니다	있다　ある、いる
指定詞	학생이다 学生だ	학생이에요	학생입니다	학생이다 学生だ
動詞の過去形	갔다　行った	갔어요	갔습니다	갔다　行った
動詞の意志形	가겠다　行く	가겠어요	가겠습니다	가겠다　行く

以上のとおり、動詞の現在形以外はいずれも基本形と「한다体」が同じですが、動詞の現在形だけは基本形と形が違います。

- 오늘은 회사에 간다 (←가다).　　今日は会社に行く。
- 저녁엔 비빔밥을 먹는다 (←먹다).　　夜はビビンバを食べる。
- 비행기는 빠르다.　　飛行機は速い。
- 이 가방이 참 좋다.　　このかばんがとてもいい。
- 나는 학생이다.　　私は学生だ。
- 영화를 보러 갔다.　　映画を見に行った。

2 -ㄹ지 모르다　～かもしれない［漠然とした疑問］

活用形II ＋ ㄹ지 모르다 ：～かもしれない

動詞や形容詞の活用形IIのあとに「ㄹ지 모르다」をつけると「～かもしれない」という意味で、漠然とした疑問を表します。なお、「ㄹ지 모르다」の丁寧な表現は「ㄹ지 몰라요」です。

가다 —活II＋かもしれない / 가＋ㄹ지 모르다→ 갈지 모르다

行く　　行くかもしれない

基本形	語幹	活用形II	漠然とした疑問
가다 行く	가 -	가 -	갈지 모르다 行くかもしれない
쓰다 書く	쓰 -	쓰 -	쓸지 모르다 書くかもしれない
읽다 読む	읽 -	읽으 -	읽을지 모르다 読むかもしれない
덥다 暑い	덥 -	더우 -	더울지 모르다 暑いかもしれない
적다 少ない	적 -	적으 -	적을지 모르다 少ないかも知れない

《練習 1》次の語を例のように変えてみましょう。

例：보다 見る	볼지 몰라요	빠르다 速い	
만나다 会う		놀다 遊ぶ、休む	
웃다 笑う		묵다 泊まる	
울다 泣く		춥다 寒い	
잊다 忘れる		산책하다 散歩する	
돕다 手伝う		학생이다 学生だ	

・언제 만날 수 있을지 잘 모르겠어요.

いつ会うことができるのかよくわかりません。

・오늘은 비가 올지 안 올지 몰라요.

今日は雨が降るか降らないかわかりません。

《練習 2》次の文を韓国語に訳しなさい。

(1) 今日、デパートは休むかもしれません。(休む：놀다)

(2) 先生の娘さんは大学生かもしれません。(娘さん：따님)

3 -다면 ~ければ［仮定］

活用形 I ＋ 다면 ：～ければ

形容詞の活用形 I のあとに「다면」をつけると「～ければ」という意味で、仮定を表します。「다면」は「다고 하면」の縮約形です。

좋다（よい） —活 I ＋ければ／좋＋다면→ 좋다면（よければ）

基本形	語幹	活用形I	仮定
좋다 よい	좋 -	좋 -	좋다면 よければ
크다 大きい	크 -	크 -	크다면 大きければ
싫다 いやだ	싫 -	싫 -	싫다면 いやならば
춥다 寒い	춥 -	춥 -	춥다면 寒ければ
건강하다 健康だ	건강하 -	건강하 -	건강하다면 健康ならば

《練習 1》次の語を例のように変えてみましょう。

例：좋다 よい	좋다면	길다 長い	
춥다 寒い		짧다 短い	
덥다 暑い		예쁘다 きれいだ	
빠르다 速い		슬프다 悲しい	
늦다 遅い		조용하다 静かだ	

・내일 날씨가 좋다면 같이 놀러 가자.

明日、天気がよければいっしょに遊びに行こう。

・값이 싸다면 많이 사고 싶어요.

値段が安ければたくさん買いたいです。

《練習 2》次の文を韓国語に訳しなさい。

(1) 寒かったら窓を閉めてもいいです。

___

(2) 髪が長かったら、カットしてあげましょう。(カットする：커트하다)

___

4 -더라도 (たとえ) ~(し)ても [仮定・譲歩]

活用形 I + 더라도 ：(たとえ) ~(し)ても

動詞や形容詞などの活用形 I のあとに「더라도」をつけると、「(たとえ) ~(し)ても」という意味で、仮定や譲歩などを表します。

가다 —活I+~(し)ても / 가+더라도→ 가더라도
行く　　　　　　　　　　　　　　行っても

基本形	語幹	活用形I	仮定・譲歩
가다 行く	가 -	가 -	가더라도 行っても
먹다 食べる	먹 -	먹 -	먹더라도 食べても
좋다 よい	좋 -	좋 -	좋더라도 よくても
덥다 暑い	덥 -	덥 -	덥더라도 暑くても
숙제하다 宿題する	숙제하 -	숙제하 -	숙제하더라도 宿題しても

《練習 1》次の語を例のように変えてみましょう。

例：보다 見る	보더라도	춥다 寒い	
만나다 会う		참다 我慢する	
잊다 忘れる		배고프다 お腹がすく	
예쁘다 かわいい		깨끗하다 きれいだ	
힘들다 大変だ		포기하다 諦める	

・지금 가더라도 늦지는 않을 것이다.

今、行っても遅くはないだろう。

・좀 힘들더라도 공부를 열심히 해야 한다.

ちょっと大変でも勉強を一生懸命しなければならない。

《練習 2》次の文を韓国語に訳しなさい。

(1) 大変でも諦めません。(大変だ：힘들다)

(2) お腹がすいても我慢します。(すく：고프다)

2-116

力試し

1. 次の文を音読し、日本語に訳してみましょう。

① 여자 친구와 같이 쇼핑을 하고 영화를 봤다.

② 이번 겨울엔 눈도 많이 오고 춥다.

③ 요즘 자주 삼겹살을 먹는다.

④ 이 하얀 가방은 너무 비싸다.

⑤ 내일 저녁에는 마침 약속이 있다.

2. 次の文を韓国語に訳してみましょう。

① 明日は会社に行かない。

② 夏は暑く、冬は寒い。

③ あの映画はとても面白かった。

④ 久しぶりに新大久保に行って、カルビを食べた。

⑤ よくわからなくても勉強を続けなければならない。

3. 次の質問に韓国語で答えましょう。

① 앞으로도 한국어를 열심히 공부할 것 같아요？
（これからも韓国語を熱心に勉強しそうですか。）

② 나는 10 년 뒤에 어떻게 될 것 같아요？
（私は 10 年後に、どうなりそうですか。）

第50課　인사 전해 주십시오.

よろしくお伝えください。

2-117

帰国し、お礼のメールを送る

슬기 씨께

한국에서는 여러모로 고마웠습니다.

어제 무사히 일본에 돌아왔습니다.

슬기 씨 덕분에 좋은 추억이 많이 생겼습니다.

초심을 잃지 않고 늘 처음처럼 살아갑시다.

다른 친구들한테도 인사 전해 주십시오.

앞으로도 가끔 메일 보내겠습니다.

안녕히 계세요.

2024 년 9 월 18 일

유리 드림

《日本語訳》

スルギさんに

韓国ではいろいろとありがとうございました。

昨日、無事に日本に帰ってきました。

スルギさんのおかげで、いい思い出がたくさんできました。

初心を忘れず、いつも初めてのように生きていきましょう。

他の友だちにもよろしくお伝えください。

これからもたまにメールをお送りします。

さようなら。

2024 年 9 月 18 日

ユリ　拝

発音

고마웠습니다［고마월씀니다］、돌아왔습니다［도라왈씀니다］、덕분에［덕뿌네］、좋은［조은］、잃지［일치］、않고［안코］、전해［저내］

語句・表現

1. □ -께 ～に☆尊敬の助詞
2. □여러모로 いろいろと
3. □무사히［無事-］無事に
4. □추억［追憶］思い出　□생겼습니다 できました☆생기다（できる）
5. □초심［初心］ □잃지 않고 失わず☆잃지 않다（失わない） □처음처럼（初めてのように） □살아갑시다 生きていきましょう☆살아가다（生きていく、生きる）
6. □인사［人事］あいさつ　□전해 伝えて☆전하다（伝える） □주십시오 ください☆주다（くれる）
7. □가끔 たまに　□보내겠습니다 送ります☆보내다（送る）
10. □드림 拝☆「드리다（差し上げる）」の名詞形

ポイント解説

1　-ㅂ시다　～しましょう［勧誘］

活用形Ⅱ ＋ ㅂ시다 ：～しましょう

動詞の活用形Ⅱのあとに「ㅂ시다」をつけると、「～しましょう」という意味で、同輩や目下の人に勧誘することを表します。

가다 —活Ⅱ＋しましょう / 가＋ㅂ시다→ 갑시다
行く　　　　　　　　　　行きましょう

基本形	語幹	活用形II	勧誘
가다 行く	가-	가-	갑시다 行きましょう
쓰다 書く	쓰-	쓰-	씁시다 書きましょう
듣다 聞く	듣-	들으-	들읍시다 聞きましょう
받다 もらう	받-	받으-	받읍시다 もらいましょう
말하다 話す	말하-	말하-	말합시다 話しましょう

《練習 1》次の語を例のように変えてみましょう。

例：보다 見る	봅시다	씻다 洗う	
닫다 閉める		찍다 撮る	
타다 乗る		싣다 載せる	
닦다 磨く		돕다 手伝う	
기다리다 待つ		이야기하다 話す	

・오후에 백화점에 같이 갑시다.　午後、デパートにいっしょに行きましょう。

・추우니까 창문 좀 닫읍시다.　寒いから窓をちょっと閉めましょう。

《練習 2》次の文を韓国語に訳しなさい。

(1) 12時まで待ちましょう。

______

(2) 明日会って話しましょう。

______

第50課

2 -십시오 お～ください［丁寧な命令］

活用形II ＋ 십시오 ：お～ください

動詞の活用形IIのあとに「십시오」をつけると、「お～ください」という

意味で、目上の人に丁寧に命令したり、勧誘したりする表現です。

가다 ―活Ⅱ＋お～ください / 가＋십시오→ 가십시오
行く　　　　　　　　　　おいでになってください

基本形	語幹	活用形Ⅱ	丁寧な命令
가다 行く	가 -	가 -	가십시오 いらしてください
쓰다 書く	쓰 -	쓰 -	쓰십시오 お書きになってください
듣다 聞く	듣 -	들으 -	들으십시오 お聞きになってください
받다 もらう	받 -	받으 -	받으십시오 お受け取りください
연락하다 連絡する	연락하 -	연락하 -	연락하십시오 ご連絡ください

《練習 1》次の語を例のように変えてみましょう。

例：보다 見る	보십시오	씻다 洗う	
닫다 閉める		찍다 撮る	
타다 乗る		싣다 載せる	
닦다 磨く		돕다 手伝う	
기다리다 待つ		이야기하다 話す	

・새해 복 많이 받으십시오.　　新年、おめでとうございます。
・추우니까 창문 좀 닫으십시오.　寒いから窓をちょっとお閉めください。

《練習 2》次の文を韓国語に訳しなさい。

(1) このタクシーにお乗りください。

____

(2) これからの夢をお話しください。（これからの：앞으로의、夢：꿈）

____

2-118

力試し

1. 次の文を音読し、日本語に訳してみましょう。

① 덕분에 좋은 선물을 많이 살 수 있었습니다 . (덕분에：おかげで)

② 늘 처음처럼이란 마음가짐으로 살아갑시다 . (마음가짐：心構え)

③ 내일 저녁에 롯데백화점 입구에서 만납시다 .

④ 부모님의 말씀을 잊지 말아 주십시오 .

⑤ 앞으로도 가끔 소식 전해 드리겠습니다 . (소식：近況)

2. 次の文を韓国語に訳してみましょう。

① さあ、冷める前に食べましょう。(さあ：자、冷める：식다)

② 彼が来るまでもう少し待ちましょう。

③ お名前をこの紙にお書きください。(お名前：성함、紙：종이)

④ この本をゆっくりお読みください。

⑤ 自信をもって勉強を続けてください。(自信：자신、続ける：계속하다)

3. 次の質問に答えましょう。

아는 사람에게 편지를 써 봅시다 . (知り合いに手紙を書いてみましょう。)

付　録

- 解　答
- 単語集
- ハングル表
- いろいろな助詞

解　答

第１部　ハングルの文字と発音

＜p27＞ (1) 다나카 다로 (2) 홋카이도 (3) (　　　) (4) (　　　)

＜p60＞《練習》

例：갈비　カルビ	[カルピ→カルビ]	명동　明洞	[ミョントン→ミョンドン]
담배　タバコ	[タムペ→タムベ]	불고기　焼肉	[プルコキ→プルゴギ]
얼굴　顔	[オルクル→オルグル]	일본　日本	[イルポン→イルボン]
진도　珍島	[チント→チンド]	공장　工場	[コンチャン→コンジャン]

＜p61＞《練習 1》

	아 [a]	이 [i]	우 [u]	으 [ɯ]	에 [e]	애 [ɛ]	오 [o]	어 [ɔ]
ㄴ [n]	안	인	운	은	엔	앤	온	언
ㅁ [m]	암	임	움	음	엠	앰	옴	엄
ㅇ [ŋ]	앙	잉	웅	응	엥	앵	옹	엉
ㄹ [l]	알	일	울	을	엘	앨	올	얼

＜p62＞《練習》

例：단어　単語	[다너]	서울에　ソウルに	[서우레]
한국어　韓国語	[한구거]	돈이　お金が	[도니]
일본어　日本語	[일보너]	물을　水を	[무를]
금요일　金曜日	[그묘일]	고등어　サバ	[고등어]

〈p64〉《練習》

	아 [a]	이 [i]	우 [u]	으 [ɯ]	에 [e]	애 [ɛ]	오 [o]	어 [ɔ]
ㄱ [k]	악	익	욱	윽	엑	액	옥	억
ㄷ [t]	앋	읻	욷	읃	엗	앧	옫	얻
ㅂ [p]	압	입	웁	읍	엡	앱	옵	업

第２部　文法と会話

第１課　＜p73＞1

例：김치 キムチ	김치가	가방 かばん	가방이
신문 新聞	신문이	주스 ジュース	주스가
호텔 ホテル	호텔이	대학 大学	대학이
노래 歌	노래가	사랑 愛	사랑이
비빔밥 ビビンバ	비빔밥이	우유 牛乳	우유가

＜p74＞2

例：김치 キムチ	김치와	가방 かばん	가방과
신문 新聞	신문과	주스 ジュース	주스와
호텔 ホテル	호텔과	대학 大学	대학과

노래 歌	노래와	사랑 愛	사랑과

＜ p74 ＞ 4

例：책 本	이 책	그 책	저 책	어느 책
노트 ノート	이 노트	그 노트	저 노트	어느 노트
가방 かばん	이 가방	그 가방	저 가방	어느 가방
회사 会社	이 회사	그 회사	저 회사	어느 회사
호텔ホテル	이 호텔	그 호텔	저 호텔	어느 호텔

＜ p75 ＞ 6

例：김치 キムチ	김치예요	가방 かばん	가방이에요
서울 ソウル	서울이에요	주스 ジュース	주스예요
호텔 ホテル	호텔이에요	대학 大学	대학이에요
노래 歌	노래예요	사랑 愛	사랑이에요
비빔밥 ビビンバ	비빔밥이에요	우유 牛乳	우유예요

＜ p76 ＞《練習》

(1) A：이 노트예요？　　B：네，그 노트예요．

(2) A：어느 가방이에요？　B：저 가방이에요．

＜ p76 ＞力試し

1 ①このホテルの名前は何ですか。 ②パダホテルです。 ③では、この新聞がソウル新聞ですか。
　④はい、その大学がハヌル大学です。 ⑤本とノートですか。

2 ① 이 우유 이름이 뭐예요？ ②네，바나나우유예요． ③한국 노래예요？
　④네，주스와 비빔밥이에요． ⑤어느 호텔이 서울호텔이에요？

3 ①다나카 다로예요．/ 와타나베 유리에예요 ②신주쿠예요．/ 오사카예요．

第 2 課　＜ p79 ＞ 1

例：김치 キムチ	김치는	가방 かばん	가방은
신문 新聞	신문은	주스 ジュース	주스는
호텔 ホテル	호텔은	대학 大学	대학은
노래 歌	노래는	사랑 愛	사랑은
비빔밥 ビビンバ	비빔밥은	우유 牛乳	우유는

＜ p79 ＞ 2

例：김치 キムチ	김치도	컴퓨터 パソコン	컴퓨터도
주스 ジュース	주스도	담배 たばこ	담배도
대학 大学	대학도	술 お酒	술도
사랑 愛	사랑도	막걸리 マッコリ	막걸리도
콜라 コーラ	콜라도	소주 焼酎	소주도

＜ p80 ＞ 3

例：김치 キムチ	김치가 아니에요	연필 鉛筆	연필이 아니에요
컴퓨터 パソコン	컴퓨터가 아니에요	볼펜 ボールペン	볼펜이 아니에요
담배 たばこ	담배가 아니에요	지우개 消しゴム	지우개가 아니에요
술 お酒	술이 아니에요	라디오 ラジオ	라디오가 아니에요
친구 友だち	친구가 아니에요	꽃 花	꽃이 아니에요

＜ p82 ＞ 5《練習》
(1) A：이것은 / 이건 노트예요？ B：아뇨 , 그것은 / 그건 노트가 아니에요 .
(2) A：저것은 / 저건 가방이에요？ B：아뇨 , 저것은 / 저건 가방이 아니에요 .

＜ p82 ＞力試し
1 ①これは韓国の新聞ですか。 ②はい、あれはビビンバです。 ③それもコーラですか。
④それはタバコとお酒ではありませんか。 ⑤いいえ、これは韓国の歌ではありません。
2 ①네 , 이것은 / 이건 라디오예요 . ②아뇨 , 그것은 / 그건 볼펜이 아니에요 .
③저것도 한국 술이에요？ ④아뇨 , 저것도 막걸리가 아니에요 .
⑤그럼 , 그것은 / 그건 뭐예요？
3 ①네 , 이건 연필이에요 ./ 아뇨 , 이건 연필이 아니에요 .
②네 , 그건 빵이에요 ./ 아뇨 , 그건 빵이 아니에요 .

＜第 3 課＞＜ p85 ＞ 1《練習》
(1) A：생일이 언제예요？ B：시월 이십칠일이에요 .
(2) A：이 노트는 얼마예요？ B：삼백오십 엔이에요 .
(3) A：대학은 어디예요？ B：도쿄예요 .

＜ p87 ＞ 2《練習》
① 46 사십육 ② 28 이십팔 ③ 62 육십이 ④ 57 오십칠

＜ p88 ＞ 6《練習》
(1) 오늘은 몇 월 며칠이에요？ (2) 시월 삼십일일이에요 .

＜ p89 ＞力試し
1 ①日本の成人の日はいつですか。 ②韓国の先生の日は 5 月 15 日です。
③ハングルの日は 10 月 9 日です。 ④「ソルナル」は何の意味ですか。 ⑤兄と姉です。
2 ①아버지날은 언제예요？ ②오월 오일은 어린이날이에요？
③한국도 팔월 십오일이에요？ ④몸짱은 무슨 뜻이에요？ ⑤아버지와 어머니예요 .
3 ①칠월 오일이에요 . ②공구공 − 일이삼사 − 오육칠팔이에요 .

＜第 4 課＞

＜ p92 ＞ 1《練習》
(1) 이천이십사 년 (2) 삼백육십오 (3) 일억 삼천만 (4) 백팔십 분
(5) 구만 팔천 원 (6) 백이십삼 (7) 백십 번

＜ p93 ＞ 3《練習》
(1) 역 앞 (2) 책상 위 (3) 어린이날

＜ p93 ＞ 4

例：김치 キムチ	김치로	사과 リンゴ	사과로
컴퓨터 パソコン	컴퓨터로	배 梨	배로
담배 たばこ	담배로	수박 スイカ	수박으로
술 お酒	술로	딸기 イチゴ	딸기로
막걸리 マッコリ	막걸리로	복숭아 桃	복숭아로

＜ p94 ＞ 5

例：김치 キムチ	김치네요	달러 ドル	달러네요
사과 リンゴ	사과네요	일박 一泊	일박이네요
배 梨	배네요	은행 銀行	은행이네요

수박 スイカ	수박이네요	카드 カード	카드네요
딸기 イチゴ	딸기네요	환전 両替	환전이네요

＜p95＞《練習》

例：학교　学校	[학꾜]	특별　特別	[특뼐]
택시　タクシー	[택씨]	옷집　洋服屋	[옫찝]
국가　国家	[국까]	입구　入口	[입꾸]
박수　拍手	[박쑤]	식구［食口］　家族	[식꾸]

＜p95＞力試し

1 ①このホテルは一泊でいくらですか。　②　6万8千ウォンです。
③ウォンで1万5千ウォンほどです。　④家から駅までバスはいくらですか。
⑤学校まで電車はいくらですか。

2 ①일본은 택시 기본요금이 얼마예요？　②이 꽃은 6 천 엔 정도예요．
③저 사과는 천오백 원이에요．　④원으로 만 육천구백 원이에요．
⑤전철은 어린이는 오백오십 원이에요．

3 ①오백사십　엔이에요．/ 이천육백　원이에요　②오늘은 백사십 엔이에요．

第5課

＜p100＞3《練習》

(1) 한 시 삼십 분 (2) 세 시 십오 분 (3) 네 시 사십 분 (4) 여섯 시 반 / 삼십 분
(5) 열 시 오십 분 (6) 열두 시 오 분 전

＜p100＞4《練習》

(1)몇 시부터예요？　(2)언제까지예요？　(3)네 시 십오 분부터 여덟 시 삼십 분까지예요．
(4)일곱 시 반부터 열두 시까지예요．

＜p101＞5《練習》

(1) 오늘은 무슨 요일이에요？　(2) 목요일이에요．

＜p102＞力試し

1 ①渡辺さんの学校は何時からですか。　②9時20分からです。
③うちの銀行は9時から3時半までです。　④来週の水曜日はお休みですか。
⑤うちの食堂は土曜日、日曜日は11時からです。

2 ①다나카 씨의 대학 수업은 몇 시까지예요？　②오늘 회의는 여섯 시까지예요．
③우체국은 아홉 시부터 다섯 시까지예요．　④이번 주 월요일은 휴일이에요？
⑤우리 빵집은 월요일부터 토요일까지는 열 시부터예요．

3 ①열 시부터예요．　②화요일이에요．

第6課

＜p105＞1《練習》

(1) 저는 학생입니다．　(2) 지금 한 시입니다．　(3) 저의 누나 / 언니입니다．

＜p108＞5《練習》

(1) 약속이 있습니다．　(2) 돈이 없습니다．　(3) 다나카 씨는 없습니까？

＜p109＞《練習》

例：국민 国民	[궁민]	낱말 単語	[난말]
작년 昨年	[장년]	옛날 昔	[옌날]
박물관 博物館	[방물관]	입문 入門	[임문]

갑니다 行きます	[감니다]	앞니 前歯	[암니]

p109 <力試し>

1 ①こんにちは。私は小林拓哉です。　②私の家は大阪です。
　③家族は父と母、そして、姉と妹がいます。　④今、韓日辞書はありません。
　⑤趣味はマラソンとテニスです。

2 ①안녕하세요 ? 저는 ○○○입니다 .　②우리 집은 ○○○입니다 .
　③가족은 아버지와 어머니 , 그리고 형과 누나 / 오빠와 언니가 있습니다 .
　④지금 여자 친구는 없습니다 .　⑤취미는 스포츠하고 피아노입니다 .

第 7 課

＜ p113 ＞ 1

基本形	平叙形	疑問形
例 : 가다 行く	갑니다	갑니까 ?
보다 見る	봅니다	봅니까 ?
보내다 送る	보냅니다	보냅니까 ?
읽다 読む	읽습니다	읽습니까 ?
춥다 寒い	춥습니다	춥습니까 ?
크다 大きい	큽니다	큽니까 ?
맛있다 おいしい	맛있습니다	맛있습니까 ?
공부하다 勉強する	공부합니다	공부합니까 ?

＜ p113 ＞ 2《練習》

(1) 역 앞에　(2) 도서관 옆에　(3) 책상 아래에　(4) 집 밖에　(5) 머리 위에
(6) 가방 안에

＜ p114 ＞ 3《練習》

(1) 역에는　(2) 도서관에도　(3) 집까지는　(4) 서울에서부터

＜ p115 ＞<力試し>

1 ① 学校の中にはコンビニがありますか。　②コンビニはとても大きいですか。
　③学校の前にも食堂が多いです。　④毎日、小説を読みますか。
　⑤でも雰囲気がとてもいいです。

2 ①우리 대학 안에는 우체국이 있습니다 .　②도서관은 아주 넓습니다 .
　③역 앞에도 편의점이 많습니까 ?　④회사 앞의 식당은 아주 맛있습니다 .
　⑤점심 시간은 즐겁습니까 ?

3 ①네 , 있습니다 ./ 아뇨 , 없습니다 .　②네 , 식당이 많습니다 ./ 아뇨 , 식당이 없습니다 .

第 8 課

＜ p118 ＞ 1《練習 1》

例 : 먹다 食べる	먹죠	길다 長い	길죠
받다 もらう	받죠	짧다 短い	짧죠
입다 着る、はく	입죠	가깝다 近い	가깝죠
알다 わかる	알죠	학생이다 学生だ	학생이죠

《練習 2》

(1) 지금 , 비가 오죠 ?　　(2) 같이 서울에 가죠 .

< p119 > 2《練習》

(1)책이 있어요 .　(2)친구가 없어요 .　(3)여동생은 없어요 ?　(4)형이 / 오빠가 있어요 .

< p120 > 4《練習》

例 : 역 駅	역에	시청 市役所	시청에
회사 会社	회사에	구청 区役所	구청에
호텔 ホテル	호텔에	집 家	집에

< p121 >《練習》

例 : 백화점　百貨店	[배콰점]	급행　急行	[그팽]
복잡하다　複雑だ	[복짜파다]	만족하다　満足する	[만조카다]
깨끗해요　きれいです	[깨끄태요]	축하해요　おめでとうございます	[추카해요]
하얗다　白い	[하야타]	까맣다　黒い	[까마타]

< p121 >力試し

1 ①ミナミさんはどこにいますか。　②駅の近くにコンビニはありませんか。
③国立博物館は上野駅の近くにあります。　④韓国のお金がありませんか。
⑤今、ホシヤさんは羽田空港の中にいます。

2 ①기타무라 씨 집은 요코하마예요 ?　②아뇨 , 긴자의 미쓰코시 백화점 가까이예요 .
③ NHK 는 어디에 있어요 ?　④시부야역 가까이에 있어요 .
⑤우리 회사는 구청 앞에 있어요 .

3 ①우에노역 가까이에 있어요 ./ 도쿄돔 옆에 있어요 .　②백화점이 있어요 .

第 9 課

< p126 > 1《練習》

例 : 좋다 よい	좋아	웃다 笑う	웃어
작다 小さい	작아	적다 少ない	적어
길다 長い	길어	짧다 短い	짧아
열다 開ける	열어	닫다 閉める	닫아

< p127 > 2《練習》

例 : 먹다 食べる	먹어요	길다 長い	길어요
받다 もらう	받아요	짧다 短い	짧아요
입다 着る、はく	입어요	좋다 よい	좋아요
알다 わかる	알아요	멀다 遠い	멀어요

< p127 > 3《練習》

例 : 책 本	책을	가방 かばん	가방을
회사 会社	회사를	스즈키 씨 鈴木さん	스즈키 씨를
호텔 ホテル	호텔을	집 家	집을
텔레비전 テレビ	텔레비전을	라디오 ラジオ	라디오를

< p128 > 4《練習》

例 : 역 駅	역에서	편의점 コンビニ	편의점에서
회사 会社	회사에서	커피숍 コーヒーショップ	커피숍에서
호텔 ホテル	호텔에서	집 家	집에서

＜p129＞《練習》

例：좋아요 いいです	［조아요］	만화　マンガ	［마놔］
놓아요　置きます	［노아요］	올해　今年	［오래］
넣어요　入れます	［너어요］	조용히　静かに	［조용이］
다음 해　翌年	［다으매］	천천히　ゆっくり	［천처니］

＜p129＞力試し

1 ①林さん、今、何を食べていますか。　②私は韓国の映画と歌が好きです。
③このサムギョプサルは味がいいです。　④駅の前にほんとうに韓国食堂が多いですか。
⑤ところで、プサンからちょっと遠いです。

2 ①오늘은 무엇을 입어요？ ②저는　동대문시장을 좋아해요 .
③이 초밥은 맛이 좋아요 .　④그런데 이 바지는 좀 길어요 .
⑤여기서부터 인천공항은 좀 멀어요 .

3 ①카레라이스를 먹어요 ./ 우동을 먹어요 .　②네 , 머리가 길어요 ./ 아뇨 , 머리가 짧아요 .

第 10 課

＜p133＞1《練習 1》

例：가다 行く	가	서다 とまる	서
사다 買う	사	켜다 点（つ）ける	켜
자다 寝る	자	보내다 送る	보내
건너다 渡る	건너	건네다 渡す	건네

＜p133＞1《練習 2》

例：가다 行く	가요	서다 とまる	서요
사다 買う	사요	켜다 点（つ）ける	켜요
자다 寝る	자요	보내다 送る	보내요
건너다 渡る	건너요	건네다 渡す	건네요

＜p134＞《練習》

例：같이　いっしょに	［가치］	미닫이　引き戸	［미다지］
밭이　畑が	［바치］	해돋이　日の出	［해도지］

＜p134＞力試し

1 ①明日、いっしょに映画館に行きますか。　②いいです。学校の前で会いましょう。
③あ、ところでこのバスはロッテ百貨店の前にとまりますか。　④電車はソウル駅で乗ります。
⑤今晩、何時に寝ますか。

2 ①오늘 같이 도서관에 가요 .　②좋아요 . 역 앞에서 만나요 .
③그런데 이 버스는 호텔 앞에 서요？ ④비행기는 김포공항에서 타요 .
⑤아침에 몇 시에 일어나요？

3 ①네 , ○○역은 급행이 서요 ,/ 아뇨 , ○○역은 급행이 안 서요 .
②일요일에 고향에 가요 ./ 고향에 안 가요 .

第 11 課

＜p140＞5《練習 1》

例：오다 来る	와	기다리다 待つ	기다려
보다 見る	봐	다니다 通う	다녀
두다 置く	둬	바뀌다 変わる	바뀌어
바꾸다 変える	바꿔	뛰다 走る	뛰어

주다 あげる、くれる	줘	되다 なる	돼

＜p140＞5《練習 2》

例：오다 来る	와요	기다리다 待つ	기다려요
보다 見る	봐요	다니다 通う	다녀요
두다 置く	둬요	바뀌다 変わる	바뀌어요
바꾸다 変える	바꿔요	뛰다 走る	뛰어요
주다 あげる、くれる	줘요	되다 なる	돼요

＜p140＞力試し

1 ①長沢さん、今、何を見ていますか。　②子どもが牛乳を飲みます。
③東京駅で 10 時半まで待ちます。　④毎朝、学校に何時に来ますか。
⑤大学で何を習いますか。

2 ①오늘 뭘 봐요？　②열두 시부터 한 시까지 쉬어요．　③오늘은 막걸리를 마셔요．
④매일 아침에 열심히 테니스를 쳐요．　⑤내일은 회사에 몇 시에 와요？

3 ①한국어를 배워요．　②산책을 해요．

第 12 課

＜p143＞1《練習》

例：사랑하다 愛する	사랑해요	잘하다 上手だ	잘해요
약속하다 約束する	약속해요	전화하다 電話する	전화해요
따뜻하다 暖かい	따뜻해요	시원하다 涼しい	시원해요
공부하다 勉強する	공부해요	일하다 働く	일해요

＜p144＞2《練習》

例：만나다 会う	만나러	먹다 食べる	먹으러
보다 見る	보러	깎다 刈る	깎으러
마시다 飲む	마시러	닫다 閉める	닫으러
부르다 歌う	부르러	연락하다 連絡する	연락하러
사다 買う	사러	전화하다 電話する	전화하러

＜p145＞3《練習》

(1) 한국 드라마를 좋아해요？　(2) 여름을 싫어해요．

＜p145＞力試し

1 ①明日、いっしょにディズニーランドに遊びに行きましょう。　②今日の午後は英語を勉強します。
③すしとテンプラが好きですか。　④もちろんです。本当に好きです。
⑤毎朝、公園で運動します。

2 ①오늘 도서관에서 공부해요．　②친구를 만나러 서울에 가요．　③일본 요리를 좋아해요？
④물론이죠．한국 노래를 좋아해요．　⑤내일 학교에서 동아리를 해요．

3 ①물론이죠．한국 음식을 좋아해요．/ 아뇨，싫어해요．
②네，노래방에 가요．/ 아뇨，안 가요．

第 13 課

＜p150＞2《練習》

例：가다 行く	안 가요	안 갑니다
만나다 会う	안 만나요	안 만납니다
싸다（値段が）安い	안 싸요	안 쌉니다
받다 もらう	안 받아요	안 받습니다
좋다 よい	안 좋아요	안 좋습니다

운동하다 運動する	운동 안 해요	운동 안 합니다
조용하다 静かだ	안 조용해요	안 조용합니다
통하다 通じる	안 통해요	안 통합니다

＜p150＞3

例：이메일　Eメール	이메일만	앱　アプリ	앱만
마우스　マウス	마우스만	프린터　プリンター	프린터만
유튜브　ユーチューブ	유튜브만	메모리　メモリ	메모리만

＜p152＞《練習》

例：편리　便利	[펼리]	신라　新羅	[실라]
한류　韓流	[할류]	달나라　月の国	[달라라]
연락　連絡	[열락]	물놀이　水遊び	[물로리]
한라산　漢拏山	[할라산]	줄넘기　縄跳び	[줄럼기]

＜p152＞力試し

1 ①私は毎日、夕食は食べません。　②もともとお酒は飲みません。
　③今日、タクシーは乗りません。　④このかばんはあまり高くありません。
　⑤最近は韓国語の勉強はあまりしません。
2 ①오늘은 학교에 안 가요．②매일 아침 밥은 안 먹어요．
　③그 대신 영어와 중국어를 공부해요．④요즘은 친구를 안 만나요．
　⑤한국의 산은 그다지 안 높아요．
3 ①네，빵을 안 먹어요．/ 아뇨，빵을 먹어요．②네，잘 먹어요．/ 아뇨，잘 안 먹어요．

第14課

＜p157＞2《練習1》

例：가다 行く	가지 않아요	가지 않습니다
만나다 会う	만나지 않아요	만나지 않습니다
싸다 (値段が) 安い	싸지 않아요	싸지 않습니다
받다 もらう	받지 않아요	받지 않습니다
좋다 よい	좋지 않아요	좋지 않습니다
운동하다 運動する	운동하지 않아요	운동하지 않습니다
조용하다 静かだ	조용하지 않아요	조용하지 않습니다
편하다 楽だ	편하지 않아요	편하지 않습니다

＜p157＞3《練習2》

(1) 매일 공부를 하지 않아요．　毎日、勉強をしません。
(2) 지금 밖에 비가 오지 않아요．　今、外、雨が降っていません。

＜p159＞《練習》

例：부산역　釜山駅	[부산녁]	십육　十六	[심뉵]
한여름　真夏	[한녀름]	담요　毛布	[담뇨]
식용유　食用油	[시공뉴]	강남역　江南駅	[강남녁]

＜p159＞力試し

1 ①冬はあまり寒くありません。　②ところで、この服は高すぎませんか。
　③このバスは博物館の前でとまりません。　④タクシーがもっと速くありませんか。
　⑤土曜日には授業をやりません。
2 ①이 떡볶이는 맵지 않아요？　②괜찮아요．여름은 덥지 않아요．　③버스는 늦지 않아요？

④저 영화는 별로 재미없어요． ⑤월요일에는 미술관은 하지 않아요．
3 ① 좀 맵습니다．/ 아뇨, 별로 맵지 않아요． ②네, 매일 하지 않아요．/ 아뇨, 매일 해요．

第 15 課

＜ p163 ＞ 1《練習 1》

例：있다 ある	있으면	없다 ない、いない	없으면
가다 行く	가면	싸다 安い	싸면
먹다 食べる	먹으면	늦다 遅い	늦으면
보다 見る	보면	공부하다 勉強する	공부하면
읽다 読む	읽으면	조용하다 静かだ	조용하면

＜ p163 ＞ 1《練習 2》

(1) 시간이 괜찮으면 내일 만나요． 時間が大丈夫でしたら、明日会いましょう。
(2) 내일 비가 오면 못 가요． 明日、雨が降ったら、行けません。

＜ p164 ＞ 2《練習 1》

例：가다 行く	가도록	청소하다 掃除する	청소하도록
만나다 会う	만나도록	운동하다 運動する	운동하도록
사다 買う	사도록	쉬다 休む	쉬도록
받다 もらう	받도록	읽다 読む	읽도록

＜ p164 ＞ 2《練習 2》

(1) 시장에서 김을 사도록 해요． 市場でノリを買うことにしましょう。
(2) 카페에서 좀 쉬도록 해요． カフェでちょっと休むことにしましょう。

＜ p164 ＞力試し

1 ①このかばんは高すぎると買えません。 ②熱心に勉強すれば実力が伸びます。
③時間がよかったら、映画を見に行きましょう。 ④今日はキムチ鍋を食べることにしましょう。
⑤明日は雨が降らなければテニスをしに行きましょう。
2 ①일요일에 시간이 생기면 친구를 만나러 가요． ②시험이 있으면 열심히 공부해요．
③내일 비가 오면 모레 가도록 해요． ④시간이 괜찮으면 만나도록 해요．
⑤만약에 싸면 사요．
3 ①네, 같이 가요． ②시간이 있으면 친구를 만나요．/ 영화 보러 가요．

第 16 課

＜ p167 ＞ 1《練習 1》

例：가다 行く	가지만	좋다 よい	좋지만
보다 見る	보지만	빠르다 速い	빠르지만
만나다 会う	만나지만	늦다 遅い	늦지만
읽다 読む	읽지만	공부하다 勉強する	공부하지만
없다 ない、いない	없지만	조용하다 静かだ	조용하지만

＜ p168 ＞ 1《練習 2》

(1) 시간이 없지만 열심히 공부해요． 時間がないけど、一生懸命勉強します。
(2) 서울에 가지만 못 만나요． ソウルに行くけど、会えません。

＜ p169 ＞ 2《練習 1》

例：가다 行く	못 가요	자다 寝る	못 자요
보다 見る	못 봐요	이기다 勝つ	못 이겨요
만나다 会う	못 만나요	청소하다 掃除する	청소 못 해요
입다 着る	못 입어요	산책하다 散歩する	산책 못 해요
받다 もらう	못 받아요	피하다 避ける	못 피해요

＜ p169 ＞ 2《練習 2》

①서울에서 친구를 못 만나요． ソウルで友だちに会えません。

②한국 소설을 못 읽어요． 韓国の小説が読めません

③요즘엔 매일 아침에 운동 못 해요． 最近は毎朝、運動できません。

＜ p171 ＞ 4《練習 1》

例：가다 行く	가지 못해요	가지 못합니다
만나다 会う	만나지 못해요	만나지 못합니다
놀다 遊ぶ	놀지 못해요	놀지 못합니다
받다 もらう	받지 못해요	받지 못합니다
아름답다 美しい	아름답지 못해요	아름답지 못합니다

＜ p171 ＞ 4《練習 2》

(1) 백화점에서 김치를 사지 못해요． デパートでキムチが買えません

(2) 창문을 닫지 못해요． 窓が閉められません。

＜ p171 ＞力試し

1 ①サムゲタンは好きですが、うまく作れません。 ②タクシーは速いですが、ちょっと高いです。
③ハングルはまだ、よく読めませんか。 ④この映画は難しいですが、面白いです。
⑤私はお酒は飲めません。

2 ①한국 노래를 좋아하지만 잘 부르지 못해요． ②김치는 아직 못 만들어요．
③오늘은 시간이 없어요．공부 못 해요． ④비행기는 비싸지만 편해요．
⑤저는 낫토는 아직 못 먹어요．

3 아뇨，잘 못 마셔요．/ 네，잘 마셔요． ②네，자주 먹어요．/ 아뇨，자주 못 먹어요．

第 17 課

＜ p175 ＞ 1《練習 1》

例：먹다 食べる	먹었어요	먹었습니다
웃다 笑う	웃었어요	웃었습니다
울다 泣く	울었어요	울었습니다
열다 開ける	열었어요	열었습니다
닫다 閉める	닫았어요	닫았습니다
많다 多い	많았어요	많았습니다
적다 少ない	적었어요	적었습니다

＜ p175 ＞ 1《練習 2》

(1) 시장에 사람들이 많았어요． 市場に人が多かったです。

(2) 그 강아지는 눈이 작았어요． その子犬は目が小さかったです。

＜ p176 ＞ 2《練習》

例：김치 キムチ	김치랑	가방 かばん	가방이랑
떡 おもち	떡이랑	주스 ジュース	주스랑

호텔 ホテル	호텔이랑	우유 牛乳	우유랑
컴퓨터 パソコン	컴퓨터랑	비빔밥 ビビンバ	비빔밥이랑

< p177 > 3《練習》

(1) 스케치북에 그림을 그렸어요 .　(2) 아주 느낌이 좋았어요 .

< p178 > 4《練習》

(1) 내일 학교에 가게 되었어요 .　(2) 저녁을 맛있게 먹었어요 .

< p178 >力試し

1 ①高校には野球のチームがあまりにも多かったです。　②昨日は時間があまりありませんでした。
　③今朝は何を食べましたか。　④その映画はとても面白かったです。
　⑤デパートにはいろいろなものがありました。

2 ①그 식당에는 메뉴가 너무나 많았어요 .　②오늘 아침에는 빵과 우유를 먹었어요 .
　③편의점에는 과일이랑 도시락도 있었어요 .　④그 초밥은 아주 맛있었어요 .
　⑤후지산은 아주 높았어요 .

3 省略

第 18 課

< p182 > 1《練習 1》

例：가다 行く	갔어요	갔습니다
자다 寝る	잤어요	잤습니다
건너다 渡る	건넜어요	건넜습니다
보내다 送る	보냈어요	보냈습니다
베다 切る	벴어요	벴습니다

< p182 > 1《練習 2》

(1) 배로 강을 건넜어요 .　船で川を渡りました。

(2) 방에 이불을 폈어요 .　部屋に布団を敷きました。

< p183 > 3《練習》

(1) 오사카에서 도쿄까지 신칸센으로 갔어요 .

(2) 열두 시 이십 분부터 한 시 십 분까지 점심 시간이에요 .

< p184 > 4《練習》

(1) 서울에서 친구를 만났어요 .　(2) 명동에서 택시를 탔어요 .

< p184 >力試し

1 ①昨日、友だちと山登りしましたか。　②箱根に遊びに行きました。
　③デパートで何を買いましたか。　④アメリカの弟 / 妹にプレゼントを送りました。
　⑤昨日は先生に韓国料理を習いました。

2 ①어제 긴자에 쇼핑하러 갔어요 ?　②백화점에서 무엇을 샀어요 ?
　③여동생의 옷과 자전거를 샀어요 .　④회사에서부터 역까지 버스를 탔어요 ?
　⑤제가 택시비를 냈어요 .

3 ①어제 친구 집에 놀러 갔어요 ./ 쇼핑을 하러 갔어요 .
　②네 , 버스를 타요 ./ 아뇨 , 자전거를 타요 .

第 19 課

＜ p188 ＞ 1《練習 1》

例：오다 来る	왔어요	왔습니다
보다 見る	봤어요	봤습니다
주다 あげる、くれる	줬어요	줬습니다
다니다 通う	다녔어요	다녔습니다
기다리다 待つ	기다렸어요	기다렸습니다
바뀌다 変わる	바뀌었어요	바뀌었습니다
뛰다 走る	뛰었어요	뛰었습니다
희다 白い	희었어요	희었습니다

＜ p188 ＞ 1《練習 2》

(1) 방과 후에 한국 영화를 봤어요 . (2) 소주와 막걸리를 마셨어요 .

＜ p189 ＞ 2《練習 1》

例：주스이다 ジュースだ	주스였 −	주스였어요	주스였습니다
학생이다 学生だ	학생이었 −	학생이었어요	학생이었습니다
꽃이다 花だ	꽃이었 −	꽃이었어요	꽃이었습니다
과자이다 お菓子だ	과자였 −	과자였어요	과자였습니다

＜ p190 ＞ 2《練習 2》

(1) 여기는 원래 은행이었어요 / 었습니다 . (2) 그 스포츠는 태권도였어요 / 였습니다 .

＜ p190 ＞ 3《練習》

(1) 새 책을 샀어요 . (2) 모든 드라마가 재미있었어요 .

＜ p191 ＞力試し

1 ①学校には 12 時ごろに来ました。 ② 放課後に友だちとゲームセンターに行きました。
③弟といっしょにホラー映画を見ましたか。 ④ゲームはとても面白かったです。
⑤日本料理店でテンプラと海鮮丼を食べました。

2 ①기숙사에는 몇 시쯤 돌아왔어요 ? ②신주쿠에서 한국 영화를 봤어요 .
③쇼핑 후에 한국 요리를 먹었어요 . ④중학생 때 태권도도 배웠어요 .
⑤맥주하고 와인을 마셨어요 .

3 ①어제는 오후 세 시에 돌아왔어요 ./ 밤늦게 돌아왔어요 .
②많이 봤어요 ./ 못 봤어요 .

第 20 課

＜ p195 ＞ 1《練習》

(1) 저희는 도쿄에서 왔어요 . (2) 나는 회사원이에요 .

＜ p196 ＞ 2《練習 1》

例：하다 する	했어요	했습니다
공부하다 勉強する	공부했어요	공부했습니다
운동하다 運動する	운동했어요	운동했습니다
따뜻하다 暖かい	따뜻했어요	따뜻했습니다
시원하다 涼しい	시원했어요	시원했습니다

＜ p196 ＞ 2《練習 2》

(1) 어제는 헬스클럽에서 운동했어요 . (2) 가을은 시원했어요 .

＜ p197 ＞ 4《練習》

(1) 친구를 만나러 갔어요 . 그러나 없었어요 . (2) 그래서 열심히 공부했어요 ?

＜ p198 ＞力試し

1 ①水曜日と木曜日に何をしましたか。 ②久しぶりに家の近くの公園で散歩しました。
③日曜日には友だちに会いましたか。 ④空港には人々が多かったです。
⑤韓国料理屋はとても混んでいました。

2 ①일요일에 우에노에서 쇼핑을 했어요 . ②오랜만에 시부야에서 친구를 만났어요 .
③어제는 공부 못 했어요 . ④집 근처의 도서관은 조용했어요 . ⑤그 반지는 비쌌어요 ?

3 ①한국어 공부를 했어요 ./ 친구를 만났어요 . ②친구와 같이 디즈니랜드에 놀러 갔어요 .

第 21 課

＜ p201 ＞ 1《練習 1》

例 : 오다 来る	오십니다	오십니까 ?
보다 見る	보십니다	보십니까 ?
읽다 読む	읽으십니다	읽으십니까 ?
빠르다 速い	빠르십니다	빠르십니까 ?
늦다 遅い	늦으십니다	늦으십니까 ?
공부하다 勉強する	공부하십니다	공부하십니까 ?
좋아하다 好きだ	좋아하십니다	좋아하십니까 ?
선생님이다 先生だ	선생님이십니다	선생님이십니까 ?

＜ p202 ＞ 1《練習 2》

(1) 매일 늦게까지 한국어를 공부하십니까 ? (2) 지금 무슨 책을 읽으십니까 ?

＜ p202 ＞ 3《練習》

(1) 중국에 출장을 갔어요 . (2) 내일 본사에 연수를 가요 .

＜ p203 ＞力試し

1 ①先生はどこでお待ちになりますか。 ②お顔がとても小さいです。 ③肉がお嫌いですか。
④韓国ドラマをよくご覧になりますか。 ⑤最近も日本の小説をお読みになります。

2 ①내일도 영화를 보러 가십니까 ? ②언제쯤 일본에 오십니까 ?
③요즘도 피아노를 배우십니까 ? ④어떤 과일을 좋아하십니까 ?
⑤서울에서는 서울호텔에 묵으십니까 ?

3 ①다음 달에 갑니다 ./ 아직 예정이 없어요 . ②이틀 동안 묵어요 ./ 사나흘 묵어요 .

第 22 課

＜ p207 ＞ 1《練習》

(1) 다나카 씨의 아버님이십니까 ? (2) 저분은 친구의 어머님이십니다 .

＜ p209 ＞ 5《練習 1》

例 : 책이다 本である	책이고	회사원이다 会社員である	회사원이고
노트이다 ノートである	노트이고	가수가 아니다 歌手でない	가수가 아니고

＜ p209 ＞ 5《練習 2》

(1) 이건 영어 책이고 , 저건 수학 책이에요 . (2) 생일은 일요일이 아니고 월요일이에요 .

＜ p209 ＞力試し

1 ①この方たちがご家族の方ですか。 ②あの方が社長でいらっしゃいます。
③お母様のお誕生日はいつでいらっしゃいますか。
④この方がお祖父さんで、この方がお祖母さんでいらっしゃいますか。

⑤こちらが鈴木さんで、こちらが田中さんでいらっしゃいます。
2 ①이분이 저희 아버님이세요． ②그분이 마스다 선생님이세요？
③다나카 씨 아버님의 생신은 언제세요？ ④저분은 누구세요？
⑤이쪽이 형 / 오빠，이쪽이 동생이에요．
3 ①아버지는 삼월이에요．어머니는 십일월이에요． ②네，누나와 남동생이 있어요．

第 23 課

＜p213＞1《練習 1》

例：오다 来る	오세요	오세요？
받다 もらう	받으세요	받으세요？
입다 着る	입으세요	입으세요？
있다 ある	있으세요	있으세요？
바쁘다 忙しい	바쁘세요	바쁘세요？

＜p213＞1《練習 2》

(1) 몇 시까지 기다리세요？ (2) 매일 아침에 운동하세요？

＜p215＞力試し

1 ①東京にいつおいでになりますか。 ②最近、どんな小説をお読みになりますか。
③明日、私の母も帰国します。 ④私のプレゼントを受け取ってください。
⑤お客さん、お名前は何とおっしゃいますか。
2 ①미국에 언제 가세요？ ②부산에는 다음 달 말에 가요．
③지난주에 비행기 표를 샀어요． ④도쿄에는 언제쯤 오세요？
⑤합격하면 연락 주세요．
3 ①다나카 다로예요． ②네，여기 있어요．/ 마침 떨어졌어요．

第 24 課

＜p219＞1《練習 1》

例：오다 来る	오셨어요	오셨습니다
보다 見る	보셨어요	보셨습니다
기다리다 待つ	기다리셨어요	기다리셨습니다
배우다 習う	배우셨어요	배우셨습니다
예쁘다 かわいい	예쁘셨어요	예쁘셨습니다
받다 もらう	받으셨어요	받으셨습니다
읽다 読む	읽으셨어요	읽으셨습니다
작다 小さい	작으셨어요	작으셨습니다
좋아하다 好きだ	좋아하셨어요	좋아하셨습니다
싫어하다 嫌いだ	싫어하셨어요	싫어하셨습니다

＜p219＞1《練習 2》

(1) 이 소설을 읽으셨어요？ (2) 야채를 그다지 좋아하지 않으셨어요．

＜p220＞3《練習》

(1) 친구를 아직 못 만났어요． (2) 아침은 아직 안 먹었어요．

＜p221＞力試し

1 ①今月はどんな小説をお読みになりましたか。 ②最近、韓国のドラマをご覧になりましたか。
③今日も朝早くお起きになりましたか。 ④社長はショックをお受けになりました。
⑤まだ、その映画は見ていません。

2 ①지금 무엇을 사셨어요？ ②어제 뉴스를 보셨어요？ ③친구를 만나셨어요？
④마쓰다 씨는 아직 결혼 안 했어요． ⑤오늘 월급을 받으셨어요？
3 ①네, 봤어요./ 아뇨, 못 봤어요． ②친구한테 선물을 받았어요./ 남자 친구가 생겼어요.

第 25 課

＜ p224 ＞ 1《練習》
(1) 지금 선생님은 안 계세요． (2) 몇 시에 주무세요？

＜ p225 ＞ 2《練習 1》

例：드시다 召し上がる	드세요
있으시다 おありだ	있으세요
없으시다 おありでない	없으세요
계시다 いらっしゃる	계세요
안 계시다 いらっしゃらない	안 계세요

＜ p225 ＞ 2《練習 2》
(1) 볼펜은 없으세요？ (2) 아버님은 지금 안 계세요？

＜ p226 ＞力試し
1 ①もしもし、キム・チョルス先生いらっしゃいますか。 ②毎朝、何を召し上がりますか。
③今日は夜遅くお休みになりますか。 ④ 100 ウォン玉ございますか。
⑤ふだん、遅くまで起きています（←寝ません）。
2 ①여보세요 . 다카하시 사장님 계세요？ ②도시락을 드세요？
③글쎄요 . 오늘은 일찍 출근하세요． ④보통 일곱 시경에 돌아오세요 .
⑤오늘은 늦게까지 안 자요 .
3 ①학교 식당에서 햄버거를 먹어요 ./ 도시락을 먹어요． ②열두 시에 자요 .

第 26 課

＜ p230 ＞ 1《練習 1》

例：먹다	먹고 있어요	먹고 있습니다
食べる	먹고 있어요？	먹고 있습니까？
보다	보고 있어요	보고 있습니다
見る	보고 있어요？	보고 있습니까？
읽다	읽고 있어요	읽고 있습니다
読む	읽고 있어요？	읽고 있습니까？
살다	살고 있어요	살고 있습니다
住む	살고 있어요？	살고 있습니까？
운동하다	운동하고 있어요	운동하고 있습니다
運動する	운동하고 있어요？	운동하고 있습니까？

＜ p230 ＞ 2《練習 2》
(1) 동생한테 편지를 쓰고 있어요． (2) 매일 아침에 공원을 산책하고 있어요 .

＜ p232 ＞ 3《練習》
(1) 무료 無料 (2) 민족 民族 (3) 일부 一部
(4) 배달 配達 (5) 혼란 混乱 (6) 동양 東洋

＜ p233 ＞力試し
1 ① 最近も日曜日にゴルフをやっていますか。 ②毎朝、パンと牛乳を食べています。

③韓国語教室で会話と文法の勉強をしますか。　④韓国語の宿題はいかがですか。
⑤このキムチはちょっと辛いですが、おいしいです。

2 ①요즘 매일 영어 공부를 하고 있어요 .　②한국어 학원에도 다니고 있어요
③일주일에 세 번씩 테니스를 치고 있어요 .　④오늘 날씨는 어때요 ?
⑤한국어는 재미있지만 좀 어렵습니다 .

3 ①한국어 공부를 하고 있어요 ./ 텔레비전을 보고 있어요 .　②어렵지만 재미있어요 .

第 27 課

< p237 > 1《練習 1》

例：가다 行く	가 있어요	가 있습니다
오다 来る	와 있어요	와 있습니다
피다 咲く	피어 있어요	피어 있습니다
앉다 座る	앉아 있어요	앉아 있습니다
쓰이다 書かれる	쓰여 있어요	쓰여 있습니다
걸리다 かかる	걸려 있어요	걸려 있습니다

< p237 > 1《練習 2》

(1) 신문에 사진이 실려 있어요 .　(2) 지갑에 돈이 들어 있었어요 .

< p238 > 2《練習 1》

例：김치 キムチ	김치니까	가방 かばん	가방이니까
떡 おもち	떡이니까	주스 ジュース	주스니까
호텔 ホテル	호텔이니까	우유 牛乳	우유니까
컴퓨터 パソコン	컴퓨터니까	비빔밥 ビビンバ	비빔밥이니까

< p238 > 2《練習 2》

(1) 여름방학이니까 바쁘지 않아요 .　(2) 내일은 일요일이니까 교회에 가요 .

< p239 > 3《練習 1》

例：김치 キムチ	김치란	족발 豚足	족발이란
볼펜 ボールペン	볼펜이란	안경 眼鏡	안경이란
닭갈비 タッカルビ	닭갈비란	핸드백 ハンドバッグ	핸드백이란

< p239 > 3《練習 2》

(1)「강아지똥」이란 이야기는 아주 재미있어요 .　(2) 갈비란 음식은 맛있어요 .

< p239 >力試し

1 ①この食堂にはおいしい料理がたくさんあります。　②このピカソの絵は私もよく知っています。
③「君の名は」というアニメも大ヒットしました。
④アンデルセンの「人形姫」という話も載っています。
⑤あの歌手はもともと演歌歌手でしょう?

2 ①여기에는「다이너마이트」란 노래가 들어 있어요 .
②정말이네요 . 창문이 열려 있어요 .
③「사랑의 불시착」이란 드라마도 대히트했어요 .
④이 책에는「소나기」라는 소설도 실려 있어요 .
⑤그 노래는 원래 드라마 주제가죠 ?

3 ①네 , 닫혀 있어요 ./ 아뇨 , 열려 있어요 .　②책하고 노트가 들어 있어요 .

第 28 課

＜p243＞1《練習 1》

例：받다 もらう	받아 주세요
만나다 会う	만나 주세요
읽다 読む	읽어 주세요
기다리다 待つ	기다려 주세요
만들다 作る	만들어 주세요
공부하다 勉強する	공부해 주세요

＜p243＞1《練習 2》

(1) 열두 시까지 기다려 주세요 .　(2) 이 옛날이야기를 읽어 주세요 .

＜p245＞2《練習 1》

例：받다 もらう	받아 보세요
가다 行く	가 보세요
열다 開ける	열어 보세요
켜다 つける	켜 보세요
치다 弾く	쳐 보세요
배우다 習う	배워 보세요
조사하다 調査する	조사해 보세요

＜p245＞2《練習 2》

(1) 사진을 찍어 보세요 .　(2) 창문을 열어 보세요 .

＜p246＞3《練習 1》

例：오다 来る	와도 돼요
돌아가다 帰っていく	돌아가도 돼요
닫다 閉める	닫아도 돼요
입다 着る	입어도 돼요
사다 買う	사도 돼요
놀다 遊ぶ	놀아도 돼요
외출하다 外出する	외출해도 돼요

＜p246＞3《練習 2》

(1) 사진을 찍어도 돼요？　(2) 창문을 열어도 돼요？

＜p247＞力試し

1 ①キム・ジョンさん、卒業おめでとうございます！　②この本を受け取ってください。
　③もう少し待ってみてください。　④この雑誌を見てもいいですか。　⑤このキムチは辛すぎる！

2 ①고이즈미 씨 , 입학을 축하합니다 .　②제 마음으로부터의 선물을 받아 주세요 .
　③저 창문을 열어 주세요 .　④이 소설을 읽어 보세요 .　⑤오늘은 너무 춥다！

3 ①감사합니다 ./ 고맙습니다 .　②네 , 열어 보세요 .

第 29 課

＜p251＞2《練習 1》

例：가다 行く	가고 싶어요	가고 싶습니다
보다 見る	보고 싶어요	보고 싶습니다
듣다 聞く	듣고 싶어요	듣고 싶습니다
쓰다 書く	쓰고 싶어요	쓰고 싶습니다

알다 知る	알고 싶어요	알고 싶습니다
공부하다 勉強する	공부하고 싶어요	공부하고 싶습니다

＜ p251 ＞ 2《練習 2》

(1) 한국 소설을 읽고 싶었어요 . (2) 고등학교 때 친구를 만나고 싶어요 .

＜ p252 ＞ 3《練習 1》

例：좋다 よい	좋대요	덥다 暑い	덥대요
높다 高い	높대요	춥다 寒い	춥대요
낮다 低い	낮대요	예쁘다 かわいい	예쁘대요
비싸다（値段が）高い	비싸대요	시원하다 涼しい	시원하대요
싸다（値段が）安い	싸대요	있다 ある、いる	있대요

＜ p253 ＞ 3《練習 2》

(1) 후지산은 일본에서 제일 높대요 . (2) 겨울에도 그렇게 춥지 않대요 .

＜ p253 ＞力試し

1 ①やはりマッコリはおいしいでしょう？ ②映画を見て馬鹿みたいに泣きました。
③最近、日本ではこの歌がとても人気があるそうです。
④いつか、この小説を是非、一度読んでみたいです。 ⑤スンデという料理も食べたいです。

2 ①역시 디즈니랜드는 언제 와도 멋있죠 ?
②요즘 한국에서는 이 화장이 아주 인기가 있대요 .
③이 도서관은 조용하대요 .
④도다이지라는 절에도 가고 싶어요 . ⑤언젠가 그 사람을 꼭 한 번 만나고 싶어요 .

3 ①요즘 한국 드라마가 인기가 좋아요 .
②한국을 여행하고 싶어요 ./ 한국 음식을 먹고 싶어요 .

第 30 課

＜ p257 ＞ 1《練習 1》

例：오다 来る	오니까	왔으니까
사다 買う	사니까	샀으니까
입다 着る	입으니까	입었으니까
있다 ある、いる	있으니까	있었으니까
비싸다（値段が）高い	비싸니까	비쌌으니까
좋다 よい	좋으니까	좋았으니까
목욕하다 お風呂に入る	목욕하니까	목욕했으니까
처음이다 初めてだ	처음이니까	처음이었으니까

＜ p257 ＞ 1《練習 2》

(1) 이 가방은 비싸니까 저걸 사요 . (2) 내일은 쉬니까 밤샘해도 괜찮아요 .

＜ p258 ＞ 2《練習 1》

例：가다 行く	가거든	비비다 混ぜる	비비거든
있다 ある、いる	있거든	잡다 握る	잡거든
벗다 脱ぐ	벗거든	귀엽다 かわいい	귀엽거든
울다 泣く	울거든	이야기하다 話す	이야기하거든
싸다（値段が）安い	싸거든	따뜻하다 暖かい	따뜻하거든

＜ p259 ＞ 2《練習 2》

(1) 오늘 바쁘거든 내일 가세요 . (2) 불고기를 잘 먹거든 삼 인분 시키세요 .

< p260 >《練習》

例：강릉　江陵	[강능]	금리　金利	[금니]
정리　整理	[정니]	급료　給料	[금뇨]
왕래　往来	[왕내]	격려　激励	[경녀]

< p260 >力試し

1 ①今日は雨が降るから、釣りに行けません。　② 韓国料理はただ好きなので、よく食べます。
③プサンに行ったら、トンドサというお寺にも行ってみてください。
④ところで、天気がちょっと心配になります。　⑤熱心に練習すればいいから心配ありません。

2 ①내일 여자 친구를 만나니까 가슴이 두근거려요 .
②비빔밥을 좋아하니까 자주 먹어요 .　③서울에 가거든 인사동에도 가 보세요 .
④그런데 시험이 걱정이 돼요 .　⑤공부를 하면 괜찮으니까 걱정 없어요 .

3 ①한국을 좋아하니까 공부해요 .
②돈이 없으니까 걱정이 돼요 ./ 건강이 안 좋으니까 걱정이 돼요 .

第 31 課

< p264 > 1《練習 1》

例：오다 来る	와서
만나다 会う	만나서
지다 負ける	져서
읽다 読む	읽어서
입다 着る	입어서
있다 いる、ある	있어서
싸다 安い	싸서
싫다 いやだ	싫어서
여행하다 旅行する	여행해서
피곤하다 疲れる	피곤해서
산이다 山だ	산이어서

< p265 > 1《練習 2》

(1) 옷이 싸서 많이 샀어요 .　(2) 어제는 숙제가 많아서 늦게 잤어요 .

< p266 > 2《練習 1》

例：보다 見る	보기에는	먹다 食べる	먹기에는
만나다 会う	만나기에는	깎다 値切る	깎기에는
마시다 飲む	마시기에는	열다 開ける	열기에는
자다 寝る	자기에는	연락하다 連絡する	연락하기에는
사다 買う	사기에는	전화하다 電話する	전화하기에는

< p266 > 2《練習 2》

(1)이 도서관은 공부하기에는 나쁘지 않아요 .　(2)이 자동차는 내가 타기에는 좀 작아요 .

< p267 > 3《練習》

(1) 오늘 모임에는 세 명밖에 안 왔어요 .　(2) 짐은 트렁크 하나밖에 없어요 .

< p267 >力試し

1 ①下宿（屋）が静かで気に入っています。　②この焼き肉は高くなくて食べやすいです。
③うちの会社は私が働くにはいい職場です。　④まだ寝るには早い時間です。
⑤今日の宿題はこれしかありません。

2 ①방이 조용해서 마음에 들어요． ②학교에서 다니기에는 좋아요．
③하숙집에서 교통이 편리해서 좋아요． ④제가 타기에는 좀 큰 차예요
⑤약속 시간이 별로 안 남았어요．
3 ①교통이 편리해요． ②건강은 좋아요．/ 별로 안 좋아요．

第 32 課

＜p271＞1《練習 1》

例：보다 見る	보고	먹다 食べる	먹고
듣다 聞く	듣고	싫다 いやだ	싫고
마시다 飲む	마시고	열다 開ける	열고
자다 寝る	자고	연락하다 連絡する	연락하고
쓰다 書く	쓰고	조용하다 静かだ	조용하고

＜p271＞1《練習 2》

(1) 자전거를 타고 학교에 가요．(2) 한국어를 쓰고 읽어요．(3) 이 빵은 싸고 맛있어요．

＜p272＞2《練習 1》

例：오다 来る	와서
삶다 ゆでる	삶아서
비비다 混ぜる	비벼서
읽다 読む	읽어서
잡다 取る	잡아서
계산하다 計算する	계산해서

＜p273＞2《練習 2》

(1) 아침에 일찍 일어나서 회사에 갔어요．
(2) 비빔밥을 비벼서 맛있게 먹었어요．

＜p274＞3《練習 1》

例：먹다 食べる	먹고 나서	싣다 載せる	싣고 나서
끝나다 終わる	끝나고 나서	보다 見る	보고 나서
마시다 飲む	마시고 나서	넣다 入れる	넣고 나서
자다 寝る	자고 나서	끌다 引く	끌고 나서
신다 履く	신고 나서	숙제하다 宿題する	숙제하고 나서

＜p274＞3《練習 2》

(1) 옷을 입고 나서 모자를 썼어요． (2) 저녁을 먹고 나서 영화를 봤어요．

＜p274＞力試し

1 ①私の家の近くにはスーパーもあり、病院もあります。
②毎朝、パンを食べて、牛乳を飲みますか。 ③カラオケで歌も歌って踊りも踊りました。
④友だちに会って学校に行きました。 ⑤宿題を全部終えてから寝ます。
2 ①백화점에 가서 쇼핑도 하고 명동에 가서 구경도 해요．
②친구를 만나서 공부도 하고 숙제도 해요．
③식당에서 불고기도 먹고 막걸리도 마셔요． ④소파에 앉아서 텔레비전을 봤어요．
⑤책을 읽고 나서 독후감을 썼어요．
3 ①청소도 하고 공부도 했어요． ②영화를 보러 가고 싶어요．

第33課

＜p278＞1《練習1》

例：보다 見る、영화 映画	보는 영화	읽다 読む、책 本	읽는 책
부르다 歌う、노래歌	부르는 노래	오다 来る、친구 友だち	오는 친구
마시다 飲む、물 水	마시는 물	재미있다 面白い、게임 ゲーム	재미있는 게임
자다 寝る、시간 時間	자는 시간	맛없다 まずい、빵 パン	맛없는 빵
닫다 閉じる、문 門	닫는 문	좋아하다 好きだ、사람 人	좋아하는 사람

＜p278＞1《練習2》

(1) 이 노래는 요즘 자주 듣는 노래예요 .　(2) 한국어를 배우는 학생이 많이 있어요 .

＜p279＞2《練習1》

例：보다 見る	보는 것 같아요
노래하다 歌う	노래하는 것 같아요
기다리다 待つ	기다리는 것 같아요
읽다 読む	읽는 것 같아요
오다 来る	오는 것 같아요
재미있다 面白い	재미있는 것 같아요
맛없다 まずい	맛없는 것 같아요
이해하다 理解する	이해하는 것 같아요

＜p279＞2《練習2》

(1) 이 소설은 재미있는 것 같아요 .

(2) 한국을 잘 이해하고 있는 것 같았어요 .

＜p281＞3《練習1》

例：있다 ある、いる	있기 때문에	춥다 寒い	춥기 때문에
보다 見る	보기 때문에	덥다 暑い	덥기 때문에
마시다 飲む	마시기 때문에	운동하다 運動する	운동하기 때문에
믿다 信じる	믿기 때문에	가난하다 貧しい	가난하기 때문에
알다 知る	알기 때문에	부자이다 お金持ちだ	부자이기 때문에

＜p281＞3《練習2》

(1) 비가 오기 때문에 집에 있었어요 .　(2) 학생이기 때문에 별로 돈이 없어요 .

＜p282＞4《練習1》

例：보다 見る	보는데요	읽다 読む	읽는데요
노래하다 歌う	노래하는데요	오다 来る	오는데요
마시다 飲む	마시는데요	재미있다 面白い	재미있는데요
자다 寝る	자는데요	맛없다 まずい	맛없는데요
닫다 閉じる	닫는데요	청소하다 掃除する	청소하는데요

＜p283＞4《練習2》

(1) 오늘은 약속이 없는데 오늘 저녁에 만나요 .　(2) 저는 매일 아침 빵을 먹는데요 .

＜p283＞力試し

1 ①空港で待っているファンが多いです。　②韓国語を勉強する人々が増えました。
③うちの会社にも社内食堂があるから、とても便利です。
④本当に値段がずいぶん下がりましたね。　⑤今、韓国の新聞を読んでいるようです。

2 ①요즘 한국 노래를 좋아하는 사람들이 많아요 .
②골프를 치는 사람들이 늘었어요 .　③술을 마시지 않은 사람들도 있는 것 같아요 .

④꽃집과 빵집이 있기 때문에 편리해요 .
⑤겨울에는 눈이 많이 오기 때문에 아주 불편해요 .

3 ①네 , 좋아하는 사람들이 많아요 ./ 아뇨 , 많지 않아요 .
②네 , 잘 먹는 편이에요 ./ 아뇨 , 잘 못 먹는 편이에요 .

第 34 課

＜p287＞1《練習 1》

例：작다 小さい、꽃 花	작은 꽃	짧다 短い、시간 時間	짧은 시간
넓다 広い、교실 教室	넓은 교실	차다 冷たい、물 水	찬 물
좁다 狭い、집 家	좁은 집	따뜻하다 暖かい、밥 ご飯	따뜻한 밥
좋다 よい、책 本	좋은 책	시원하다 涼しい、날씨 天気	시원한 날씨
싫다 嫌いだ、음식 料理	싫은 음식	처음이다 初めてだ、사람 人	처음인 사람

＜p287＞1《練習 2》

(1) 작은 강아지가 있어요 .　(2) 큰 바다를 봤어요 .

＜p288＞2《練習 1》

例：작다 小さい	작은데요	짧다 短い	짧은데요
넓다 広い	넓은데요	차다 冷たい	찬데요
좁다 狭い	좁은데요	따뜻하다 暖かい	따뜻한데요
좋다 よい	좋은데요	시원하다 涼しい	시원한데요
싫다 嫌いだ	싫은데요	회사원이다 会社員だ	회사원인데요

＜p288＞2《練習 2》

(1) 날씨가 아주 좋은데요 .　(2) 이 옷은 좀 큰데요 .

＜p289＞3《練習 1》

例：작다 小さい	작은 것 같아요
넓다 広い	넓은 것 같아요
좋다 よい	좋은 것 같아요
차다 冷たい	찬 것 같아요
시원하다 涼しい	시원한 것 같아요
회사원이다 会社員だ	회사원인 것 같아요

＜p290＞3《練習 2》

(1) 이 맥주는 찬 것 같아요 .　(2) 이 치마는 좀 짧은 것 같아요 .

＜p291＞4《練習》

(1) 서울에 있는 호텔에 묵었어요 .　(2) 아오모리의 사과는 맛있는 것 같아요 .

＜p291＞力試し

1 ①おいしいソルロンタンを食べたいんですが。　②昨日は会社にちょっと遅れたようです。
③もう少し早いチケットはありませんか。　④日本でいちばん高い山は富士山ですか。
⑤このズボンはちょっと短いようです。

2 ①칫솔과 치약을 사고 싶은데요 .　②이 신발은 좀 작은 것 같아요 .
③좀 더 큰 것은 없어요 ?　④조용한 방으로 주세요 .　⑤예쁜 꽃이 피어 있어요

3 ①저는 좀 작은 가방이 좋아요 ./ 큰 가방이 좋아요 .
②좀 좁은 방이에요 ./ 좀 넓은 방이에요 .

第 35 課

＜p294＞1《練習 1》

例：보다 見る、영화 映画	본 영화	입다 着る、옷 服	입은 옷
닫다 閉める、창문 窓	닫은 창문	신다 履く、구두 靴	신은 구두
피다 咲く、꽃 花	핀 꽃	삶다 ゆでる、계란 卵	삶은 계란
웃다 笑う、사람 人	웃은 사람	확인하다 確認する、서류 書類	확인한 서류

＜p295＞1《練習 2》

(1) 어제 본 영화는 재미있었어요 .　(2) 지난주에 만난 친구는 초등학교 친구예요 .

＜p295＞2《練習 1》

例：보다 見る	본 다음에	입다 着る	입은 다음에
닫다 閉める	닫은 다음에	신다 履く	신은 다음에
타다 乗る	탄 다음에	묵다 泊まる	묵은 다음에
끝나다 終わる	끝난 다음에	만나다 会う	만난 다음에

＜p296＞2《練習 2》

(1) 시험이 끝난 다음에 웃었어요 .　(2) 옷을 입은 다음에 신발을 신었어요 .

＜p297＞3《練習 1》

例：보다 見る	본 것 같아요
이기다 勝つ	이긴 것 같아요
읽다 読む	읽은 것 같아요
벗다 脱ぐ	벗은 것 같아요
감다 (髪を) 洗う	감은 것 같아요
취소하다 取り消す	취소한 것 같아요

＜p297＞3《練習 2》

(1) 우리 학교가 이긴 것 같아요 .　(2) 오늘 아침에도 머리를 감은 것 같아요 .

＜p297＞力試し

1 ①それが昨日見たビデオです。　②友だちに会ったあと、何をしましたか。
　③勉強をしたあとで、妹 / 弟といっしょに演劇を見に行きました。
　④このメガネは南大門市場で買ったものです。　⑤今、着ている服は韓国で買ったようです。
2 ①이 오른쪽 사람이 어제 만난 와카바야시 씨예요 .
　②아침을 먹은 다음에 회사에 갔어요 .　③콘서트가 끝난 후에 무엇을 했어요 ?
　④이 손수건과 넥타이는 백화점에서 산 것이에요 .
　⑤오늘 아침에는 빵을 먹은 것 같아요 .
3 ①백화점에서 샀어요 .　②텔레비전을 봐요 ./ 일찍 자요 .

第 36 課

＜ p301 ＞ 1《練習 1》

例：보다 見る、 영화 映画	보던 영화	입다 着る、 옷 服	입던 옷
믿다 信じる、 친구 友だち	믿던 친구	신다 履く、 구두 靴	신던 구두
피다 咲く、 꽃 花	피던 꽃	좋다 よい、 사이 間柄	좋던 사이
읽다 読む、 책 本	읽던 책	밝다 明るい、 방 部屋	밝던 방
울다 泣く、 아기 赤ちゃん	울던 아기	운동하다 運動する、 사람 人	운동하던 사람
짜다 塩辛い、 김치 キムチ	짜던 김치	싫어하다 嫌いだ、 음식 料理	싫어하던 음식
많다 多い、 돈 お金	많던 돈	마지막이다 最後だ、 날 日	마지막이던 날

＜ p301 ＞ 1《練習 2》

(1) 많던 돈이 다 없어졌어요． (2) 작년에 피던 꽃이 올해도 피었어요．

＜ p302 ＞ 2《練習 1》

例：보다見る、 영화映画	보았던 영화	입다 着る、 옷 服	입었던 옷
믿다 信じる、 친구 友だち	믿었던 친구	신다 履く、 구두 靴	신었던 구두
피다 咲く、 꽃 花	피었던 꽃	좋다 よい、 사이 間柄	좋았던 사이
읽다 読む、 책 本	읽었던 책	밝다 明るい、 방 部屋	밝았던 방
울다 泣く、 아기 赤ちゃん	울었던 아기	운동하다 運動する、 사람 人	운동했던 사람
짜다 塩辛い、 김치 キムチ	짰던 김치	싫어하다 嫌いだ、 음식 料理	싫어했던 음식
많다 多い、 돈 お金	많았던 돈	마지막이다 最後だ、 날 日	마지막이었던 날

＜ p303 ＞ 2《練習 2》

(1) 많았던 돈이 다 없어졌어요． (2) 작년에 피었던 꽃이 올해도 피었어요．

＜ p304 ＞ 3《練習 1》

例：보다 見る、 영화 映画	보았었던 영화	입다 着る、 옷 服	입었었던 옷
믿다 信じる、 친구 友だち	믿었었던 친구	신다 履く、 구두 靴	신었었던 구두
피다 咲く、 꽃 花	피었었던 꽃	좋다 よい、 사이 間柄	좋았었던 사이

읽다 読む、 책 本	읽었었던 책	밝다 明るい、 방 部屋	밝았었던 방
울다 泣く、 아기 赤ちゃん	울었었던 아기	운동하다 運動する、 사람 人	운동했었던 사람
짜다 塩辛い、 김치 キムチ	짰었던 김치	싫어하다 嫌いだ、 음식 料理	싫어했었던 음식
많다 多い、 돈　お金	많았었던 돈	마지막이다 最後だ、 노래 歌	마지막이었었던 노래

< p305 > 3《練習 2》

(1) 많았었던 돈이 다 없어졌어요 .　(2) 작년에 피었었던 꽃이 올해도 피었어요 .

< p305 >力試し

1 ①昨年、見た映画は忘れることができません。
②何年か前にソウルでチムジルバンに行ったことがあります。
③中学校のとき、学習塾（←英数学院）に通ったことがありますか。
④この文法は先日勉強した内容です。　⑤一昨年、かばんを買ったデパートがなくなりました。

2 ①한국 영화를 본 적이 있어요 ?　②골프를 친 적이 있어요 .
③이 맛은 어릴 때 먹었던 김밥의 맛과 같아요 .
④어제 만난 친구와 같이 식사를 했어요 .
⑤연락을 한 적이 있는데 답장이 없었어요 .

3 ①네 , 팬미팅에서 유명한 배우를 만났어요 .
②네 , 고등학교 때 뉴질랜드에서 홈스테이를 했어요 ./ 아뇨 , 한 번도 없어요 .

第 37 課

< p309 > 1《練習 1》

例：보다 見る、영화 映画	볼 영화	바쁘다 忙しい、때 とき	바쁠 때
닫다 閉める、창문 窓	닫을 창문	싫다 いやだ、때 とき	싫을 때
피다 咲く、꽃 花	필 꽃	삶다 ゆでる、계란 卵	삶을 계란
찾다 引き出す、돈 お金	찾을 돈	먹다 食べる、고기 肉	먹을 고기
웃다 笑う、사람 人	웃을 사람	의논하다 相談する、일 こと	의논할 일
쉬다 休む、시간 時間	쉴 시간	좋아하다 好きだ、차 お茶	좋아할 차
재미있다 面白い、때 とき	재미있을 때	학생이다 学生だ、때 とき	학생일 때

< p310 > 1《練習 2》

(1) 내일은 친구를 만날 예정이에요 .　(2) 이 가방은 서울에 갔을 때 샀어요 .

< p311 > 2《練習 1》

例：보다 見る	볼 거예요
먹다 食べる	먹을 거예요
넣다 入れる	넣을 거예요
빠르다 速い	빠를 거예요
좋다 よい	좋을 거예요
조용하다 静かだ	조용할 거예요
처음이다 初めてだ	처음일 거예요

＜ p311 ＞ 2《練習 2》

(1) 저는 서울역까지는 택시를 탈 거예요 .　(2) 내일은 날씨가 좋을 거예요 .

＜ p312 ＞ 3《練習 1》

例：보다 見る	볼까 해요
먹다 食べる	먹을까 해요
타다 乗る	탈까 해요
좋다 よい	좋을까 해요
있다 ある、いる	있을까 해요
약속하다 約束する	약속할까 해요
조용하다 静かだ	조용할까 해요
처음이다 初めてだ	처음일까 해요

＜ p313 ＞ 3《練習 2》

(1) 내년에 미국에 유학할까 해요 .　(2) 이번에는 안 가는 게 좋을까 해요 .

＜ p313 ＞力試し

1 ①来年、4泊5日で中国に行く予定です。　②インサドンで高校のときの友だちに会うつもりです。
③これからも一生懸命、運動します。　④ソウルに行ったとき、ミュージカルを見ました。
⑤今日はちょっと疲れたので、マッサージを受けようかと思います。

2 ①이번 주 주말에 이박 삼일로 일본에 갈 예정이에요 .　②저녁은 삼계탕을 먹을까 해요 .
③진도와 목포에 갈까 해요 .　④돈이 없을까 해서 용돈을 주었어요 .
⑤저도 그 소설을 읽을까 해요 .

3 ①친구를 만날까 해요 .　②내일 아침엔 샌드위치를 먹을 예정이에요 .

第 38 課

＜ p317 ＞ 1《練習 1》

例：가다 行く	갈 수 있어요	갈 수 없어요
먹다 食べる	먹을 수 있어요	먹을 수 없어요
사다 買う	살 수 있어요	살 수 없어요
잊다 忘れる	잊을 수 있어요	잊을 수 없어요
깎다 値切る	깎을 수 있어요	깎을 수 없어요
조사하다 調査する	조사할 수 있어요	조사할 수 없어요

＜ p317 ＞ 1《練習 2》

(1) 아직 티켓을 예약할 수 있어요 .　(2) 오늘은 시간이 없어서 만날 수 없어요 .

＜ p318 ＞ 2《練習 1》

보다 見る	볼 텐데요
먹다 食べる	먹을 텐데요
바쁘다 忙しい	바쁠 텐데요
좋다 よい	좋을 텐데요
있다 ある、いる	있을 텐데요
조용하다 静かだ	조용할 텐데요
처음이다 初めてだ	처음일 텐데요

＜ p318 ＞ 2《練習 2》

(1) 처음일 텐데 노래를 잘해요 .　(2) 지금 가면 늦을 텐데요 .

< p319 > 3《練習 1》

例：가다 行く	갈게요
먹다 食べる	먹을게요
기다리다 待つ	기다릴게요
믿다 信じる	믿을게요
다녀오다 行って来る	다녀올게요
전화하다 電話する	전화할게요

< p319 > 3《練習 2》

(1) 저 치마와 이 바지를 살게요 . (2) 화장실에 잠깐 다녀올게요 .

< p320 >力試し

1 ①明日、音楽会に行くことができますか。 ②電話をすることができません。
③まだ、彼女を忘れることができません。 ④このキムチを一度食べてみます。
⑤今行くと、ちょっと遅いはずです。

2 ①손님 , 더 이상 깎을 수 없어요 . ②인터넷에서 영화 티켓을 살 수 있어요 .
③한국 노래를 부를 수가 없어요 . ④제가 다무라 씨한테 연락할게요 .
⑤여기서는 택시를 탈 수가 없을 텐데요 .

3 ①네 , 운전할 수 있어요 ./ 아뇨 , 운전 못 해요 . ②네 , 잘 먹어요 ./ 아뇨 , 먹을 수 없어요 .

第 39 課

< p324 > 1《練習 1》

基本形	語幹	活用形Ⅰ	意志・推量	
例：가다 行く	가 -	가 -	가겠어요	가겠습니다
먹다 食べる	먹 -	먹 -	먹겠어요	먹겠습니다
쉬다 休む	쉬 -	쉬 -	쉬겠어요	쉬겠습니다
열다 開ける	열 -	열 -	열겠어요	열겠습니다
모이다 集まる	모이 -	모이 -	모이겠어요	모이겠습니다
조용하다 静かだ	조용하 -	조용하 -	조용하겠어요	조용하겠습니다

< p324 > 1《練習 2》

(1) 오늘은 저는 안 가겠습니다 . (2) 사람들이 많이 모이겠어요 .

< p325 >力試し

1 ①お客さん、何を召し上がりますか。 ②今日は私が部屋の掃除をします。
③私はあとで行きます。 ④だいぶ痛そうですね。 ⑤学校に行ってきます。

2 ①내일은 몇 시쯤 오시겠어요 ? ②저는 맥주로 하겠어요 . ③오늘은 비가 오겠어요 .
④요즘은 정말로 바쁘겠어요 . ⑤어제 스즈키 씨도 왔겠어요 .

3 ①비빔밥을 먹겠어요 . ②여행을 하겠어요 ./ 좋은 자동차를 사겠어요 .

第 40 課

< p330 > 1《練習 1》

基本形	語幹	活用形Ⅰ		活用形Ⅱ		活用形Ⅲ
例：살다 暮らす	살 -	살고	사는	살면	사세요	살아
놀다 遊ぶ	놀 -	놀고	노는	놀면	노세요	놀아
걸다 かける	걸 -	걸고	거는	걸면	거세요	걸어
열다 開ける	열 -	열고	여는	열면	여세요	열어
알다 わかる	알 -	알고	아는	알면	아세요	알아

불다 吹く	불 -	불고	부는	불면	부세요	불어
돌다 回る	돌 -	돌고	도는	돌면	도세요	돌아

＜ p330 ＞ 1《練習 2》

(1) 도서관이 여는 시간을 가르쳐 주세요 .

(2) 공원에서 놀고 있는 아이들이 많았어요 .

＜ p331 ＞ 2《練習 1》

基本形	語幹	活用形Ⅰ		活用形Ⅱ		活用形Ⅲ
例 : 달다 甘い	달 -	달고	답니다	달면	다세요	달아
길다 長い	길 -	길고	깁니다	길면	기세요	길어
잘다 細かい	잘 -	잘고	잡니다	잘면	자세요	잘아
멀다 遠い	멀 -	멀고	멉니다	멀면	머세요	멀어

＜ p332 ＞ 2《練習 2》

(1) 이건 긴 소설이에요 . (2) 집에서부터 학교까지는 멉니까 ?

＜ p333 ＞ 3《練習 1》

例 : 오다 来る	오잖아요	있다 ある、いる	있잖아요
사다 買う	사잖아요	비싸다 (値段が) 高い	비싸잖아요
기다리다 待つ	기다리잖아요	빠르다 速い	빠르잖아요
읽다 読む	읽잖아요	좋아하다 好きだ	좋아하잖아요
입다 着る	입잖아요	처음이다 初めてだ	처음이잖아요

＜ p333 ＞ 3《練習 2》

(1) 이 양복은 비싸잖아요 . (2) 하와이 여행은 처음이잖아요 .

＜ p333 ＞力試し

1 ①もう少しよく知りたいです。 ②日本には知っている友だちが多いです。
③電話をかけている人はだれですか。 ④甘い料理は好きじゃありません。
⑤このキムチはちょっと辛いじゃないですか。

2 ①지금 어디에 사세요 ? ②이건 아주 단 사과예요 .
③오늘 시험은 아는 문제가 많았어요 . ④바람이 세게 불고 있어요 .
⑤이 비빔밥은 맛있잖아요 .

3 ①네 , 골프 선수하고 야구 선수를 알아요 .
②네 , 단 음식을 좋아해요 ./ 아뇨 , 단 음식을 별로 안 좋아해요 .

第 41 課

＜ p337 ＞ 1《練習 1》

基本形	活用形Ⅰ	活用形Ⅱ	活用形Ⅲ
例 : 맵다 辛い	맵 −	매우 −	매워 −
例 : 입다 着る	입 −	입으 −	입어 −
가깝다 近い	가깝 −	가까우 −	가까워 −
눕다 横になる	눕 −	누우 −	누워 −
좁다 狭い	좁 −	좁으 −	좁아 −
어렵다 難しい	어렵 −	어려우 −	어려워 −
돕다 手伝う	돕 −	도우 −	도와 −
굽다 焼く	굽 −	구우 −	구워 −

＜ p338 ＞ 1《練習 2》

(1) 올해는 추운 날이 많아요 .　(2) 이 장미는 아주 아름다워요 .

＜ p339 ＞ 2《練習》

(1) 이 김치는 맵습니다 .　(2) 어려운 시험이었어요 .　(3) 어머니를 돕고 있어요 .
(4) 이 꽃은 아름답잖아요 .　(5) 가난한 사람을 도울 수 있어요 .
(6) 쉬운 문제는 없었어요 .　(7) 추우니까 창문을 닫으세요 .

＜ p339 ＞力試し

1 ①このメウンタンは味はいいですが、ちょっと辛いです。
②夜は静かですが、ちょっと暗かったです。　③この近くはちょっとうるさいですか。
④難しい問題は解きにくいです。　⑤春は暖かく、レンギョウ、ツツジが美しいです。
2 ①겨울에는 춥지만 여름에는 그다지 덥지 않아요 .
②이 장미는 아주 아름다워요 .　③이 김치는 맛있지만 좀 매워요 .
④숙제는 좀 많지만 공부는 즐거워요 .　⑤단풍도 아름답고 하늘도 높아요 .
3 ①여름에는 덥고 겨울에는 추워요 .　②발음이 어려워요 .

第 42 課

＜ p343 ＞ 1《練習 1》

基本形	活用形I	活用形II	活用形III
例：듣다 聞く	듣 −	들으 −	들어 −
例：얻다 得る	얻 −	얻으 −	얻어 −
닫다 閉める	닫 −	닫으 −	닫아 −
알아듣다 聞き取る	알아듣 −	알아들으 −	알아들어 −

＜ p343 ＞ 1《練習 2》

(1) 짐을 택시에 실었어요 .　(2) 자동차 안에서 라디오를 들었어요 .

＜ p344 ＞ 2《練習》

(1) 지금 라디오를 듣고 있어요 .　(2) 모르는 것이 있으면 물어 봐도 돼요 ?
(3) 그 사람 말은 믿지 못해요 .　(4) 학교에서 집까지 걸었어요 .
(5) 회사에 걸어서 갔어요 .　(6) 비행기에 짐을 실었어요 .
(7) 자동차에 짐을 싣고 갔어요 .

＜ p346 ＞ 3《練習 1》

例：보다 見る	보거든요	먹다 食べる	먹거든요
만나다 会う	만나거든요	늦다 遅い	늦거든요
마시다 飲む	마시거든요	열다 開ける	열거든요
자다 寝る	자거든요	사과하다 謝る	사과하거든요
예쁘다 かわいい	예쁘거든요	조용하다 静かだ	조용하거든요
있다 ある、いる	있거든요	돈이다 お金だ	돈이거든요

＜ p346 ＞ 3《練習 2》

(1) 여름에는 비가 많이 오거든요 .　(2) 매일 아침에 빵과 우유를 먹거든요 .

< p347 > 4《練習 1》

例：보다 見る	봐 버렸어요	먹다 食べる	먹어 버렸어요
만나다 会う	만나 버렸어요	눕다 横になる	누워 버렸어요
마시다 飲む	마셔 버렸어요	싣다 載せる	실어 버렸어요
자다 寝る	자 버렸어요	잃다 なくす	잃어버렸어요
잠들다 寝入る	잠들어 버렸어요	말하다 話す、言う	말해 버렸어요

< p348 > 4《練習 2》

(1) 술을 마셔 버렸어요 .　(2) 비밀을 말해 버렸어요 .

< p348 >力試し

1 ①私もその音楽を一度聞いてみたことがあるからです。
　②難しい内容は友だちに聞いてみました。 ③自動車に荷物は全部載せましたか。
　④今日は学校まで歩いて行きました。 ⑤昨晩は早く寝てしまいました。
2 ①책 제목을 깜빡 잊어버렸어요 .　②이 노래 들은 적이 있거든요 .
　③저녁을 먼저 먹어 버렸어요 .　④저 트렁크를 자동차에 실어 주세요 .
　⑤그 이야기를 들어 봤어요 .
3 ①한국 노래예요 ./ 엔카예요 .　②사과해요 .

第 43 課

< p352 > 1《練習 1》

基本形	活用形Ⅰ	活用形Ⅱ	活用形Ⅲ
例：모르다 わからない	모르 –	모르 –	몰라 –
다르다 違う	다르 –	다르 –	달라 –
자르다 切る	자르 –	자르 –	잘라 –
누르다 押す	누르 –	누르 –	눌러 –

< p352 > 1《練習 2》

(1) KTX 는 아주 빨랐어요 .　(2) 수박을 잘랐어요 .

< p353 > 2《練習》

(1) 고양이를 기르고 있어요 .　(2) 잘 몰라서 물어봤어요 .
(3) 리듬이 별로 다르지 않아요 .　(4) 그 사람은 잘 몰랐어요 .
(5) 회사에 이른 시간에 갔어요 .　(6) 다 같이 노래를 불렀어요 .
(7) 이 사과를 잘라 주세요 .

< p355 > 3《練習 1》

例：보다 見る	보면서	먹다 食べる	먹으면서
만나다 会う	만나면서	늦다 遅い	늦으면서
마시다 飲む	마시면서	열다 開ける	열면서
자다 寝る	자면서	연락하다 連絡する	연락하면서
예쁘다 かわいい	예쁘면서	얌전하다 おとなしい	얌전하면서
있다 ある、いる	있으면서	의사이다 医者だ	의사이면서

< p355 > 3《練習 2》

(1) 밥을 먹으면서 텔레비전을 봐요 .　(2) 의사이면서 시인이에요 .

< p356 >力試し

1 ①今日の試験は難しかったですか。　②この前の試験よりちょっと易しかったです。
　③みんなでいっしょに韓国の歌を歌いましたか。

④インチョン空港で乗った電車はとても速かったです。
⑤よく知らないまま、歌を歌いました。
2 ①전화번호가 달라서 연락이 안 됐어요 . ②텔레비전을 보면서 밥을 먹었어요 .
③버스보다 빨라서 좋았어요 . ④주소를 잘 몰라서 보낼 수가 없었어요 .
⑤한국 노래를 불러 보세요 .
3 ①아버지를 부를 때「파파」라고 불러요 ./ 동생을 부를 때「다로」라고 불러요 .
②네 , 잘 알아요 ./ 아뇨 , 잘 몰라요 .

第 44 課

＜ p360 ＞ 1《練習 1》

基本形	活用形 I	活用形 II	活用形 III
例：낫다 治る	낫 −	나으 −	나아 −
例：웃다 笑う	웃 −	웃으 −	웃어 −
긋다 線を引く	긋 −	그으 −	그어 −
빗다 髪をとかす	빗 −	빗으 −	빗어 −
벗다 脱ぐ	벗 −	벗으 −	벗어 −

＜ p361 ＞ 1《練習 2》
(1) 신라시대에 지은 절이에요 . (2) 겨우 감기가 나았어요 .

＜ p361 ＞ 2《練習》
(1) 집을 짓고 있어요 . (2) 이제 감기가 다 나았어요 . (3) 두통이 다 나은 것 같아요 .
(4) 밥을 맛있게 지어서 먹었어요 . (5) 손발을 깨끗하게 씻었어요 .
(6) 냄비에 물을 붓고 라면을 끓였어요 . (7) 그것보다 이게 더 나아요 .

＜ p363 ＞ 3《練習 1》

例：보다 見る	볼 것 같아요	먹다 食べる	먹을 것 같아요
만나다 会う	만날 것 같아요	늦다 遅い	늦을 것 같아요
마시다 飲む	마실 것 같아요	열다 開ける	열 것 같아요
자다 寝る	잘 것 같아요	연락하다 連絡する	연락할 것 같아요
예쁘다 かわいい	예쁠 것 같아요	얌전하다 おとなしい	얌전할 것 같아요
있다 ある、いる	있을 것 같아요	의사이다 医者だ	의사일 것 같아요

＜ p363 ＞ 3《練習 2》
(1) 길이 밀려서 오늘은 지각할 것 같아요 . (2) 내일은 비가 올 것 같아요 .

＜ p363 ＞力試し
1 ①頭痛はまだ、全部治っていません。 ②明日あたり、行くようです。
③この生姜茶は熱いとき、よく混ぜてください。 ④お湯を注いでください。
⑤そのデパートは建ててから 50 年が経ちました。
2 ①아직 감기는 안 나았어요 ? ②이 인삼차는 더운물을 붓고 잘 저어서 드세요 .
③이 약을 먹으면 금방 몸살이 나을 것 같아요 . ④두 점을 이으세요 .
⑤새로 큰 집을 지을 것 같아요 .
3 ①잠을 많이 자요 ./ 생강차를 마셔요 . ②십 년쯤 됐어요 ./ 잘 모르겠어요

第 45 課

< p367 > 1《練習 1》

基本形	活用形Ⅰ	活用形Ⅱ	活用形Ⅲ
例：그렇다 そうだ	그렇 –	그러 –	그래 –
노랗다 黄色い	노랗 –	노라 –	노래 –
이렇다 こうだ	이렇 –	이러 –	이래 –
까맣다 黒い	까맣 –	까마 –	까매 –

< p368 > 1《練習 2》

(1) 노란 손수건을 흔들었어요 . (2) 토끼 눈은 빨갰어요 .

< p368 > 2《練習》

(1) 빨간 원피스를 입고 있어요 . (2) 오늘은 하늘이 파랬어요 .
(3) 요즘도 이런 넥타이가 유행해요 . (4) 집이 늘 이래요 .
(5) 하늘도 파랗고 바다도 파래요 . (6) 그런 영화보다 이런 영화가 더 재미있어요 .
(7) 이 사과는 빨개요 .

< p369 > 3《練習 1》

例：보다 見る	볼래요 ?	먹다 食べる	먹을래요 ?
만나다 会う	만날래요 ?	잊다 忘れる	잊을래요 ?
마시다 飲む	마실래요 ?	열다 開ける	열래요 ?
자다 寝る	잘래요 ?	연락하다 連絡する	연락할래요 ?
있다 いる	있을래요 ?	생각하다 考える	생각할래요 ?

< p370 > 3《練習 2》

(1) 좀 더 기다릴래요 ? (2) 언제 영화를 보러 갈래요 ?

< p371 > 4《練習 1》

例：보다 見る	보면 돼요	먹다 食べる	먹으면 돼요
만나다 会う	만나면 돼요	잊다 忘れる	잊으면 돼요
마시다 飲む	마시면 돼요	걷다 歩く	걸으면 돼요
자다 寝る	자면 돼요	달콤하다 甘い	달콤하면 돼요
있다 ある、いる	있으면 돼요	사랑하다 愛する	사랑하면 돼요
크다 大きい	크면 돼요	어린아이다 子どもだ	어린아이면 돼요

< p371 > 4《練習 2》

(1) 좀 더 빨가면 될 텐데 . (2) 매일 걸으면 돼요 .

< p372 >力試し

1 ①今日、ソウルの天気はいかがですか。 ②黄色いチューリップがたくさん咲いています。
③天気がよくて､空が青いです。 ④冬は黒い服を着ますか。 ⑤その俳優は顔が白かったです。
2 ①하늘 색이 파래요 . ②빨간 장미꽃을 샀어요 . ③가을 하늘이 아주 파랬어요 .
④이 한정식은 어때요 ? ⑤하얀 눈이 많이 내렸어요 .
3 ①빨주노초파남보 , 빨강 , 주황 , 노랑 , 초록 , 파랑 , 남색 , 보라예요
②네 , 파래요 . / 아뇨 , 안 파래요 .

第 46 課

＜ p377 ＞ 1《練習 1》

基本形	活用形I	活用形II	活用形III
例：바쁘다 忙しい	바쁘 −	바쁘 −	바빠
쓰다 書く	쓰 −	쓰 −	써
기쁘다 うれしい	기쁘 −	기쁘 −	기뻐
슬프다 悲しい	슬프 −	슬프 −	슬퍼
담그다 漬ける	담그 −	담그 −	담가
배고프다 お腹がすく	배고프 −	배고프 −	배고파

＜ p377 ＞ 1《練習 2》

(1) 그 영화는 아주 슬펐어요 .　(2) 오늘은 바빠서 못 갔어요 .

＜ p378 ＞ 2《練習》

(1) 나쁜 사람들은 없었어요 .　(2) 회비를 모아서 보냈어요 .
(3) 아주 기쁜 소식이 있어요 .　(4) 부모님께 편지를 써요 .
(5) 소설도 슬프고 영화도 슬퍼요 .　(6) 오늘은 바빠서 모임에 못 갔어요 .
(7) 처음으로 혼자서 김치를 담가 봤어요 .

＜ p379 ＞ 3《練習 1》

例：보다 見る	보지 마세요	먹다 食べる	먹지 마세요
만나다 会う	만나지 마세요	잊다 忘れる	잊지 마세요
마시다 飲む	마시지 마세요	걷다 歩く	걷지 마세요
자다 寝る	자지 마세요	찾다 探す	찾지 마세요
깎다 値切る	깎지 마세요	사랑하다 愛する	사랑하지 마세요

＜ p380 ＞ 3《練習 2》

(1) 약속을 잊지 마세요 .　(2) 술을 너무 많이 마시지 마세요 .

＜ p380 ＞力試し

1 ①最近は毎日、日記を書きます。　②小学校のときの友だちに会うことができてうれしいです。
③昨日は忙しすぎて行けませんでした。　④賞をもらったので、うれしい顔をしました。
⑤大きいことは大きかったですが、あまりおいしくなかったです。

2 ①열심히 공부해서 배고파요 .　②고향에 계시는 부모님께 편지를 써요 .
③합격할 수 있어서 아주 기뻐요 .　④귀여운 우표를 모았어요 .
⑤오늘은 여행 준비로 바빠요 .

3 ①아주 바빠요 ./ 별로 안 바빠요 .　②약속을 잊지 마세요 ./ 늦지 마세요 .

第 47 課

＜ p384 ＞ 1《練習 1》

例：가다 行く	가야 돼요	낫다 治る	나아야 돼요
만나다 会う	만나야 돼요	빨갛다 赤い	빨개야 돼요
마시다 飲む	마셔야 돼요	걷다 歩く	걸어야 돼요
자다 寝る	자야 돼요	찾다 探す	찾아야 돼요
깎다 値切る	깎아야 돼요	사랑하다 愛する	사랑해야 돼요
맵다 辛い	매워야 돼요	택시이다 タクシーだ	택시여야 돼요

＜ p385 ＞ 1《練習 2》

(1) 친구를 만나야 돼요 .　(2) 겨울은 추워야 돼요 .

< p386 > 2《練習 1》

例：보다 見る	보기 전에	입다 着る	입기 전에
닫다 閉める	닫기 전에	신다 履く	신기 전에
타다 乗る	타기 전에	묵다 泊まる	묵기 전에
닦다 磨く	닦기 전에	굽다 焼く	굽기 전에
넣다 入れる	넣기 전에	지각하다 遅刻する	지각하기 전에

< p386 > 2《練習 2》

(1) 아침을 먹기 전에 이를 닦아요 . (2) 자기 전에 텔레비전을 봐요 .

< p386 >力試し

1 ①卒業する前に就職しなければなりません。 ②この映画を見たあとで行きましょう。
③ここでもう少し待ってもいいですか。 ④夜は早く寝なければなりません。
⑤みんなでいっしょに仲良く食べなければなりません。

2 ①비가 오기 전에 빨리 가야 돼요 . ②밥을 먹은 다음에 가요 .
③영화는 내일 봐도 돼요 . ④매일 아침을 제대로 먹어야 돼요 .
⑤리포트는 내일까지 내야 돼요 ?

3 ①내일까지 편지를 써야 돼요 ./ 친구 선물을 사야 돼요 .
②네 , 오늘은 일요일이니까 안 가도 돼요 ./ 아뇨 , 가야 돼요 .

第 48 課

< p390 > 1《練習 1》

例：가다 行く	간 지	입다 着る	입은 지
닫다 閉める	닫은 지	신다 履く	신은 지
잊다 忘れる	잊은 지	묵다 泊まる	묵은 지
피우다 吸う	피운 지	가르치다 教える	가르친 지
끊다 止める	끊은 지	공부하다 勉強する	공부한 지

< p390 > 1《練習 2》

(1) 담배를 끊은 지 일 년이 지났어요 . (2) 이 호텔에 묵은 지 삼일째예요 .

< p391 > 2《練習 1》

例：보다 見る	볼 줄 알아요	입다 着る	입을 줄 알아요
닫다 閉める	닫을 줄 알아요	신다 履く	신을 줄 알아요
타다 乗る	탈 줄 알아요	많다 多い	많을 줄 알아요
닦다 磨く	닦을 줄 알아요	춥다 寒い	추울 줄 알아요
넣다 入れる	넣을 줄 알아요	조용하다 静かだ	조용할 줄 알아요

< p391 > 2《練習 2》

(1) 동생은 자전거를 탈 줄 알아요 . (2) 그 가방이 그렇게 비쌀 줄 은몰랐어요 .

< p392 > 3《練習 1》

例：보다 見る	보게 돼요	입다 着る	입게 돼요
만나다 会う	만나게 돼요	신다 履く	신게 돼요
잊다 忘れる	잊게 돼요	묵다 泊まる	묵게 돼요
예쁘다 かわいい	예쁘게 돼요	깨끗하다 きれいだ	깨끗하게 돼요
좋다 よい	좋게 돼요	공부하다 勉強する	공부하게 돼요

< p393 > 3《練習 2》

(1) 내일 친구를 만나게 됐어요 . (2) 서울에 살게 됐어요 .

＜p393＞力試し

1 ①ビビンバがこんなにおいしいとは思いませんでした。
②運転を習ってから 2 週間も過ぎました。 ③最近、テニスの腕がだいぶ上がりました。
④いまやっとビビンバが作れるようになりました。 ⑤毎朝、早く起きられるようになりました。

2 ①한국어를 배운 지 벌써 네 달이나 지났어요 . ②테니스 실력도 늘게 됐어요 .
③자동차 운전도 할 수 있게 됐어요 . ④이렇게 핸드백이 비쌀 줄 몰랐어요 .
⑤그렇게 후지산이 높을 줄 몰랐어요 .

3 ①네 , 조금 할 줄 알아요 ./ 아직 잘 못 해요 . ②일년이 됐어요 ./ 육 개월이 지났어요 .

第 49 課

＜p398＞2《練習 1》

例：보다 見る	볼지 몰라요	빠르다 速い	빠를지 몰라요
만나다 会う	만날지 몰라요	놀다 遊ぶ、休む	놀지 몰라요
웃다 笑う	웃을지 몰라요	묵다 泊まる	묵을지 몰라요
울다 泣く	울지 몰라요	춥다 寒い	추울지 몰라요
잊다 忘れる	잊을지 몰라요	산책하다 散歩する	산책할지 몰라요
돕다 手伝う	도울지 몰라요	학생이다 学生だ	학생일지 몰라요

＜p398＞2《練習 2》

(1) 오늘 백화점은 놀지 몰라요 . (2) 선생님 따님은 대학생일지도 모르겠어요 .

＜p399＞3《練習 1》

例：좋다 よい	좋다면	길다 長い	길다면
춥다 寒い	춥다면	짧다 短い	짧다면
덥다 暑い	덥다면	예쁘다 きれいだ	예쁘다면
빠르다 速い	빠르다면	슬프다 悲しい	슬프다면
늦다 遅い	늦다면	조용하다 静かだ	조용하다면

＜p399＞3《練習 2》

(1) 춥다면 창문을 닫아도 돼요 . (2) 머리가 길다면 커트해 드릴게요 .

＜p400＞4《練習 1》

例：보다 見る	보더라도	춥다 寒い	춥더라도
만나다 会う	만나더라도	참다 我慢する	참더라도
잊다 忘れる	잊더라도	배고프다 お腹がすく	배고프더라도
예쁘다 かわいい	예쁘더라도	깨끗하다 きれいだ	깨끗하더라도
힘들다 大変だ	힘들더라도	포기하다 諦める	포기하더라도

＜p401＞4《練習 2》

(1) 힘들더라도 포기하지 않아요 . (2) 배가 고프더라도 참아요 .

＜p401＞力試し

1 ①彼女といっしょに買い物をして、映画を見た。 ②今度の冬は雪もたくさん降って、寒い。
③最近、よくサムギョプサルを食べる。 ④この白いかばんは高すぎる。
⑤明日の夜はたまたま約束がある。

2 ①내일은 회사에 안 간다. ②여름은 덥고 겨울은 춥다. ③그 영화는 아주 재미있었다.
④오래간만에 신오쿠보에 가서 갈비를 먹었다. ⑤잘 모르더라도 공부를 계속해야 한다.

3 ①네 , 열심히 공부할 것 같아요 . ②한국말을 잘할 것 같아요 .

第 50 課

＜ p405 ＞ 1《練習 1》

例：보다 見る	봅시다	씻다 洗う	씻읍시다
닫다 閉める	닫읍시다	찍다 撮る	찍읍시다
타다 乗る	탑시다	싣다 載せる	실읍시다
닦다 磨く	닦읍시다	돕다 手伝う	도웁시다
기다리다 待つ	기다립시다	이야기하다 話す	이야기합시다

＜ p405 ＞ 1《練習 2》

(1) 열 두 시까지 기다립시다 .　(2) 내일 만나서 이야기합시다 .

＜ p406 ＞ 2《練習 1》

例：보다 見る	보십시오	씻다 洗う	씻으십시오
닫다 閉める	닫으십시오	찍다 撮る	찍으십시오
타다 乗る	타십시오	싣다 載せる	실으십시오
닦다 磨く	닦으십시오	돕다 手伝う	도우십시오
기다리다 待つ	기다리십시오	이야기하다 話す	이야기하십시오

＜ p406 ＞ 2《練習 2》

(1) 이 택시를 타십시오 .　(2) 앞으로의 꿈을 이야기하십시오 .

＜ p406 ＞力試し

1 ①おかげさまでいいプレゼントをたくさん買うことができました。
②いつも初めてのようにという心構えで生きていきましょう。
③明日の夜、ロッテ百貨店の入り口で会いましょう。　④ご両親のお話を忘れないでください。
⑤これからもたまに近況をお伝えします。

2 ①자 , 식기 전에 먹읍시다 .　②그가 올 때까지 좀 더 기다립시다 .
③성함을 이 종이에 적으십시오 .　④이 책을 천천히 읽으십시오 .
⑤자신을 가지고 공부를 계속하십시오 .

3 略

単語集

韓国語	日本語訳
ㄱ	
가게	店
가격	価格
가까이	近く
가깝다	近い
가난하다	貧しい
가다	行く
가루약	粉薬
가르치다	教える
가방	かばん
가볍다	軽い
가수	歌手
가위	はさみ
가을	秋
가장	最も
가져가다	持って行く
가족	家族
가지다	持つ
가짜	にせもの
간	～間
갈비	カルビ
갈비집	カルビ専門店
감기	風邪
감다	髪を洗う
감사하다	感謝する
갑자기	急に
값	値段
강	川
강아지	子犬
갖다	持つ
같다	同じだ
같이	一緒に、～みたいに、～のように
개	～個
개	犬
개나리	レンギョウ
개똥벌레	ホタル
개월	～か月
거	こと、もの
거기	そこ
거리	距離
거짓말	嘘
걱정(하다)	心配（する）
건	ことは、ものは
건강(하다)	健康（だ）
건강검진	健康診断
건물	建物
걷다	歩く
걸	ことを、ものを
걸다	かける
걸로	ことに、ものに
걸리다	（時間が）かかる、（病気に）かかる
걸어오다	歩いて来る
검다	黒い
검은색	黒色
검토하다	検討する
것	こと、もの
게	ことが、ものが
게임	ゲーム
겨울	冬
결과	結果
결국	結局
결론	結論

결혼(하다)	結婚（する）
경주	慶州
경찰	警察
경험	経験
계란	たまご
계산하다	計算する
계속	ずっと
계속하다	続ける
계시다	いらっしゃる
계절	季節
고구마	さつまいも
고기	肉
고등어	サバ
고등학교	高校
고르다	選ぶ
고맙다	ありがたい
고생하다	苦労する
고속버스터미널	高速バスターミナル
고양이	猫
고추장	コチュジャン
고프다	お腹がすく
고향	故郷、ふるさと
곧	すぐ、もうすぐ
골프	ゴルフ
곰	クマ
곳	所
공부(하다)	勉強（する）
공짜	ただ、無料
공포 영화	ホラー映画
공항	空港
과	学科
과일	果物
과자	お菓子
괜찮다	大丈夫だ
굉장히	すごく
교과서	教科書
교사	教師
교실	教室
교통	交通
교통비	交通費
교회	教会
구	九
구간	～区間
구경	見物
구구	九九
구기	球技
구내식당	社内食堂
구두	靴
구름	雲
구월	9月
구청	区役所
국	スープ
국내	国内
국립박물관	国立博物館
국물	汁
국민	国民
국밥	クッパ
군인	軍人
굳다	固い、硬い、堅い
굳다	固まる
굳이	あえて
굵다	太い
굽다	焼く
권	～冊
귀	耳
귀국하다	帰国する
귀엽다	かわいい
그	その
그거	それ
그건	それは
그걸	それを
그것	それ
그게	それが
그날	その日
그냥	ただ
그다지	あまり
그동안	その間
그때	そのとき

그래도	でも
그러니까	だから
그러면	では、じゃあ
그런	そんな
그런대로	それなりに
그런데	ところで
그럼	では、じゃあ
그렇게	そんなに
그렇다	そうだ
그룹	グループ
그릇	器
그리다	描く
그림	絵
그분	その方
그저께	一昨日
그쪽	そちら、そっち
근처	近く
글쎄	さあ
금방	すぐ
금요일	金曜日
급행	急行
긋다	(線を) 引く
기구	器具
기념	記念
기다리다	待つ
기르다	養う、飼う
기본요금	初乗り
기뻐하다	喜ぶ
기쁘다	うれしい
기숙사	寮
기억	記憶
기억하다	覚える
기회	機会
길	道、道路
길다	長い
김	のり
김밥	のり巻き
김장	キムジャン
김치	キムチ
김치찌개	キムチチゲ
김포공항	金浦空港
깊이	深く
까맣다	真っ黒だ
까치	カササギ
깍두기	カクテキ
깎다	値切る
깜빡	うっかり
깨	ゴマ
깨끗이	きれいに
깨끗하다	きれいだ、清潔だ
깨닫다	気づく、悟る
깨지다	割れる
꼭	ぜひ、必ず
꽃	花
꽃등심	霜降り
꽃집	花屋
꽤	かなり
꾸다	夢を見る
꿈	夢
끄다	(電気などを) 消す
끊다	切る
끌다	引く
끓이다	沸かす、作る
끝	終わり
끝나다	終わる
끝내다	終える

ㄴ

나	わたし、ぼく、おれ
나가다	出かける
나누다	分ける
나다	出る
나라	国
나무	木
나쁘다	悪い

나오다	出る、出て来る
나이	年、年齢
나중에	後で
낚시	釣り
날	日
날씨	天気、天候
남기다	残す
남다	残る
남동생	弟
남색	藍色
남자	男
남자 친구	ボーイフレンド
낫다	治る、ましだ
낮	昼
낮다	低い
낱말	単語
내	わたしの、ぼくの
내년	来年
내다	出す、払う
내리다	降りる、降ろす、降る、下す
내일	明日
냄비	鍋
냉면	冷麺
냉장고	冷蔵庫
너	あなた、お前
너무	あまりに、~すぎる
너무너무	とっても
넓다	広い
넣다	入れる
네	ええ、はい
네	四つの
네모	四角
넷	四つ
년	~年
노랑	黄色
노랗다	黄色い
노래	歌
노래방	カラオケ
노력	努力
노력하다	努力する
노트	ノート
놀다	遊ぶ
놀라다	驚く
높다	高い
놓다	置く
놓아두다	置いておく
놓치다	逃す、乗り遅れる
누구	誰
누나	(弟から見て) 姉
눈	目
눈	雪
눈 깜짝할 사이에	あっという間に
눈물	涙
눈썹	眉毛
눕다	横になる
뉴스	ニュース
느끼다	感じる
느낌	感じ
느리다	遅い
늘	いつも
늘다	増える、伸びる
늦다	遅い、遅れる
늦잠	寝坊

ㄷ

다	すべて
다녀오다	行って来る
다니다	通う
다다음주	再来週
다다음달	再来月
다다음해	再来年
다르다	違う
다른	ほかの
다섯	五つ (の)
다시	再び、また
다시 한 번	もう一度

다음	次
다음다음주	再来週
다음다음달	再来月
다음 달	来月
다음 주	来週
다음 해	翌年
다행	幸い
닦다	みがく、拭く
단어	単語
단풍	紅葉
닫다	閉める、閉じる
달다	甘い
달라지다	変わる
달러	ドル
달리기	徒競争
달리다	走る
닭	鶏
닭갈비	タッカルビ
닮다	似る
담그다	漬ける
담배	タバコ
담요	毛布
답	答え
답장	（手紙などの）返事
당일치기	日帰り
닿다	届く
대	～台
대단하다	すごい
대답하다	答える
대신	かわり（に）
대청소	大掃除
대통령	大統領
대학	大学
대학교	大学
대학생	大学生
대히트	大ヒット
댁	お宅
댄스	ダンス
더	もっと
더욱	もっと
더 이상	これ以上
덕분에	おかげで
덥다	暑い
데	～ところ
도대체	いったい
도서관	図書館
도시	都市
도시락	弁当
도와주다	手伝う
도착 (하다)	到着（する）
도쿄	東京
독서	読書
돈	お金
돌다	回る
돌아가다	帰る
돕다	手伝う、助ける
동네	近所、まち
동대문시장	東大門市場
동생	弟、妹
동아리	サークル
동안	間
돼지	豚
되다	なる
된장	味噌
두	二つの
두근거리다	ドキドキする
두다	置く
두부	豆腐
두통	頭痛
둘	二つ
둘러보다	見回る
뒤	後
드디어	ついに、とうとう
드라마	ドラマ
드라이브	ドライブ
드리다	差し上げる

드림	拝
드시다	召し上がる
듣기	聞き取り
듣다	聞く
들	～たち
들다	（気が）する、（気に）入る、持つ、持ち上げる
들르다	寄る、立ち寄る
등	など
등산	山登り
디자인	デザイン
디즈니랜드	ディズニーランド
따님	娘さん
따뜻하다	暖かい、温かい
따르다	従う、ついていく、注（つ）ぐ
딱	ちょうど、ぴったり
딸	娘
땀	汗
딸기	イチゴ
때	時
떠나다	去る
떠들다	騒ぐ
떡볶이	トッポキ
떡집	餅屋
떨어지다	落ちる
또	また
똑똑하다	利口だ
뛰다	走る、跳ぶ
뜻	意味
띄다	（目に）つく

ㄹ

라디오	ラジオ
라면	ラーメン
롯데백화점	ロッテデパート
리듬	リズム
리포트	レポート

ㅁ

마라톤	マラソン
마리	～匹
마사지	マッサージ
마시다	飲む
마쓰리	祭り
마음	心、気持ち
마음가짐	心構え
마음대로	自由に、好きなように
마지막	最後
마치다	終わる
마침	ちょうど、あいにく
마흔	四十（の）
막걸리	マッコリ
만	万
만나다	会う
만들다	作る
만족하다	満足だ、満足する
만화	漫画
많다	多い
많아지다	多くなる
많이	たくさん
맏이	長男、長女
말	言葉
말다	やめる
말씀	お言葉、お話
말씀하시다	おっしゃる
말하기	スピーキング
말하다	言う
맑음	晴れ
맛	味
맛없다	まずい
맛있다	おいしい
맞다	合う
맞추다	合わせる
맡기다	任せる
매일	毎日
매주	毎週

맵다	辛い
머리	頭
먹다	食べる
먼저	まず、先に
멀다	遠い
멀리	遠く（に）
멋있다	かっこいい、素敵だ
멋지다	かっこいい、素敵だ
메뉴	メニュー
메모	メモ
메아리	こだま
메일	メール
며칠	何日
명	～人、～名
명함	名刺
몇	何～
몇 해	何年間
모두	すべて、みんな
모든	すべての、あらゆる
모레	あさって
모르다	知らない、分からない
모으다	集める
모이다	集まる
모임	集まり
모자	帽子
모자라다	足りない
목	首、のど
목걸이	ネックレス
목요일	木曜日
목욕(하다)	入浴（する）
몸	体
몸살	モムサル
무겁다	重い
무렵	頃
무료	無料
무리하다	無理する
무사히	無事に
무슨	何の、どんな
무슨 요일	何曜日
무엇	何
무지개	虹
묵다	泊まる
문	ドア
문법	文法
문자 메시지	携帯電話のメール
문제	問題
문제없다	問題ない
묻다	尋ねる、きく
물	水、お湯
물냉면	ムル冷麺
물론	もちろん
뭐	何
뭔가	何か
뭘	何を
뮤지컬	ミュージカル
미국	アメリカ
미닫이	引き戸
미리	あらかじめ、前もって
미술관	美術館
미안하다	すまない
믿다	信じる
밀다	押す
밀리다	渋滞する
밑	下

ㅂ

바꾸다	変える
바뀌다	変わる
바나나	バナナ
바다	海
바다낚시	海釣り
바둑	囲碁
바람	風
바르다	正しい、塗る
바보	馬鹿
바쁘다	忙しい

바지	ズボン
박	～泊
박수	拍手
밖	外
반	クラス
반	半
반갑다	うれしい
반드시	必ず
반지	指輪
반찬	おかず
받다	もらう、受け取る
받침	パッチム
발	足
발가락	足の指
발음	発音
밝다	明るい
밤	夜
밤늦다	夜遅い
밥	ごはん
방	部屋
방과	放課
방법	方法
방학	夏休み、冬休み
밭	畑
배	梨
배	おなか、腹
배	船
배고프다	お腹がすく
배우	俳優
배우다	習う、学ぶ
백	百
백화점	デパート
버스	バス
번	～度、～回、～番
번호	番号
벌써	もう
법	やり方
벗다	脱ぐ
베다	切る
변하다	変わる
별	星
별로	あまり
별의별	いろいろな
병	～本
병원	病院
보기	例
보내다	送る
보다	見る
보라	紫色
보이다	見える、見せる
보자기	ポジャギ、ふろしき
보통	普通、普段
복	福
복도	廊下
복숭아	桃
복잡하다	複雑だ
볼펜	ボールペン
봄	春
부끄럽다	恥ずかしい
부대찌개	プデチゲ
부두	埠頭
부럽다	うらやましい
부르다	歌う、呼ぶ
부모	両親
부모님	ご両親
부부	夫婦
부분	部分
부산	釜山
부자	金持ち
부탁	お願い
부탁하다	お願いする
북어	干しスケトウダラ
분	～分
분	方（かた）
분위기	雰囲気
불	火、火事

불고기	プルゴギ
불고기집	焼肉屋
불다	吹く
불편하다	不便だ
붉다	赤い
붐비다	混む
붓다	腫れる
붓다	注（そそ）ぐ
비	雨
비디오	ビデオ
비밀	秘密
비비다	混ぜる
비빔냉면	ビビン冷麺
비빔밥	ビビンバ
비싸다	（値段が）高い
비행기	飛行機
빈대떡	ピンデトック
빌리다	借りる
빗	くし
빚	借金
빛	光
빠르다	速い
빨강	赤色
빨갛다	赤い
빨래	洗濯
빨리	速く
빨리빨리	速く速く
빵	パン
빵집	パン屋
빼앗다	奪う
뻐꾸기	カッコウ
뼈	骨
뽀뽀	チュー（キス）

ㅅ

사	四
사과	りんご
사극	時代劇
사다	買う
사람	人
사랑	愛
사랑니	親知らず
사모님	奥様
사실	事実
사월	4月
사이	仲
사인	サイン
사장님	社長さん
사전	辞書
사정	都合
사진	写真
산	山
산책하다	散歩する
살	～歳
살다	住む、暮らす、生きる
살살	ふわっと
살아가다	生きていく
삶	生（せい）
삶다	ゆでる、煮る
삼	三
삼각김밥	おにぎり
삼겹살	サムギョプサル
삼계탕	サムゲタン
삼월	3月
상	賞
상의하다	相談する、話し合う
상자	箱
새	鳥
색깔	色
생각	考え、思い
생각하다	考える、思う
생선	魚
생수	ミネラルウォーター
생신	お誕生日
생일	誕生日
생활	生活

샤워	シャワー
서다	立つ、停まる
서두르다	急ぐ
서로	互いに
서류	書類
서른	三十（の）
서비스	サービス
서울	ソウル
서점	本屋、書店
선	線
선물	プレゼント、おみやげ
선배	先輩
선생님	先生
설날	正月
설명하다	説明する
성함	お名前
세	三つの
세다	数える
세상	世の中
세수	洗面
세월	歳月、年月
셋	三つ
소개하다	紹介する
소설	小説
소식	近況
소주	焼酎
소파	ソファー
손	手
손가락	手の指
손발	手足
손수건	タオル
솟다	わく、突き出る
쇼크	ショック
쇼핑 (하다)	ショッピング（する）、買い物（する）
수도	水道
수박	スイカ
수업	授業
수요일	水曜日
수학	数学
숙제	宿題
순대	スンデ
숟가락	スプーン
술	お酒
술값	飲み代
술집	飲み屋
쉬다	休む
쉰	五十（の）
쉽다	易しい
슈퍼	スーパー（マーケット）
스무	二十の
스물	二十
스승	先生、師匠
스케치북	スケッチブック
스키	スキー
스포츠	スポーツ
스피치	スピーチ
슬퍼하다	悲しむ
슬프다	悲しい
시	～時
시간	時間
시계	時計
시소	シーソー
시원하다	涼しい、気持ちいい
시월	10月
시작	始まり
시작하다	始める、始まる
시장	市場
시집	詩集
시청	市役所、市庁
시키다	注文する
시험	試験
시험공부	試験勉強
식구	家族
식다	冷める
식당	食堂
식물	植物

식사	食事
식품점	食品店
신다	履く
신문	新聞
신발	履き物
신세	お世話
싣다	載せる
실력	実力
실례	失礼
실례지만	失礼ですが
실수하다	失敗する
실컷	思いきり、思う存分
싫다	嫌だ、嫌いだ
싫어하다	嫌がる、嫌う
십	十
십이월	12月
십일월	11月
싱겁다	(味が)薄い
싱싱하다	新鮮だ
싸다	安い
쓰기	書き取り
쓰다	書く、使う
쓰다	かぶる
쓰이다	書かれる
씨	~さん
씹다	かむ
씻다	洗う

ㅇ

아	あっ、ああ
아가씨	お嬢さん
아까	さっき
아뇨	いいえ
아니다	(~では)ない
아드님	息子さん
아들	息子
아래	下
아름답다	美しい
아마	たぶん
아무	誰(も/でも/にも)
아버님	お父様
아버지	お父さん、父
아빠	パパ、お父さん
아우	弟、妹
아이	子ども
아저씨	おじさん
아주	とても
아직	まだ
아침	朝、朝ごはん
아파트	マンション
아프다	痛い、具合が悪い
아홉	九つ(の)
아흔	九十(の)
안	中、内
안경	メガネ
안내하다	案内する
안다	抱く
안부	安否
안전하다	安全だ
안쪽	内側
앉다	座る
알다	知る、分かる
알리다	知らせる
알림	お知らせ
알바	バイト
암호	暗号
앞	前
앞날	将来、未来
앞니	前歯
앞으로	これから
애니메이션	アニメーション
야구	野球
야외	野外
야채	野菜
약	薬
약간	若干、少し

약속	約束
양	羊
양복	背広
얕다	浅い
얘기	話
어깨	肩
어느	どの
어느 거	どれ
어느 걸	どれを
어느 것	どれ
어느 게	どれが
어느 쪽	どちら、どっち
어둡다	暗い
어디	どこ
어떤	どんな
어떻게	どのように
어떻다	どうだ
어렵다	難しい
어리다	幼い
어린이	子ども
어린이날	こどもの日
어머니	お母さん、母
어머님	お母様
어버이	両親
어버이날	両親の日
어제	昨日
어젯밤	昨晩
어치	～分
어학	語学
억	億
언니	（妹から見て）姉
언제	いつ
언제쯤	いつ頃
언젠가	いつか
얹다	載せる
얻다	得る
얼굴	顔
얼다	凍る
얼마	いくら
얼마나	どんなに
엄마	ママ
없다	ない、いない
없이	～なく、～なしに
엔	～円
여권	パスポート
여기	ここ
여기요	すみません
여덟	八つ（の）
여동생	妹
여든	八十（の）
여러	多くの
여러모로	いろいろと
여름	夏
여름방학	夏休み
여섯	六つ（の）
여우	キツネ
여유	余裕
여자	女性
여자 친구	ガールフレンド、彼女
여행	旅行
역	駅
연극	演劇
연기	演技
연락처	連絡先
연락하다	連絡する
연세	お年
연습하다	練習する
연애	恋愛
연휴	連休
열	十（とお）（の）
열	熱
열다	開ける、開く
열심히	熱心に、一生懸命
엽서	はがき
영	零
영어	英語

영화	映画
영화관	映画館
옆	横
예	はい
예쁘다	かわいい、きれいだ
예순	六十（の）
예습	予習
예약	予約
예의	礼儀
예정	予定
옛날이야기	昔話
옜다	さあ
오	五
오늘	今日
오늘날	今日（こんにち）
오다	来る
오락실	ゲームセンター
오래간만	久しぶり
오래되다	久しい
오랜만	久しぶり
오르다	上がる
오른쪽	右
오빠	（妹から見て）兄
오월	5月
오이	きゅうり
오전	午前
오후	午後
온도	温度
온라인	オンライン
올해	今年
옳다	正しい
옷	服
옷집	服屋、洋服屋
왜	なぜ、どうして
외국	外国
외국어	外国語
외국인	外国人
외롭다	寂しい

외우다	覚える
외출하다	外出する
왼쪽	左
요리	料理
요리하다	料理する
요새	近頃、この頃
요요	ヨーヨー
요일	～曜日
요즘	近頃、この頃
우롱차	ウーロン茶
우리	わたしたち、ぼくたち
우리들	わたしたち、ぼくたち
우산	傘
우선	まず
우유	牛乳
우체국	郵便局
우표	切手
운동하다	運動する
운전하다	運転する
울다	泣く
움직이다	動く、動かす
웃다	笑う
원	～ウォン
원래	元来、もともと
월	～月
월급	月給
월요일	月曜日
위	上
위하여	乾杯
유리	ガラス
유명하다	有名だ
유아	幼児
유월	6月
유튜브	ユーチューブ
유학	留学
유학생	留学生
육	六
육회	ユッケ

은행	銀行
음료수	飲み物
음식	食べ物
음악	音楽
응원하다	応援する
의논하다	相談する
의미	意味
의사	医者
의외	意外
의의	意義
의자	椅子
이	二、この、歯
이거	これ
이건	これは
이걸	これを
이것	これ
이게	これが
이기다	勝つ
이다	～だ
이따가	あとで
이런	こんな
이렇게	このように
이렇다	こうだ
이르다	至る、早い
이름	名前
이메일	Eメール
이번	今度
이번 달	今月
이번 주	今週
이분	この方
이불	布団
이상	以上
이솝이야기	イソップ物語
이야기	話
이야기하다	話す
이월	2月
이유	理由
이의	異議
이제	もう、今や
이쪽	こちら、こっち
이틀	2日間
이해하다	理解する
익히다	覚える、身につける
인	～人
인기	人気
인사	あいさつ
인사동	インサドン
인천공항	インチョン空港
인터넷	インターネット
일	～日
일	一
일	こと、用事、仕事
일곱	七つ（の）
일기	日記
일본	日本
일본 여자	日本の女性
일본어	日本語
일본 요리	日本料理
일부러	わざわざ、わざと
일식	和食
일식집	日本料理店
일어나다	起きる
일요일	日曜日
일월	1月
일주일	1週間
일찍	早く
일하다	働く
일한사전	日韓辞典
일흔	七十（の）
읽다	読む
입	口
입구	入口
입다	着る
입문	入門
입안	口の中
입학	入学

잇다	つなぐ、続ける
있다	ある、いる
잊다	忘れる
잊어버리다	忘れてしまう

ㅈ

자	さあ
자기	自己、自分
자꾸	しきりに
자다	眠る、寝る
자랑하다	自慢する
자르다	切る
자리	席、場所
자세히	詳しく
자신	自信
자전거	自転車
자주	よく
작년	去年
작다	小さい
잔	～杯
잘	よく
잘하다	上手だ
잠	睡眠
잠깐	しばらく、ちょっと
잠깐만	しばらく、ちょっと
잠들다	眠る
잠시	しばらく
잠자다	眠る
잡다	取る
잡수시다	召し上がる
잡지	雑誌
잡채	チャプチェ
장	～枚
재미없다	つまらない
재미있다	面白い
재작년	おととし
저	わたくし
저	あの
저거	あれ
저건	あれは
저걸	あれを
저것	あれ
저게	あれが
저기	あそこ
저기	あのう
저기요	すみません
저녁	夕方、夕ごはん
저렇다	ああだ
저리	あっちへ
저분	あの方
저쪽	あちら、あっち
저희	わたくしたち
저희들	わたくしたち
적	～とき、～こと
적극적	積極的
적다	少ない
전	前
전연	全然
전철	電車
전하다	伝える
전혀	全然、まったく
전화	電話
전화번호	電話番号
전화하다	電話する
절	お寺
점	点
젊다	若い
점심	昼ごはん
점심때	お昼どき
점심시간	お昼休み
점원	店員
점점	だんだん
접다	折る
젓갈	塩辛
정말	本当
정하다	決める、定める

제	わたくしの
제가	わたくしが
제대로	ちゃんと
제목	題名
제일	いちばん
제주도	済州島
제출하다	提出する
조	兆
조금	少し
조금 더	もう少し
조금씩	少しずつ
조사하다	調査する
조심하다	気をつける
조용히	静かに
족발	豚足
졸업하다	卒業する
좀	ちょっと
좀 더	もうちょっと
좁다	狭い
종이	紙
좋다	よい、いい
좋아요	いいです
좋아하다	好きだ、好く、好む
죄송하다	すまない
죄송합니다	すみません
죄송해요	すみません
주다	あげる、くれる
주말	週末
주무시다	お休みになる
주소	住所
주일	～週間
주제가	主題歌
주초	週初め
주황	だいだい色
죽다	死ぬ
준비	準備
준비하다	準備する
줍다	拾う
중	中、うち
중국	中国
중국어	中国語
중요하다	重要だ
중학교	中学校
중학생	中学生
즐겁다	楽しい
지각하다	遅刻する
지갑	財布
지금	今
지나다	過ぎる
지난	去る～
지난달	先月
지난번	この間
지난주	先週
지다	負ける、負う、（世話に）なる
지도	地図
지우개	消しゴム
지지난달	先々月
지지난주	先々週
지진	地震
지키다	守る
지하철	地下鉄
직업	職業
진달래	ツツジ
진돗개	チンド犬
진짜	本当に
질기다	丈夫だ
질문	質問
짐	荷物
집	家
짓다	作る、建てる、炊く
짜다	塩辛い
짜리	～のもの
짝꿍	相棒、大の親友
짧다	短い
쪽	ほう
쯤	～ごろ
찌개	鍋物

찍다 撮る
찜질방 チムジルバン、蒸し風呂

ㅊ

차 茶
차라리 いっそ、むしろ
참 本当に、あっ
참외 マクワウリ
찻집 喫茶店
창문 窓
찾다 探す、引き出す
찾아오다 訪ねて来る、訪れる
책 本
책상 机
책임지다 責任を持つ
처음 初めて、始め
처음으로 初めて
천 千
천천히 ゆっくり
첫날 初日
청바지 ジーパン
청소 掃除
청소하다 掃除する
청주 日本酒
초등학교 小学校
초등학생 小学生
초록 緑色
초밥 寿司
초심 初心
총각김치 チョンガーキムチ
추다 踊る
추억 思い出
축구 サッカー
축하하다 祝う
축하해요 おめでとうございます
출근 出勤
출근하다 出勤する
출발하다 出発する
출장 出張
춤 踊り
춥다 寒い
취미 趣味
취소하다 取り消す
취직하다 就職する
층 ～階
치다 弾く、打つ、(試験を)受ける
치르다 払う
치마 スカート
치약 歯磨き粉
치우다 かたづける
친구 友だち
친절하다 親切だ
칠 七
칠월 7月
침대 ベッド
칫솔 歯ブラシ

ㅋ

카드 カード
카레라이스 カレーライス
카페 カフェ
카피 コピー
캠퍼스 キャンパス
커다랗다 大きい
컴퓨터 パソコン
커피 コーヒー
커피숍 コーヒーショップ
코 鼻
코끼리 ゾウ
코코아 ココア
코피 鼻血
콘서트 コンサート
콜라 コーラ
쿠키 クッキー
크기 大きさ
크다 大きい

크리스마스	クリスマス

ㅌ

타다	乗る
태권도	テコンドー
태어나다	生まれる
태우다	乗せる
택시	タクシー
텔레비전	テレビ
토끼	ウサギ
토마토	トマト
토요일	土曜日
통하다	通じる
퇴근하다	退勤する
튀김	天ぷら
튤립	チューリップ
트렁크	トランク
트로트	（韓国風）演歌
특별	特別
특히	特に
틀리다	間違える、間違う
티셔츠	Tシャツ
티켓	チケット

ㅍ

파랑	青色
파랗다	青い
파이팅	ファイト!
파전	ねぎチジミ
팔	八
팔다	売る
팔월	8月
팥빙수	かき氷（パッピンス）
팬	ファン
페이지	ページ
펴다	開（ひら）く
편리하다	便利だ
편의점	コンビニ
편지	手紙
편하다	楽だ
포도	ブドウ
표	切符、チケット
푸르다	青い
푸짐하다	盛りだくさんだ
푹	ゆっくり、ぐっすり
풀다	解く
피	血
피다	咲く
피로하다	疲れる
피아노	ピアノ
피자	ピザ
피카소	ピカソ

ㅎ

하나	一つ
하늘	空
하다	する
하루	1日（間）
하숙집	下宿
하얗다	真っ白だ
하지만	でも
학교	学校
학년	学年、～年生
학생	学生、生徒
학원	塾、教室
한	一つの
한국	韓国
한국말	韓国語
한국어	韓国語
한글	ハングル
한눈 팔다	よそみをする
한류	韓流
한방약	漢方薬
한번	一度
한복	韓服
한여름	真夏

한일사전	韓日辞典
한자	漢字
한정식	韓定食
할아버지	おじいさん、祖父
합격하다	合格する
해내다	やり遂げる
해돋이	日の出
핸드백	ハッドバック
핸드폰	携帯電話
핸드폰줄	携帯電話のストラップ
현금	現金
형	(弟から見て) 兄
형제	兄弟
형편	都合
호떡	ホットク
호박막걸리	かぼちゃマッコリ
호주	オーストラリア
호텔	ホテル
혹시	もしかして
혼자	一人
홈스테이	ホームステイ
화내다	怒る
화요일	火曜日
화장	化粧
화장실	トイレ
화장하다	化粧する
확실하다	確かだ、確実だ
확인하다	確認する
환전	両替
회	刺身
회덮밥	海鮮丼
회비	会費
회사	会社
회의	会議
후	後
휴가	休暇
휴대폰	携帯電話
휴일	休日
휴직하다	休職する
흐르다	流れる
흐리다	曇る
흐림	曇り
흙	土 (つち)
희망	希望
힘	力
힘들다	疲れる、大変だ

ハングル表

母音 子音	ㅏ [a]	ㅑ [ja]	ㅓ [ɔ]	ㅕ [jɔ]	ㅗ [o]	ㅛ [jo]	ㅜ [u]	ㅠ [ju]	ㅡ [ɯ]	ㅣ [i]
ㄱ [k/g]	カ 가	キャ 갸	コ 거	キョ 겨	コ 고	キョ 교	ク 구	キュ 규	ク 그	キ 기
ㄴ [n]	ナ 나	ニャ 냐	ノ 너	ニョ 녀	ノ 노	ニョ 뇨	ヌ 누	ニュ 뉴	ヌ 느	ニ 니
ㄷ [t/d]	タ 다	ティャ 댜	ト 더	ティョ 뎌	ト 도	ティョ 됴	トゥ 두	ティュ 듀	トゥ 드	ティ 디
ㄹ [r]	ラ 라	リャ 랴	ロ 러	リョ 려	ロ 로	リョ 료	ル 루	リュ 류	ル 르	リ 리
ㅁ [m]	マ 마	ミャ 먀	モ 머	ミョ 며	モ 모	ミョ 묘	ム 무	ミュ 뮤	ム 므	ミ 미
ㅂ [p/b]	パ 바	ピャ 뱌	ポ 버	ピョ 벼	ポ 보	ピョ 뵤	プ 부	ピュ 뷰	プ 브	ピ 비
ㅅ [s・ʃ]	サ 사	シャ 샤	ソ 서	ショ 셔	ソ 소	ショ 쇼	ス 수	シュ 슈	ス 스	シ 시
ㅇ [-]	ア 아	ヤ 야	オ 어	ヨ 여	オ 오	ヨ 요	ウ 우	ユ 유	ウ 으	イ 이
ㅈ [ʧ/ʤ]	チャ 자	チャ 쟈	チョ 저	チョ 져	チョ 조	チョ 죠	チュ 주	チュ 쥬	チュ 즈	チ 지
ㅊ [ʧ^h]	チャ 차	チャ 챠	チョ 처	チョ 쳐	チョ 초	チョ 쵸	チュ 추	チュ 츄	チュ 츠	チ 치
ㅋ [k^h]	カ 카	キャ 캬	コ 커	キョ 켜	コ 코	キョ 쿄	ク 쿠	キュ 큐	ク 크	キ 키
ㅌ [t^h]	タ 타	ティャ 탸	ト 터	ティョ 텨	ト 토	ティョ 톄	トゥ 투	ティュ 튜	トゥ 트	ティ 티
ㅍ [p^h]	パ 파	ピャ 퍄	ポ 퍼	ピョ 펴	ポ 포	ピョ 표	プ 푸	ピュ 퓨	プ 프	ピ 피
ㅎ [h]	ハ 하	ヒャ 햐	ホ 허	ヒョ 혀	ホ 호	ヒョ 효	フ 후	ヒュ 휴	フ 흐	ヒ 히
ㄲ [ˀk]	ッカ 까	ッキャ 꺄	ッコ 꺼	ッキョ 껴	ッコ 꼬	ッキョ 꾜	ック 꾸	ッキュ 뀨	ック 끄	ッキ 끼
ㄸ [ˀt]	ッタ 따	ッティャ 땨	ット 떠	ッティョ 뗘	ット 또	ッティョ 뚀	ットゥ 뚜	ッティュ 뜌	ットゥ 뜨	ッティ 띠
ㅃ [ˀp]	ッパ 빠	ッピャ 뺘	ッポ 뻐	ッピョ 뼈	ッポ 뽀	ッピョ 뾰	ップ 뿌	ッピュ 쀼	ップ 쁘	ッピ 삐
ㅆ [ˀs]	ッサ 싸	ッシャ 쌰	ッソ 써	ッショ 쎠	ッソ 쏘	ッショ 쑈	ッス 쑤	ッシュ 쓔	ッス 쓰	ッシ 씨
ㅉ [ˀʧ]	ッチャ 짜	ッチャ 쨔	ッチョ 쩌	ッチョ 쪄	ッチョ 쪼	ッチョ 쬬	ッチュ 쭈	ッチュ 쮸	ッチュ 쯔	ッチ 찌

ㅐ [ɛ]	ㅒ [jɛ]	ㅔ [e]	ㅖ [je]	ㅘ [wa]	ㅙ [wɛ]	ㅚ [we]	ㅝ [wɔ]	ㅞ [we]	ㅟ [wi]	ㅢ [ɯi]
ケ 개	ケ 걔	ケ 게	ケ 계	クヮ 과	クェ 괘	クェ 괴	クォ 궈	クェ 궤	クィ 귀	キ 긔
ネ 내	ネ 냬	ネ 네	ネ 녜	ヌヮ 놔	ヌェ 놰	ヌェ 뇌	ヌォ 눠	ヌェ 눼	ヌィ 뉘	ニ 늬
テ 대	テ 댸	テ 데	テ 뎨	トゥヮ 돠	トゥェ 돼	トゥェ 되	トゥォ 둬	トゥェ 뒈	トゥィ 뒤	ティ 듸
レ 래	レ 럐	レ 레	レ 례	ルヮ 롸	ルェ 뢔	ルェ 뢰	ルォ 뤄	ルェ 뤠	ルィ 뤼	ルィ 릐
メ 매	メ 먜	メ 메	メ 몌	ムヮ 뫄	ムェ 뫠	ムェ 뫼	ムォ 뭐	ムェ 뭬	ムィ 뮈	ミ 믜
ペ 배	ペ 뱨	ペ 베	ペ 볘	プヮ 봐	プェ 봬	プェ 뵈	プォ 붜	プェ 붸	プィ 뷔	ピ 븨
セ 새	セ 섀	セ 세	シェ 셰	スヮ 솨	スェ 쇄	スェ 쇠	スォ 숴	スェ 쉐	シュィ 쉬	シ 싀
エ 애	エ 얘	エ 에	イェ 예	ヮ 와	ウェ 왜	ウェ 외	ウォ 워	ウェ 웨	ウィ 위	ウイ 의
チェ 재	チェ 쟤	チェ 제	チェ 졔	チュヮ 좌	チュエ 좨	チェ 죄	チュオ 줘	チュエ 줴	チュイ 쥐	チ 즤
チェ 채	チェ 챼	チェ 체	チェ 쳬	チュヮ 촤	チュエ 쵀	チェ 최	チュオ 춰	チュエ 췌	チュイ 취	チ 츼
ケ 캐	ケ 컈	ケ 케	ケ 켸	クヮ 콰	クェ 쾌	クェ 쾨	クォ 쿼	クェ 퀘	クィ 퀴	キ 킈
テ 태	テ 턔	テ 테	テ 톄	トゥヮ 톼	トゥェ 퇘	トゥェ 퇴	トゥォ 퉈	トゥェ 퉤	トゥィ 튀	ティ 틔
ペ 패	ペ 퍠	ペ 페	ペ 폐	プヮ 퐈	プェ 퐤	プェ 푀	プォ 풔	プェ 풰	プィ 퓌	ピ 픠
ヘ 해	ヘ 햬	ヘ 헤	ヘ 혜	フヮ 화	フェ 홰	フェ 회	フォ 훠	フェ 훼	フィ 휘	ヒ 희
ッケ 깨	ッケ 꺠	ッケ 께	ッケ 꼐	ックヮ 꽈	ックェ 꽤	ックェ 꾀	ックォ 꿔	ックェ 꿰	ックィ 뀌	ックィ 끠
ッテ 때	ッテ 떄	ッテ 떼	ッテ 뗴	ットゥヮ 똬	ットゥェ 뙈	ットゥェ 뙤	ットゥォ 뚸	ットゥェ 뛔	ットゥィ 뛰	ッティ 띄
ッペ 빼	ッペ 뺴	ッペ 뻬	ッペ 뼤	ップヮ 뽜	ップウェ 뽸	ップェ 뾔	ップウォ 뿨	ップェ 쀄	ップィ 쀠	ッピ 삐
ッセ 쌔	ッセ 썌	ッセ 쎄	ッセ 쎼	ッスヮ 쏴	ッツウェ 쐐	ッスェ 쐬	ッスォ 쒀	ッスェ 쒜	ッシュィ 쒸	ッシ 씌
ッチェ 째	ッチェ 쨰	ッチェ 쩨	ッチェ 쪠	ッチュヮ 쫘	ッチュエ 쫴	ッチュエ 쬐	ッチュオ 쭤	ッチュエ 쮀	ッチュイ 쮜	ッチ 쯰

網掛の文字は、特殊な外来語の表記や発音の表記などを除いては実際にはほとんど使われることはありません。

いろいろな助詞

		母音終わりの体言	子音終わりの体言	
			ㄹで終わるもの	ㄹ以外で終わるもの
は	主題	-는 (노트는)	-은 (책은)	
が	主格	-가 (노트가)	-이 (책이)	
を	目的	-를 (노트를)	-을 (책을)	
も	限定	-도 (노트도, 책도)		
に	事物・場所	-에 (노트에, 책에)		
	人・動物	-에게 / 한테* (친구에게, 동생한테)		
へ	方向	-로 (저기로)	-로 (서울로)	-으로 (부산으로)
で	道具・手段	-로 (지우개로)	-로 (연필로)	-으로 (볼펜으로)
	場所	-에서 / 서 (거기에서, 거기서)		
から	時間	-부터 (3 시부터, 지금부터)		
	場所	-에서 / 서 (거기에서, 거기서)		
	人・動物	-에게서 / 한테서 (친구에게서, 친구한테서)		
まで	時間・場所	-까지 (어제까지, 서울까지)		
と	並列	-와 (노트와)	-과 (책과)	
		-하고 (노트하고, 책하고)*		
の	所有	-의 (노트의, 책의)		
より	比較	-보다 (노트보다, 책보다)		
だけ	限度・限界	−만 (노트만, 책만)		
や	並列	−랑 (노트랑)	−이랑 (책이랑)	

＊おもに話しことばで使われる。

著者紹介

チョ・ヒチョル

日本薬科大学（韓国薬学コース）客員教授。「お！ハングル！」主宰。
元東海大学教授。2009年～2010年度「NHKテレビでハングル講座」講師。
著書に『CD BOOK本気で学ぶ中級韓国語』『［音声DL付］本気で学ぶ上級韓国語』『［音声DL付］毎日つぶやいてみる韓国語ひとりごと』『［音声 DL 付］わかる！ 韓国語 基礎文法と練習』（ベレ出版）、『1時間でハングルが読めるようになる本』（Gakken）など。

- ◉── カバーデザイン　竹内 雄二
- ◉── DTP　清水 康広
- ◉── 本文イラスト　いげた めぐみ
- ◉── 校正　星 文子
- ◉── 音声　ナレーション：イ・ホンボク／李 美現

［音声 DL 付改訂版］ 本気で学ぶ韓国語

2024 年 6月 25 日　初版発行

著者	チョ・ヒチョル
発行者	内田 真介
発行・発売	ベレ出版 〒162-0832　東京都新宿区岩戸町12 レベッカビル TEL.03-5225-4790 FAX.03-5225-4795 ホームページ　https://www.beret.co.jp/
印刷	モリモト印刷株式会社
製本	根本製本株式会社

ISBN 978-4-86064-767-4 C2087　　編集担当　脇山和美